KB253931

인도 현대사

동인도회사에서 IT까지

이옥순 교수와 함께 읽는

인도현대사

동 인 도 회 사 에 서   I T 까 지

이옥순 지음

창비

절망의 기록 속에서 희망의 역사를 찾아

이 책은 1700년에서 2000년경에 이르는 3세기 동안 영국의 통치 아래 그 위협과 억압에 다양한 방식으로 적응하고 저항하며 결국 살아남은 인도의 긴 여정과 역정을 담고 있다. 올해 2007년 인도는 1857년에 일어난 세포이항쟁의 150주년이자 1947년에 이룬 감격적인 독립의 60주년을 맞았다. 이를 계기로 식민통치라는 불행한 역사적 경험을 공유한 우리가 인도의 근현대를 되돌아보는 작업은 상당한 의미를 가진다.

개설서가 아니라 '논(論)'이 들어간 이 책이 보여주는 인도 근현대사는 표면적으로 절망과 패배의 기록이다. 오랫동안 '힘을 가진 자'가 힘의 행사를 정당화하는 수단으로 인도 역사를 이용했기 때문이다. 영국이 기록한 인도의 근대는 영국의 통치를 중심으로 전개되어 식민체제로부터 자율적으로 작동한 복합적인 인도 사회의 역동성을 무시했고, 불완전하고 적대적인 환경에서 긴 투쟁을 통해 국가의 해방을 이룬 인도인을 자국의 역사에서 주변부로 밀어냈다.

　　영국이 기록한 인도의 근대는 "역사에서 가장 이타적인 페이지"라는 커즌 인도 총독의 말처럼 '수억의 야만인'에게 항구적 이익―근대와 문명을 전해준 영국 식민주의에 대한 변명과 찬양의 노래였다. '문명화의 사명'과 우월한 백인종이라는 이론에 근거한 그 역사는 영국이 오기 전의 인도를 전제적이고 야만적이며 억압을 받는 수동적 존재라는 신화로 재구성했다.

　　영국의 지배를 옹호한 제국주의 사가史家들은 가장 오래되고 가장 효율적인 식민통치로 인도에서 영국의 경험을 꼽았다. 우리의 머릿속에서 '딱! 딱! 딱!' 끊임없이 쪼아대는 식민주의의 인식론적 폭력, '우리 안의 오리엔탈리즘'은 은연중에 영국의 인도 통치를 정당화하도록 부추긴다. 그러나 이라크 침공 등 미국의 제국주의적 오만과 편견이 여실히 드러나는 오늘날, 지난 세기 인도에서 전개된 영국 제국주의의 만행을 낭만화할 수는 없다.

　　조셉 콘래드의 말처럼, 식민통치란 다른 피부색과 다른 얼굴을 가진 사람들의 영토와 삶을 뺏고 강제로 바꾸는 것이므로 미화되어서는 안 된다. 역사를 쓰는 사람들은 제국의 힘을 찬양하기보다 열등한 인종으로 박제된 인도인에게 영국의 통치가 무슨 의미를 가지는가를 물어야 한다. 강자가 행사한 힘의 역사를 당연시하면 그들이 개인과 사회를 억압하는 현실은 반복될 것이므로.

　　최근에 등장한 많은 연구는 영국의 인도 통치가 억압과 폭력에 근거했음을 보여준다. 이 책의 본문에도 나오듯이 1600년 영국이 인도에 올 무렵 세계 GDP의 22.5퍼센트를 차지하던 인도는 '문명국의 통치'를 마감한 1952년에는 세계 GDP의 겨우 3.8퍼센트를 점유하는 빈곤국으로 전락했다. 제국주의 사가들의 화려한 수사에도 불구하고 영국의 통치는 '빵을 뺏은' 한가지 사실만으로도 인도인에게 결코 은혜로운 것이 아니었다.

　　그럼에도 인도인이 주인공인 이 책은 영국에 맞선 인도 민족주의를

5

'선^善'으로만 파악하진 않는다. 한동안 인도 민족주의 사가들은 민족주의를 영국 통치에서 해방을 열망한 인도 엘리뜨들이 민중을 동원하여 억압에서 해방으로 이끈 이념적 모험으로 칭송하였다. 곧 식민주의의 반대명제인 민족주의는 제국이 남긴 수많은 병폐를 극복하고 인도 사회를 재건하며 민중을 반영^{反英}투쟁에 결집하도록 유인한 그 '무엇'이었다.

민족주의를 식민주의에 대한 전면적 공격으로 미화하던 종전과 달리 최근에는 식민주의와 민족주의가 그 작동방식에서 상당한 부분을 공유한다고 파악한다. 예를 들면, 영국의 통치가 다양한 정체성이 존재하는 인도를 '하나의 세계'로 만든 것처럼 인도 민족주의 진영도 인도를 운명 공동체로 상상했다. 이 책은 영국이 얼마나 악독하게 인도를 압제했으며 어떻게 인도인이 영웅적으로 저항했는가라는 식민주의/민족주의의 이분법보다 그 이중주가 빚어내는 협화음과 불협화음에 관심을 둔다.

여기서 드러나는 인도 민족주의는 식민주의의 문화적 용어를 버리거나 반대하지 않고 빌리거나 받아들인 불순물(不純物)의 형태이다. 1913년 노벨문학상을 받은 라빈드라나드 타고르는 "농촌에 있을 때 나는 인도인이다. 그러나 캘커타에 닿는 순간 유럽인이 된다"라며 자신의 양가적이고 복합적인 정체성을 고백했다. 민족운동을 이끌고 독립을 이룬 네루도 "나는 동양과 서양의 이상한 혼합체가 되었다. 내 사고방식이나 삶에 대한 접근방식은 동양적이라기보다 서양적이다. 그러나 여러 면에서 나는 인도인이다. 나는 과거의 유산도 최근에 얻은 것도 버릴 수가 없다. 양자는 모두 내 일부다"라고 적었다.

어떤 영국 사가는 인도 민족주의가 식민체제에서 권력을 분점하려는 소수 엘리뜨의 이기심에서 기원하며 식민주의와 상호의존적이라고 폄하하기도 한다. 하지만 나는 여기서 서구를 자기의 일부로 수용한 비영웅적인 힘에 주목한다. 과거를 품에 안은 인도인은 과학, 기술, 역사, 남성성, 근대성 같은 서구 식민주의의 전제를 받아들이는 한편 '지배자에게 배운 언어로 지배자를 저주'하였다. 물론 종교와 카스트 간의 갈등 등 많은 문제점이 드러났지만 모방적이고 혼합적인 민족주의는 결국 인도가 살아남는 데 큰 힘을 발휘했다.

이 책은 모순되고 억압적이며 비겁하고 폭력적인 인도 근대화의 모습을 그대로 노출한다. 역사가 혼란에서 질서, 무에서 유, 부족함에서 풍족함을 일구는 프로메테우스가 아니듯이 역사를 서술하는 일도 과거를 반듯하게 정리하여 보기 좋게 전시하는 작업은 아닐 것이다. 내게 불행한 역사를 사라지게 할 마법이 있는 것도 아니다. 그럼에도 나는 절망과 패배의 기록 속에 감춰진 희망이라는 역사의 선물을 말하고 싶다.

1947년 8월 14일 한밤에 '운명과 만날 약속'을 한 인도는 패배의 열등감을 벗고 경제발전의 기적을 이루며 21세기 강자로 떠오르고 있다. 지난 해 영국에서 최고 부자로 꼽힌 인물은 역설적이게도 인도 출신의 '철강 왕' 라크시미 미타르였다. 이 책은 최근 인도의 부상^{浮上}이 우연이나 갑작스러운 일이 아니라 영국이 오기 전에 누리던 경제적 위상을 되찾는 과정임을 넓은 시야로 이해하는 데 도움을 줄 것이다.

구슬이 많아도 꿰어야 보배가 되듯이 마냥 게으른 내게 출간을 제안하고 오랫동안 원고를 기다려 좋은 책을 만든 창비에 감사한다. 이런저런 인연으로 만나서 늘 힘과 격려가 돼주는 주변의 많은 분에게도 인사를 올린다. 6년 전 갑자기 세상을 떠나셨으나 시간이 갈수록, 나이를 더할수록 당신의 역사를 더욱 곱씹게 만드는 그리운 내 어머니, "고맙습니다!"

2007년 9월
이옥순

1

장

정복의 층과 켜

동인도회사와 직물전쟁

영국의 인도 정복은 우연인가?

1757년, 영국의 동인도회사는 인도 동부지방 벵골에서 군사적 승리를 거두고 지배권을 확보했다. 영국이 인도에서 첫 근거지를 마련한 갠지스 강 하류의 벵골은 무굴의 아우랑제브 황제가 '천국'이라고 부를 정도로 부유한 지방이었다. 땅이 기름져 조세수입이 많은 벵골은 화약의 원료인 초석과 비단의 산지이자 로마 이래 유럽에서 최고의 인기를 누린 모슬린의 고향이었다. 영국은 풍성한 벵골의 부를 바탕으로 인도 전역을 정복하고 마침내 인도제국을 세웠다.

영국의 작은 무역회사가 유럽대륙만한 크기의 광대한 인도를 정복하고 제국을 건설한 일은 기이한 현상이었다. 한나 아렌트는 영국이 식민지를 획득한 이유를 영국인 특유의 '멍한'absent mind 성격으로 돌렸고,[1] 라마쎄이 뮈르는 영국의 인도 정복이 '계획 반, 우연 반'이었다고 주장했다.[2] 영국이 분명한 계획 없이 인도를 정복했다는 의미로, 식민통치의 부당성을 희석하는 발언이었다. 잘 익은 사과가 뉴턴 앞에 떨어졌듯이 인도는 그저 가만히 있는 영국의 무릎에 저절로 굴러떨어진 것일까?

영국의 역사가들은 오랫동안 자국의 역사를 변호했다. 인도를 정복한 이유도 영국의 공격적인 입장보다는 인도의 정치적 혼란과 지도자의 무능에 무게를 두어 서술했다. 1707년 아우랑제브 황제[1658~1707]가 죽은 이후 무굴제국이 쇠퇴하고 무정부상태에 가까운 정치적 혼란을 겪는 권력의 공백에 '우연히', 아주 우연히 영국이 끼어들었다고 정복을 합리화했다. "혼란스러운 상태였다. (…) 애국이나 통일성이 완전히 부재하고 외국의 침입에 쉽게 희생되는" 형국의 인도는 지도자가 무능하고 타락했으며 사회의 고질병인 분열성도 도드라졌다.

그러나 최근에 활발하게 이루어지는 관련분야의 연구들은 아우랑제브가 죽은 뒤 18세기의 인도가 영국의 환한 구원의 손길을 기다리는 어둠의 골짜기가 아니었음을 보여준다.[3] 경제적 혼란이나 정치적 무질서라고 부를 현상은 어디에도 없었다. 쇠락하는 무굴의 패권을 노리며 여러 세력이 갈등을 벌이고 전쟁과 파괴가 없지 않았으나 대체적으로 인도의 정치제도와 경제는 튼실하고 안정적이었다. 상업활동은 역동적으로 이루어졌고, 특히 해외무역은 많은 수익을 내며 활발하게 진행되었다. 영국을 비롯한 유럽의 여러 동인도회사들이 인도에 매혹된 것은 그 때문이었다.

무굴제국의 쇠퇴가 인도대륙의 정치적, 경제적, 사회적 쇠퇴와 동일시될 수는 없다. 넓은 인도는 역사적으로 하나의 국가와 하나의 사회로 구성된 적이 없었다. 가즈니 왕조의 마흐무드가 1001년부터 27년간 17번에 걸쳐 인도 북부를 침입하여 엄청난 규모의 약탈과 파괴를 자행했

 동인도회사와 직물전쟁

을 때도 데칸 이남에서 세력을 잡고 동남아와 연계를 맺은 촐라 왕조는 그 사실을 몰랐다. 1498년, 포르투갈이 서해안의 캘리컷을 '발견'하고 근거지를 마련했을 적에도 그 이웃에 자리한 비자야나가르 왕국은 아무 영향을 받지 않고 나름의 번영과 왕성한 해외무역을 지속했다.

무굴이 약해진 무렵에도 여러 지역에서 활발하게 진행된 상업과 무역 활동은 쇠퇴하거나 정치에 종속되지 않았다. 중앙에 있던 무굴제국의 쇠퇴는 지역에 근거한 다양한 세력의 부상, 곧 여러 왕국의 등장을 의미했다. 그것은 쇠퇴라기보다 제국의 권력이 보다 낮은 수준으로 이양되고 분산되는 과정이었다. 상인과 은행가들은 해당지역의 지배자에게 재정을 지원하며 변화의 흐름을 주도적으로 탔고, 필요하다면 이방인을 기꺼이 지지할 정도로 역동적이었다.

무굴의 수도 아그라와 델리는 쇠락했으나 무굴로부터 독립국을 자처한 오드 왕국의 수도 러크나우와 하이데라바드와 같은 지방의 도시들은 번성을 구가했다. 사회적 이동과 변화의 역동성이 실린 경제와 사회에는 창조적 분위기가 농후했다. 문화에서도 18세기는 생동감과 생명력이 있었고 풍부함과 복합성이 도드라졌다. 남부의 고전음악 카르나틱^{Carnatic}이 형성되고, 비슈누 신을 숭배하는 종파^{Vishanvite}가 벵골지방에서 번성한 것도 이 무렵이었다. 20세기 초, 벵골 출신 혁명가 오로빈도 고시는 "이러한 지역의 발전 양상이 영국의 등장으로 단축되었다"고 개탄했다.

그런 역동성과 창조적인 분위기가 넘치던 18세기의 인도는 영국 동인도회사에게 정복되었다. "호랑이 같은 짐승은 힘이나 계략으로 죽일 수 있다. 그러나 곰을 죽이는 것은 아주 어렵다. 곰의 안면을 때려서 죽일 수는 있다. 허나 그렇지 않으면 곰은 강력한 힘을 바탕으로 상대를 껴안아 간질어서 죽일 것이다. 그것이 바로 영국의 방식이다. 우리가 그들을 이기긴 어렵다." 중부지방 말와의 여왕 아얄라바이 홀카르가 1772년에 쓴 편지에서 간파한 것처럼 영국은 '곰'처럼 인도를 정복했다. 영국 사가들이 주장하듯 멍한 성격이나 우연의 소산이 아니었다.

동인도회사와 모슬린

인도와의 만남은 영국의 일방적인 저자세로 시작되었다. 인도를 방문한 첫 영국인은 1606년 서해안의 항구도시 수라트에 발을 내린 호킨스였다. 호킨스는 배와 부하들을 해적에게 빼앗기고 시종 한명을 데리고 무굴제국의 수도를 찾아갔다. 호킨스 대위가 만난 무굴의 자한기르 황제[1605~28]는 정사를 아내에게 맡기고 술과 노는 것을 즐기며 제국의 전성기를 누렸다. 호킨스는 정치에 흥미를 잃고 술을 좋아하는 자한기르에게 고개를 수그리고 7년간 술친구를 한 덕분에, 영국과 무역하는 데관심이 없던 황제에게서 1612년 수라트에서의 교역권을 허락받았다.

인도와의 교역권을 얻은 영국은 호킨스보다 중량급인 토마스 로를 무굴 궁정에 파견했다. 무굴도 서해안을 장악한 포르투갈을 견제하려면 영국이 필요하다고 생각했다. 1618년, 토마스 로는 해군이 없는 무굴제국의 무역과 아랍 순례자들을 위한 해상수송을 포르투갈로부터 보호해주는 댓가로 무역에 관한 특권을 갖는 협정을 체결했다. 영국의 동인도회사가 해군이 없는 무굴제국의 '해양구조대' 역할을 맡으면서 17세기 내내 무굴과 영국의 관계는 원만하게 유지되었다.

1622년, 영국은 페르시아 만 전투에서 포르투갈에게 승리를 거두고 인도 서해안의 수라트를 기반으로 아라비아 해와 페르시아 만까지 활동범위를 넓히게 되었다. 1639년에는 인도 동남해안의 마드라스에 무역사무소를 세웠고, 영국의 찰스 2세와 결혼한 포르투갈의 공주가 혼수로 가져온 서해안의 봄베이를 왕실로부터 양도받아서 무역소를 열었다. 비옥하고 부유한 벵골지방의 캘커타에도 새 무역소가 설치되었다. '팩토리'factory라고 불린 무역소는 인도 각 지방의 대리인에게서 구매한 상품을 집하하는 장소였다.

1660년, 수라트에 있는 영국 무역소는 서부지방에 마라타 왕국을 세운 시바지^{Shivaji}에게서 두 차례나 공격을 받았다. 이후 영국의 동인도회사는 포르투갈이 인도에 도입한 전통을 따라 무역소에 성을 축조하고 요새화했다. 바스코 다가마의 뒤를 따른 포르투갈이 인도 서해안을 장악한 뒤 평화로운 자유무역의 전통을 무장선의 호위를 받는 체제로 바꾼 것처럼 영국의 동인도회사도 자국의 무역을 보호한다는 명목으로 군대를 조직했다. 그들은 유럽의 다른 동인도회사들과 경쟁하며 무역을 확대했다.

바스코 다가마가 후추와 각종 향신료를 싣고 귀국하여 엄청난 부를 얻은 포르투갈의 성공에 고무되어 세워진 영국의 동인도회사는 향신료가 적은 인도에서 직물을 수입하여 유럽에 파는 것으로 수익을 얻었다. 초기에는 수라트 항구가 있는 서해안의 구자라트와 마드라스의 무역소가 자리한 동남부지방의 직물이 주요한 수입품이었다. 기록을 보면, 1625년 영국은 인도에서 22만 통의 피륙을 수입했다. 영국이 인도에서 수입한 직물은 1670년 36만 파운드에서 1700년에는 그 3배로 늘었고 1740년에는 2백만 파운드로 급증했다.

페르낭 브로델은 『문명과 자본주의, 15~18세기』에서 "인도 전역에서 면직물이 가공되어 최하급에서 최고급에 이르기까지 막대한 양의 섬유를 세계 각지로 수출했다. (…) 영국의 산업혁명이 일어날 때까지 인도의 면직물산업은 상품의 양과 질, 수출 규모에서 세계 최고였다"고 서술했다. 19세기에 면화 수출국으로 인도의 가장 큰 경쟁자가 된 북아메리카에 '백금'으로 불린 면화가 소개된 것도 이 무렵^{1607년}이었다.

인도는 아득한 고대부터 직물이 유명했다. BC 1000년경에 나온 산스크리트 경전 『베다』에 옷감을 짜는 자매의 이야기가 나올 정도로 오래된 인도의 직물은 지난 천여년간 동서양을 압도하며 주요한 공급처로 이름이 높았다. BC 3세기경 인도에 원정한 알렉산더도 아름다운 무늬의 옷감^{sari}을 보았다고 기록했고, 인도에서 직물을 많이 수입한 로마는 인도로 '금이 다 빠져나간다'며 인도산 수입면직물에 대한 불만을 기록했다.

유럽의 인도 직물에 대한 열광적인 수요로 영국의 무역업자와 주주들은 주머니가 두둑해졌다. 유럽에서 인기 높은 모슬린과 칼리코스, 사라사 무명은 모두 인도의 특산물이었다. 반다나(홀치기로 염색한 천), 당거리(올 굵은 무명), 깅엄(줄무늬나 바둑판무늬의 무명), 시어르사커(청백줄무늬 천), 태피터(광택나는 평직견)도 영어사전에 이름을 올린 인도산 직물이었다. 비단에 수를 놓거나 비단실과 은사를 넣어 짠 직물, 그림을 그리거나 판화를 찍은 직물 등 인도산 직물의 종류는 150가지가 넘었다.

1757년, 동부 벵골지방에서 영국이 인도와 전투를 벌인 것은 동인도회사에 가장 큰 수익을 안겨주던 질 좋고 값싼 벵골산 직물과 관련이 있다. 벵골지방은 인도에서 영국으로 수출되는 직물의 최대공급지였다. 특히 오늘날 방글라데시에 속하는 항구도시 다카에는 인기 높은 직물을 사려고 외국 무역업자들이 몰려들었다. 처음에는 영국 동인도회사 전체 수입액의 12퍼센트 정도가 벵골산 직물이었으나 17세기 말에는 40퍼센트로 늘어났고, 1738~40년에는 66퍼센트에 이르렀다.

벵골산 직물 중에서 가장 인기가 높은 상품은 모슬린이었다. 로마 귀족여인들이 몸의 곡선을 드러내려고 애용했다는 '주나'라는 이름의 모슬린은 다카의 특산물로 로마의 역사가 플리니우스도 일찍이 언급한 바 있었다. 이집트 파라오의 미라를 쌌던 섬세한 옷감 주나는 무굴 황제의 터번으로도 사랑을 받았다. 은사와 비단실로 수를 놓은 '카시다' 역시 유럽인들에게 인기가 높았다.

풀밭에 펼쳐놓아 이슬에 젖으면 옷감의 모습은 보이지 않고 풀잎만 선명하게 드러날 정도로 모슬린은 얇고 투명했다. 공기를 엮어 짰다고 여겨진 모슬린의 섬세하고 우수한 질은 무굴 황제 아우랑제브의 일화에서도 드러난다. 어느날 독실한 이슬람교도로 알려진 황제가 속이 훤히 드러나는 모슬린 옷을 입은 딸을 나무라자 어린 공주는 "일곱 겹이나 두른 거예요"라고 통명스럽게 대꾸했다고 한다.

다카의 모슬린은 메그나 강가에서 재배한 면화로 만들었다. 다카에 주재한 영국 통감은 세계에서 가장 좋은 면화가 다카 부근의 메그나 강가에서 재배한 것이라고 말했다. 빨면 빨수록 결이 좋아지는 다카의 모슬린은 1파운드(450g)의 솜으로 250마일(400km)의 실을 뽑아서 만든 가벼운 옷감이었다. 1인치(2.54cm)당 1,800사, 그보다 떨어지는 제품이 1,400사였다. 1875년, 영국의 웨일즈 왕자가 벵골을 방문했을 때 선물로 받은 모슬린은 1마당 무게가 겨우 10그램에 불과한 '새털'이었다.

최상품 모슬린은 '아침이슬' '저녁이슬' '흐르는 물' '왕을 위한 모슬린'과 같은 낭만적인 이름이 붙여졌다. 20세기 초, '저녁이슬'은 1마에 400루피를 호가했는데 이는 오늘날 우리 돈으로 30만원이 넘는 고가의 사치품이었다. 최상품 모슬린은 열대 인도의 강한 햇살이 실 고르는 것을 방해하지 않도록 아침과 오후에만 짰다. 18~30세의 여성을 최고의 직공으로 간주했는데, 이후에는 시력이 떨어져서 질 좋은 제품을 만들 수 없다고 여겼기 때문이다. 기록을 보면, 영국 재봉사들이 모슬린을 짜는 다카 직조공들에게 세계 최고의 경지라고 찬사를 보냈다고 한다. 섬세한 모슬린을 빨고 다리는 일도 전문직으로 여겼다. 모슬린은 메그나 강에서 빨아 인디고로 염색하고, 다리미가 아닌 조가비를 써서 세심하고 부드럽게 다렸다.

직물이 해외수출로 수요가 높자 벵골지방에는 많은 일자리가 창출되었다. 영국이 정복한 직후인 1776년, 다카에는 2만5천명의 직공이 직물산업에 종사했고, 8만여명의 여성들이 실을 자았다. 이 무렵 다카에서 생산된 18만 톤의 직물이 해외로 수출되었다. 학자들의 평가에 따르면, 다카의 직공들은 동시대 영국 직공들보다 생활수준이 높고 재정적으로도 안정된 편이었다.[4] 그러나 영국이 세력을 잡으면서 그들의 운명은 바닥으로 떨어졌다.

18세기 중반이 되도록 모든 물자의 자급자족이 가능하던 인도인은 외국 제품에 무심했다. 열대지방의 인도인은 영국이 내세운 모직물 위주의 상품에 관심을 보이지 않았다. 인도에 영국 상품을 수출하지 않고 인도에서 수입품만 실어나른다는 비판이 동인도회사를 향해 거세게 쏟아졌다. 옛날 로마에서 그랬듯이, 영국이 인도산 직물을 수입하는 데 지출하는 비용은 막대했다. 1681~85년에만 은 24톤과 금 7톤이 인도로 빠져나갔다.[5] 동인도회사는 인도와의 무역 개선, 곧 자유무역이 시급한 상황이었다.

1757년, 벵골의 슬픈 운명

인도에서 수입품만 실어나르며 국부를 유출한다고 눈총을 받은 동인도회사는 자유무역을 허용하지 않는 벵골의 지배자에게 불만이 높았다. 그들은 바다를 장악했듯 인도 내륙에 진출하여 마음대로 활동하며 영향력을 행사하고 싶었다. 1717년, 영국은 무력한 무굴 황제를 움직여 벵골지방에서 무관세로 수입할 수 있는 권리를 얻었고, 이후 동인도회사의 직원들은 자유무역을 남용하여 불법으로 내륙의 무역에 관여함으로써 벵골 지배자의 분노를 샀다. 갈등은 필연적이었다.

이 무렵 인도 해외무역의 3분의 2는 인도 상인과 아랍 상인 등이 맡았고 3분의 1만 영국의 동인도회사를 포함하여 "모자를 쓰는 국가에서 온" 유럽 상인들이 차지했다. 영국 동인도회사는 여전히 인도에서 활동하는 수많은 유럽 동인도회사 중 하나였다. 당시 인도에는 프랑스, 스페인, 덴마크 등 유럽에서 온 15개의 동인도회사들이 활동했는데, 영국은 특히 프랑스의 동인도회사와 극심하게 경쟁했다.

1757년, 영국 동인도회사는 '조용히 무역에만 종사'하라는 옛날 엘리자베스 1세의 훈시를 거역하고 독자적인 이익을 지키려고 벵골의 지배자를 상대로 전투를 치렀다. 나와브[副王]라고 불린 벵골의 지배자는 본래 무굴제국의 지방총독이었으나 무굴의 쇠락을 틈타 1740년대부터 독립적인 지배자로 행세했다. 1756년, 벵골의 새 지배자가 된 시라즈는 동인도회사가 군사력을 증강하고 캘커타에 성을 축조하는 것을 주권에 대한 도전으로 간주했다.

처음엔 영국이 열세였다. 코끼리를 앞세운 나와브 군대는 영국의 아지트 캘커타를 금세 점령했다. 그러나 영국은 마드라스에서 배를 타고 이동한 클라이브에게 반격을 준비시키며 그대로 물러날 태세가 아니었다. 클라이브는 본국에 보낸 편지에서 "이번 원정은 캘커타를 탈환하는 것뿐 아니라 이 지역에서 우리 회사의 영토가 종전보다 좋은 조건으로 영구 타결되도록 만들 것이다"라고 수익이 많은 벵골지방 정복에 대한 욕심을 드러냈다.

벵골의 나와브는 영국에 매수된 부하들이 배신한데다 클라이브가 이끄는 우세한 화력과 잘 훈련된 병력을 갖춘 영국의 반격을 받고 패배했다. 약 3천명의 영국 군대는 5만명이 넘는 나와브 군대를 물리치고 인도 근대사를 영국 쪽으로 돌려놓았다. 벵골의 귀족과 상인들은 상업적 이득이 유망한 영국을 지지했다. 플라시 전투는 사상자가 영국이 29명, 벵골정부가 500명으로 작은 규모였으나 이후 인도는 식민지로, 영국은 지배자로 역할이 전도되었다.

전투를 승리로 이끌고 첫 인도 총독이 된 클라이브는 시라즈를 배신하고 자신을 지지한 미르 자파르 장군을 벵골의 새 나와브에 임명하면서 그 댓가로 엄청난 보상금과 재물을 빼냈다. 자파르에게서 받은 2천8백만 루피(3백만 스털링파운드) 중 절반이 클라이브의 개인금고로 들어갔다. 무역회사의 일개 서기에서 오늘날의 싯가로 3천3백만 파운드를 가진 백만장자가 되어 귀국한 클라이브는 횡령혐의를 받고 1774년 목을 베어 자살하는 비참한 말로를 맞았다.[6]

클라이브처럼 인도에도 서글픈 운명이 기다렸다. 영국의 에드먼드

버크가 '탐욕스러운 맹금'이라고 불렀고, 한 영국 사가가 "스페인의 코르테스와 피사로 시대 이후 전례가 없는 황금에 대한 탐욕이 영국인의 정신을 메웠다"고 개탄할 정도로 동인도회사 직원들은 사리사욕을 추구했다. 그들의 탐욕은 벵골인에게서 받은 뇌물로 채워졌다. 1760년, 새 나와브가 된 미르 카심은 20만 파운드를 지불했고, 3년 뒤에 그를 이은 또다른 나와브는 13만9천 파운드를 영국인에게 바쳤다.

얼마 뒤 '천국'이라고 부를 정도로 농업생산성이 높은 벵골지방의 조세징수권이 영국에 넘어갔다. 토지세를 징수하게 된 영국은 이후 벵골에서 얻은 조세로 인도의 상품을 구입하여 영국으로 실어갔다. 더이상 영국의 은은 인도로 오지 않았다. 이제 인도의 부가 영국으로 빠져나갔다. 영국은 수익이 많은 벵골의 소금, 베텔(후추과의 열매), 담배, 초석의 교역까지 장악하여 막대한 부를 축적하게 되었다. 영국은 벵골의 재원을 바탕으로 인도의 다른 왕국들을 차례로 정복했다.

부유한 벵골에 기반을 마련한 동인도회사는 1784년부터 영국 의회의 감독을 받았다. 그때부터 영국은 인도 통치자들 간의 경쟁관계를 이용하여 세력을 확대했다. 어떤 인도 왕은 이웃한 오랜 경쟁국을 이기려고 영국에 구원을 요청했으나, 결국 자신도 패배자가 되었다. 또다른 왕은 힘을 가진 영국에 스스로 굴복했다. 1799년 영국이 최대 경쟁상대인 마이소르 왕국을 칠 때 영국을 도운 나라들은 마이소르의 이웃이자 경쟁국인 하이데라바드와 마라타 왕국이었다.

인도의 지배자들은 '익숙한' 자국의 적은 경계했으나 멀리에서 온 영국은 위험하다고 여기지 않았다. 영국 역사가들은 인도가 영국에 정복된 이유를 '인도의 분열성'에서 찾았으나 19세기 후반의 개념인 민족주의를 18세기의 그들에게 적용할 수는 없는 일이다. 각 지방의 세력들은 늘 서로가 남이었다. 유럽대륙 크기만한 인도에 역사적으로 '하나의 국가'는 없었다. 정치세력은 늘 복수였고, 서로 다투며 공존해온 그들은 낯선 적의 낯선 야망을 파악하지 못했다.

 동인도회사와 직물전쟁

　1818년, 한때 무굴의 후계를 자처할 정도로 강성한 제국이었던 마라타가 영국에게 패배하고, 그 넓은 영토가 영국의 영토에 편입되었다. 곧 북부 펀자브에서 힘을 자랑하던 시크 왕국이 영국의 품으로 들어왔다. "영국의 통치가 우월하므로 더 많은 인도 영토가 영국의 직접적인 지배를 받게 될수록 인도인들에게도 좋은 일이다"라고 낙관한 달하우지 총독[1848~56]은 이후 수많은 인도 왕국을 갖은 명목으로 강제 병합하여 인도에서 영국의 제국을 건설했다.

역전된 영국과 인도

　모든 것이 역전되었다. 수출로 부를 쌓던 인도 경제는 영국 제품의 수입국이자 원자재 수출국으로 바뀌었다. 이제 인도의 직물이 영국으로 가는 대신에 영국의 직물이 인도로 왔다. 영국의 대인도 직물수출은 1786년 156파운드에서 1813년 11만 파운드로 20년 만에 700배가 늘었고, 1856년에는 6백3십만 파운드로 급증했다. 공장에서 나온 영국의 값싼 직물이 밀려오자 인도 직공들은 일자리를 잃고 빈민으로 전락했다. "직물을 짜던 직공들의 굶어죽은 뼈다귀가 평원을 하얗게 물들인다"는 보고서가 나올 정도로 인도의 직물산업은 쇠락했다.

　2001년에 나온 매디슨의 『세계 경제』는 영국이 인도에서 직물을 수입하다가 수출국으로 입장이 바뀐, 인도와 영국 경제의 역전 현상을 수치로 증명했다. 1700년, 세계 GDP의 22.6퍼센트를 차지하며 번성을 구가하던 인도는 영국이 제국의 전성기를 누리던 1870년 그 비율이 12.2퍼센트로 쇠퇴했다. 영국은 같은 기간 2.8퍼센트에서 9.1퍼센트로 성장했다. 인도의 비극은 거기서 끝나지 않았다. 1952년, 영국이 떠난 직후의 인도 경제는 세계 GDP의 겨우 3.8퍼센트를 차지할 정도로 빈곤해져 있었다.[7]

오랫동안 명성을 누리며 유럽 귀족의 허영심을 감싸던 다카의 모슬린도 사라졌다. 영국은 다카 모슬린의 경쟁력을 떨어뜨리려고 제품에 80퍼센트의 세금을 부과하는 한편, 모슬린을 직조하기 위한 섬세한 실을 꼬지 못하도록 숙련직공의 엄지손가락을 잘라버리는 방식으로 경쟁상대를 제거했다. 1980년 시인 샤히드 알리Shahid Ali는 「다카 사紗」라는 시에서 슬픈 다카의 역사를 다음과 같이 노래했다.

역사에서, 우리는 알았다

직공들의 손이 잘렸다는 걸

벵골의 베틀이 소리를 잃었고,

영국인이 영국으로

면화를 실어갔다는 걸.

영국 직물의 수입국으로 변한 인도는 아편의 생산지로서도 영국에게 귀중한 존재였다. 동인도회사의 최대 이익은 중국에서 영국으로 수입하는 차 무역에서 나왔다.[8] 19세기 초, 영국 정부는 재정수입의 약 10퍼센트를 차 수입에 부과한 관세에서 얻었고, 동인도회사는 수익의 7분의 1을 아편무역에서 올렸다. 영국에서 차를 마시는 것이 유행이 되자 막대한 은이 차 생산지 중국으로 유출되었고, 그에 대한 국내의 비판이 거세졌다. 그러자 동인도회사는 벵골지방에서 아편을 재배하여 중국에 밀수출하고 그 판매대금으로 영국으로 실어갈 차를 구입하는 '사악한' 전략을 구사했다.

1781년, 인도 총독 헤이스팅스는 선박 두 척에 아편을 실어서 중국에 밀수출하여 20배의 이익을 냈다. 1811년, 영국령 인도British India의 수출품은 직물이 33퍼센트, 아편 24퍼센트, 인디고 19퍼센트, 생견生絹 11퍼센트였으나 1850년에는 아편 30퍼센트, 생견 19퍼센트, 인디고 11퍼센트로 아편이 차지하는 비율이 가장 높아졌다. 1820년 아편수출량은 5천

 동인도회사와 직물전쟁

체스트(1chest=63.5kg)였으나 1844년에는 4만8천 체스트에 달했다. 영국이 중국에 차 수입 대금을 결제할 만큼 아편판매로 수입을 올린 것은 1828년부터였다.

문명국을 자처하는 영국은 양심을 저당하고 '독'을 팔아 이익을 챙겼다. 인도에서 생산된 아편을 중국에 판 대금으로 중국에서 차를 구매하여 영국으로 실어갔고, 영국에서 생산된 직물을 인도에 판매하여 수익을 얻었다. 이 삼각무역을 유지하기 위해서 영국은 인도가 필요했다.[9] 1830년대 아편으로 얻은 수입은 영국령 인도의 재정에서 15퍼센트를 차지할 정도로 중요했다. 1840년 영국-중국이 아편전쟁을 치를 무렵 중국에는 아편상용자가 1천2백만명이나 되었다. 영국의 아편을 몰수하여 불태운 바람에 전쟁을 촉발한 중국 광동의 관리 임칙서林則徐는 이익을 얻으려고 사람을 해치는 영국인에게 "당신들의 양심은 어디에 있는가?"라고 소리쳤다.[10]

1838년, 영국의 몽고메리 마틴은 지난 30년간 인도에서 영국으로 빠져나간 부는 연간 3백만 파운드라고 적었다. 현재 가치로 환산하면 400억 파운드가 넘는 엄청난 금액이다.[11] 19세기 후반 영국 조세위원회의 책임을 맡은 존 설리번은 "우리의 제도는 스펀지처럼 움직인다. 갠지스 강변에서 모든 것을 빨아들여 템즈 강변에서 짜낸다"고 고백했다.

이후 인도의 모든 불행이 영국에 의한 것은 아닐지라도 200년간 인도를 지배한 영국에게 면죄부를 주거나 통치를 정당화할 수는 없다. 독립한 인도의 운명을 다시 짜려고 애쓴 총리 네루는 영국 통치를 오래 받은 지역이 오늘날 가장 빈곤하다는 사실이 바로 영국 통치가 인도 경제에 막대한 해를 끼쳤음을 증명하는 것이라고 말했다.[12] 가난한 인도 사람들의 이야기를 담은 영화 「씨티 오브 조이」City of Joy의 배경과 마더 데레사가 봉사한 지역이 가장 먼저 영국에 점령당했던 벵골인 것은 결코 우연이 아니다.

인도 민족주의가 성장하고 반영운동이 거세졌을 때 떠오른 중요한 이슈는 영국산 직물의 불매운동과 물레를 돌리고 손으로 옷감을 짜는 스와데시운동이었다. 손으로 짠 직물^{khadi}은 영국이 오기 이전의 인도를 상징했다. 1905~6년 벵골에서 대규모 반영운동이 전개되었을 때 영국산 면직물 수입량은 25퍼센트나 떨어졌다. 간디가 비협력운동을 주도한 1921~22년에도 외국산 직물의 수입액은 57억 루피로 전년도의 102억 루피에서 절반으로 줄었다.

"스와데시가 없는 스와라지는 영혼이 없는 사람, 곧 시체와 같다"고 외친 간디가 내세운 이상향은 "검은 사탄과 같은 방적공장"이 있는 산업사회가 아닌 농민의 단순하고 소박한 생활, 곧 힌두 스와라지^{Hindu swaraj}였다. 간디의 독립운동에 포함된 물레 돌리기와 카디운동은 영국의 산업문명과 다른 인도 전통의 아름다움을 조명하고, 평범한 인도인이 집에서 국가적인 운동에 동참할 수 있도록 기획되었다. 스와데시는 영국 식민경제에서의 경제적 독립을 의미했다.

"외국에서 만든 옷감을 걸치는 것은 죄악이다. (…) 인도를 가난하게 만든 것은 이러한 제품이다. 이제 영국제 옷감을 불태우면서 우리의 치욕도 함께 불살라버리자!" 영국산 직물을 불태우면서 인도인은 이렇게 외쳤다. '우리의 옷감'으로 상징되는 스와데시를 외치며 그들은 오랜 전통을 가진 인도 직물산업을 정복하고 마침내 전 영토를 정복한 영국을 전복하기 시작했다. 미래는 인도 편이었다.

 동인도회사와 직물전쟁

1857년의 문명과 야만

세포이의 난

1857년 5월 10일, 델리에서 멀지 않은 메루트에서 영국군에게 고용된 인도인 세포이(용병)들이 반란을 일으켰다. 그들은 곧바로 무굴의 수도 델리로 진격하여 82세의 황제 바하두르 샤를 법적 중심으로 추대하고 반영反英의 깃발을 들었다. 세포이들의 군사반란은 북부지방으로 들불처럼 퍼지면서 식민통치에 불만을 품은 농민, 지주, 상공업자를 비롯해 인도의 종교와 문화에 대한 영국의 간섭, 기독교 선교에 모욕과 위협을 느낀 무슬림과 힌두 들이 합세하여 전국적인 민중봉기로 발전해 나갔다.[13]

“도대체 이름이 무엇이란 말인가”라고 셰익스피어는 말했으나 1857
년 대사건의 이름은 항쟁의 성격을 규정짓는 데 더없이 중요하다. 영국
사가들은 오랫동안 1857년 인도인의 투쟁을 ‘세포이의 난’으로 불렀다.
군대의 규율과 명령체계를 어긴 야만적 군사폭동으로 민중의 동조를
받지 못한 하극상이라는 의미였다. 반면에 인도의 일부 사가들은 이 사
건을 ‘인도 최초의 독립전쟁’이라고 부르며, 강한 자가 이름을 붙이고
사건을 규정하는 정글의 법칙에 도전했다.

영국이 벵골을 정복하고 100년이 지난 1857년, 영국의 통치는 확고
부동했다. 그렇게 앞만 보고 거침없이 제국을 향해 달린 영국인이 당시
에 받은 충격은 엄청났다. 델리와 북부의 주요 지방은 여러 달 동안 반
영세력의 수중에 들어갔고, 대양을 건너온 많은 영국인들이 꿈을 이루
지 못하고 객지에서 목숨을 잃었다. 그들이 자랑하던 권위와 권력의 세
계와 의기양양하게 추진되던 식민화는 존망이 불투명했다.

영국이 받은 절망감은 항쟁을 진압하는 과정에 반영되었다. 수만명
의 인도인을 무차별 학살하고 수많은 인도 여성을 강간했으며 무방비
상태인 마을을 방화하고 파괴했다. 당대의 저명한 무굴 시인 갈리브^{Mirza Ghalib}가 “사람은 희망으로 사는데 우리는 살 희망이 없다”고 읊을 정도로
무굴의 수도 델리는 풍비박산이 되었다. 체포된 세포이들은 대포의 ‘인
간포탄’이 되어 허공에서 산화하는 보복을 당했다. 캐닝 총독^{Lord Canning; 1856 ~62}이 영국군에게 ‘자제’를 요청할 정도로 영국의 보복은 잔인하고 무자
비했다.

그러나 진압과정에서 드러난 영국군의 무자비함은 영국의 통치를
정당화하는 승리자의 역사 속으로 묻혔다. 그들이 ‘세포이의 난’으로
폄하한 역사는 엄청난 희생을 치른 1857년의 책임을 인도 세포이들에
게 전가하고 민족주의 색채가 강한 항쟁에 대한 영국의 부담과 두려움
을 은폐했다. 승자의 역사는 만행을 저지른 인도인의 야만성을 강조하
며 그들을 문명화하기 위해서라도 영국의 식민통치가 필요하다는 논리

로 이어졌다.

흥미롭게도 싸움에 직접 가담하지 않은 영국 여성들이 1857년의 민중봉기를 '세포이의 난'으로 축소하는 데 일조했다. 19세기 영국의 신문과 잡지, 문학과 회화, 역사에서 수없이 재생산된 1857년에 대한 서술은 오합지졸 인도 세포이의 야만적인 폭동, 특히 도덕적으로 순수한 영국 여성에 대한 세포이들의 잔인한 학살과 강간에 집중되었다. 영국 여성에 대한 세포이의 성적 침탈과 신체적 유린은 인도 남성들을 악마와 야만인으로 규정하며 신화가 되었다.

비겁한 검은 세포이, 순수한 백인 여성

1857년 항쟁의 매트릭스가 된 영국 여성들은 1840년경부터 관리와 군인의 배우자로 인도에 도착했다.[14] 그때까지 인도에서 홀로 지낸 영국 남성들은 인도 여성과 '특별한 친분'을 쌓으며 향수를 달랬으나 영국 여성이 등장하면서 인도 여성을 통해 유지되던 영국과 인도의 사회적 관계는 점차 멀어졌다. 지배층으로서의 특권을 누린 영국 여성은 인도에 대해 편견이 많고 오만했다. 같은 하늘 아래에 살면서도 셜록 홈즈처럼 함께 먹고 마시지 않는 그들의 인종차별적 태도에 많은 인도인이 분노했다.

지배자와 동일시된 영국 여성들은 항쟁이 발발하자 공격의 대상이 되었다. 영국의 기록에 따르면, 1857년 희생된 첫 영국 여성은 메루트의 무슬림 백정에게 살해된 영국군 장교의 아내였다. 홍역으로 자리에 누웠던 다이슨 부인은 세포이의 방화로 타죽었고, 도망하던 다른 여성은 몸이 잘려 죽었다. 메루트에서 진격한 세포이와 현지 세포이가 합세한 델리에서는 기독교 선교사의 딸과 그 친구가 먼저 살해되었다.[15]

영국 여성에 대한 세포이의 성적 폭력과 유린이 영국인에게 신경증

칸푸르 학살을 지휘한 나나 사히브

적 반응을 야기한 것은 칸푸르의 학살이었다. 갠지스 강가에 위치한 교통과 상업의 중심지 칸푸르에는 대규모 군대가 주둔했다. 6월 5일 봉기한 칸푸르의 세포이들은 19세기 초까지 마라타 계열 왕국의 후계자였으나 양자라는 이유로 나라를 빼앗기고 인근에 살던 나나 사히브(Nana Sahib)의 지휘를 받았다. 나나 사히브에게 쫓긴 영국인들은 부대 내 작은 막사에 피신해 지원군을 기다렸다. 그중 절반이 여성과 아이들이었다.

나나 사히브와 대치한 영국의 휠러 장군은 포위된 영국인을 갠지스 강을 통해 소개(疏開)하기로 합의하고 항복했다. 6월 27일, 영국의 기록은 세포이들이 갠지스 강을 떠나는 배에 총을 쏘고 불을 질러 많은 영국인을 죽였다고 적었다. 살아남은 여성과 아이들은 나나 사히브가 제공한 비비가르(여성의 집)에 몇주간 갇혔다가 영국 지원군이 온다는 소식을 듣고 도주하는 세포이들에게 학살되었다. 73명의 여성과 124명의 아이들이 거의 다 죽었고, 시체는 우물에 던져졌다.

"내실은 피가 발목까지 차올랐고 (…) 부서진 빗, 아이들 바지에 달린 프릴, 작은 모자, (…) 여성과 아이들의 옷가지—속치마, 슬리퍼, 모자—는 모두 피에 물들어 있었다." "우물로 이어진 길에는 시체를 끌고 간 자국이 나 있고 가시덤불에는 옷조각과 긴 머리카락이 뒤엉켜 있었다."[16]

영국군 장교가 '인간 도살장'이라고 부른 칸푸르에서의 영국인 학살은 1857년 최고의 화젯거리이자 인도인의 야만성을 보여주는 상징이 되었다. 영국의 통치를 받는 것이 인도를 위해서도 좋은 일이라고 여기던 많은 영국인들은 야만인의 도전으로 모욕과 고통을 받자 사건을 과장했다. 칸푸르의 학살현장을 목격한 사람들의 생생한 묘사는 세포이의 야만성과 비겁함을 알려주며 영국인의 분노를 자아냈다.[17]

당시 영국의 주간지 『펀치』The Punch에 나온 만화 속의 세포이들은 검은 피부에 손발이 기괴하게 큰 동물 같은 모습이거나 맨발에 옷을 입지 않은 야만인의 행색이었다. 초라하고 검은 피부의 그들은, 건장하고 '흰' 피부의 당당한 영국 군인과 대비되었다. '피에 굶주린' '들짐승처럼' '검은 얼굴의 야만인' 같은 세포이에 대한 인종차별적인 수식어들은 '영웅적'이라는 수식어가 수반되는 영국 군인의 남성성과 용맹성을 돋보이게 하는 데 효과적이었다.

인도인의 항쟁을 다룬 영국의 언론과 문학, 회화는 무력한 영국 여성을 강간하고 유린한 인도 세포이의 야만성과 호색함을 화두로 삼았다. 국가와 민족의 보루인 백인 여성의 몸이 '흑인'에게 유린되었다는 소식과 소문은 성적 순수성을 표방하는 빅토리아시대의 영국인에게 큰 충격을 주었다. 여성의 보호를 문명의 수준과 남성성의 상징으로 여긴 그들은 야만인에게 모멸당한 영국 여성의 수치를 국가의 수치로 간주했다.

"난 남편을 떠나지 않을 거예요. 남편이 죽으면 나도 죽을 거라고요." 그녀는 말을 마치고 남편에게 뛰어가 그 뒤에 앉으며 남편의 허리를 껴안았다. 그러자 다른 여성들이 말했다. "우리도 남편과 같이 죽을래요." 그리고는 모두 자기 남편 옆으로 가서 앉았다.

영국인의 남성성과 세포이의 남성답지 못함을 증명하고 항쟁을 무력으로 진압할 정당성을 얻기 위해 영국 여성이 동원되었다. 그 첫번째는 지배자인 영국 남성 못지않게 씩씩하고 용감하게 세포이에게 저항한 영국 여성의 일화와 소문을 재생산하는 방식이었다. 성경을 들고 기도를 올리면서 야만적인 '적'의 공격에 의연히 맞선 영국 여성의 모습은 소설과 만화, 회화 등 여러 매체를 통해 수없이 재현되고 상상되면서 역사적 사실로 승화되었다.

1888년 벵골지방에서 발간된 영자지 『파이어니어』The Pioneer는 1857년을 회고하는 글에서 영국 여성이 용감한 군인처럼 영웅주의와 자기헌신을 드러냈다고 서술했다. 대표적인 사례는 긴 칼로 세포이의 머리를 베고 우물에 뛰어들어 자살한, 칸푸르 지역사령관 휠러의 18세 된 딸이었다.[18] 호색적인 세포이의 공격을 받자 죽음은 고통이 아니라면서 "키스를 나누고 죽자"라고 의연하게 대처하며 동반자살을 선택한 영국 여성들의 이야기도 백인 여성의 영웅주의를 증명하는 소재가 되었다.

1857년 최고의 호색한으로 오명을 남긴 나나 사히브의 욕망의 대상이 된 영국 여성들은 불명예보다 죽기를 선택한 영웅적인 사례로 미화되었다. 여성들은 '적의 손에 잡히기 전에' '몸을 더럽히기 전에' 우물로 뛰어들거나 총으로 자살하여 영국 여성의 도덕적 순수성을 지킨 영웅들로 여겨졌다. "온갖 위험에 노출된 채 고통을 견디며 상처를 입고 고통스러워하는 남편과 아버지를 참을성 있게 간호한" 일부 여성들의 고귀한 행동도 높이 칭송을 받았다.

"죽은 여성을 한쪽으로 끌어다놓고 다친 사람을 간호하려고 애를 썼다. 일부 군인의 아내와 딸은 싸우기로 결심했다." '피에 주린 야만인'

     1857년의 문명과 야만

의 손에 더럽혀지기 전에, 강간이나 고문과 같은 끔찍한 순간을 겪기 전에 자살을 감행한 여성들은 영국 여성의 성적 순수성과 영웅주의를 증명했다. 그러나 기이하게도, 전설이 된 그들 영국 여성은 적에게 몸을 더럽히지 않으려고 불더미에 뛰어든 인도 라지푸트 여성들을 연상시켰다.

1858년에 출간된 찰스 볼 Charles Ball 의 『인도 반란의 역사』 The History of the Indian Mutiny 는 휠러 사령관의 딸이 머리카락을 휘날리며 장검을 든 세포이를 총으로 쏘는 역동적인 모습과 그 앞에 검은 세포이 두명이 널브러진 삽화를 실어서 신화를 창조했다. 그러나 정작 휠러 장군의 딸은 자신을 납치한 무슬림 남성(알리 칸)과 숨어살면서 영국 사회로 돌아오지 않았다. '영국 여성답지 않은' 그런 이야기들은 의도적으로 역사의 뒤편에 묻혀버렸다.[19]

10~14세에 해당하는 48명의 여성을 데려갔다. 대다수가 교양 있게 키워진 여성들은 (…). 마지막으로 옷이 벗겨지고 텔리의 백주대로에서 가장 낮은 계층의 노리개로 넘겨졌다. 세포이들은 고문을 시작하여 젖가슴과 손가락, 코를 베어내고 죽도록 내버려두었다. 한 여성은 죽는 데 3일이나 걸렸다.[20]

두번째 방식은 영국 여성을 세포이의 야만적 욕구의 대상으로서 희생자와 순교자로 간주하는 것이었다. "메루트의 한 장교부인은 교회에 있다가 끌려나와서 젖가슴이 잘렸다" "발가벗겨지고 피를 흘리며 모욕을 당하고" "아이들이 죽어가는 것을 고통스럽게 지켜본" 그들과 "잘라진 아이들의 다리, 피범벅, 죽은 어머니가 우물에 던져지는 바람에 숨이 막혀서 죽임을 당한 아이들"의 이야기들은 영국 여성을 야만적 세포이의 희생자로 만들었다.

야만과 문명의 대결

영국 여성의 '순수한 피'에 굶주린 세포이, 백인 여성의 몸을 탐하는 호색적인 세포이에게 유린되는 영국 여성을 다룬 이야기들은 중세의 기사와 같은 영웅적인 영국군의 개입과 활약을 당연시했다. 바꾸어 말하면, 영국 남성을 돋보이려고 야수와 같은 세포이에게 몸을 더럽힌 백인 여성의 이미지가 필요했던 것이다. 빅토리아시대의 영국 사회는 성적 통제력을 남성성과 연계했다. 그 기준에 따르면, 욕망을 주체하지 못하고 영국 여성을 강간한 세포이는 남성성이 부족했다.

"우리는 인도를 주목하면서 걱정하고 있답니다. 군대를 빨리, 충분하게 증원할 수가 없거든요. 반란자들이 여성과 아이들에게 저지른 만행은 이즈음 시대엔 있을 수 없는 일이에요." '희생자 영국 여성'과 '가해자 인도 남성'의 도식은 빅토리아 여왕도 공유했다. 반란이 곧 진압될 것이라고 믿은 여왕의 기대를 깨고 델리가 반군에게 함락되었다는 소식이 전해졌다. 여왕은 삼촌인 벨기에 왕 레오폴드에게 보낸 편지에서 인도인의 반란을 우려했다.

영국 여성의 희생자로서의 이미지는 정치적 목적으로 만들어졌다. 영국 언론은 한동안 인도의 항쟁을 보도하지 않았다. 인도의 정치적 저항이 영국에 보도된 것은 메루트에서 항쟁이 발발하고 6주가 지날 무렵이었다. 영국의 경쟁국 프랑스의 언론이 인도인이 영국 통치에 대해 저항하고 있다는 소식을 전한 뒤였다. 물론 영국 언론은 인도인이 영국 통치에 불만을 가진 것이 아니라 기강이 해이한 일단의 세포이들이 폭동을 일으켰다는 점을 강조했다.

오합지졸의 야만적 폭동은 진압되어야 마땅했다. 두달이 넘도록 관련기사를 싣지 않던 『쌔터데이리뷰』The Saturday Review는 7월 18일의 첫 기사에서 반란이 진압될 것으로, 곧 영국의 승리를 낙관했다. "학살된 우리 여성을 위해 복수하자!" 호색적인 세포이들에게 유린되는 영국 여성의 곤경을 다룬 선정적인 보도와 이야기들은 "순교의 피는 하나의 씨앗, 거기에서 다른 작물이 피어난다"라는 동시대 영국에서 나온 시구詩句에서 드러나듯 세포이에 대한 무자비한 보복을 당연시했다.[21]

영국 매체들은 정치적으로 1857년을 다루었다. 『런던타임즈』는 항쟁이 일어나고 5년이 지나기 전에 인도인이 영국인을 학살했다는 기사를 190번이나 실었다. 다른 매체들도 영국 여성과 아이들에게 자행된 세포이의 강간과 고문을 주요한 기사로 다루었다. 영국 여성에 대한 "사악한 고문은 말하지 말자"고 언급하고도 그러한 이야기들은 선정적으로 재생산되어 영국인의 분노를 유발하고 강력한 진압을 당연하게 여기는 여론을 형성했다.

이 시대 영국에서 나온 그림에도 영국 여성과 아이를 구하는 영국 군인의 모습이 담겼다. "미친 세포이들, 피 맛을 본 뒤에 열에 들떠"와 같은 선정적 제목을 단 그림들은 '적'을 진압한 영국 군인을 영웅으로 드높이고 세포이를 비겁자로 고정했다. 영국의 강력한 보복을 당연시하는 영국 작가 찰스 디킨스와 한 여성의 섬뜩한 다음의 발언은 당시 영국의 격앙된 분위기를 반영했다. 자존심에 난 상처가 쓰라린 만큼 그것을 회복하려는 반동도 컸다.

내가 인도의 사령관이면 좋겠다. 그렇다면 먼저 오리엔탈 인종을 깜짝 놀랄 정도로 후려칠 것이다. (…) 최근에 잔인성의 얼룩이 묻은 그 인종을 최선을 다하여 끝장낼 것이다.

이 끔찍한 반란을 생각하면서 그 반란자들이 얼마나 흥건하게 영국인—영국 여성과 그 힘없는 어린아이—들을 피로 물들였는지를 떠올리면, 나는 그저 복수의 그날—우리의 두 손을 적의 피 속에 담그고 우리들이 기르는 개의 혓바닥이 그 피를 핥아서 붉게 물드는 그날—을 경외감을 갖고 기다릴 수밖에 없다.

"우리 여성과 아이들이 살해되는 꿈을 꾼다"고 일기에 기록한 니콜슨 장군은 북부에서 항쟁을 진압하려고 델리에 도착하여 "가여운 여성과 아이들의 복수를 맹세"했다. 델리를 탈환한 영웅 니콜슨은 영국 여성과 아이들을 학살한 자들을 산 채로 불에 태우거나 죽창으로 찔러 죽이는 법안을 내자고 제안할 정도로 복수의 화신이었다. 많은 영국 장교들이 그처럼 영국 여성의 복수를 다짐했다.[22] 어떤 장교는 인도인에게 희생된 영국 여성의 머리카락을 몸에 지니고 다니면서 보복을 되새겼다.

북부와 남부로부터 도착한 영국의 구원부대는 무자비하고 무차별적이어서 많은 인도인에게 '악마의 바람'이 불었다고 기억하도록 만들었다. 무고한 자와 반란에 가담한 자의 구분은 없었다. 델리를 공격한 영국 군인들은 "모두 죽이고 (…) 집들을 다 불태웠다." "공격이 있은 뒤 며칠 동안 흥분상태인 그(윌슨 장군)는 무슨 일을 했는지 기억조차하지 못했다." 성난 진압군에게 수천명의 시민이 죽임을 당했고,[23] 귀중한 유적과 재물은 불 속으로 사라졌다. 델리의 시인 갈리브는 파괴된 도시를 보고 이렇게 읊었다.

> 델리는 지금 어디에 있나요?
> 그래요, 한때 인도라는 나라에
> 그런 이름을 가진 도시가 있었더랬지요.

남부에서 구원부대를 이끌고 온 네일^{Neill} 장군은 "세포이는 단 한놈도 살려두지 않겠다!"고 외쳤다. 그의 군대는 갠지스 평원의 중심지 알라하바드에서 세포이와 민간인 수천명을 학살했다. 무고한 아이들과 여성도 상당수였다. 수백명은 가로수에 목을 매달아 죽였다. 영국의 기록을 보면, 영국 군인들은 "눈에 보이는 인도인은 무조건 죽였다. (…) 부서진 관사 주변의 모든 마을에 불을 질렀다." 네일 장군은 영국 역사에

      1857년의 문명과 야만

서 1857년의 최고 영웅으로 일컬어졌다.[24]

그러나 알라하바드에서 영국군이 인도인을 학살한 것은 나나 사히브가 칸푸르에서 영국 여성을 학살하기 이전이었다. 한동안 영국은 세포이의 야만성에 대한 보복으로 진압이 무자비할 수밖에 없었다고 변호했지만 일부 학자는 칸푸르에서 나나 사히브가 영국 여성을 죽인 싯점이 알라하바드에서 영국군이 인도인을 학살했다는 소식을 들은 뒤라고 밝혔다. 더구나 영국 종군기자 윌리엄 러�셀은 『나의 인도 일기』My Indian Diary에서 영국군이 인도인을 죽인 동기를 약탈하기 위해서라고 적었다.

알라하바드에서 칸푸르로 이동한 네일의 군대는 나나 사히브에게 학살되어 우물에 던져진 영국 여성과 아이들의 시체를 발견하고 그 보복으로 온 도시를 불태우고 파괴했다. 인도 여성을 강간하고 민간인을 학살했다. 포로로 잡은 힌두와 무슬림 세포이에게는 그들의 종교적 금기인 소와 돼지의 피를 강제로 먹이고 영국 여성과 아이들의 피가 묻은 바닥과 벽을 핥도록 시켰다. 금기를 어긴 세포이들이 죽은 뒤에도 '신의 나라'에 들지 못하게 만든 완벽한 복수였다.

그러나 나중에 캐닝 총독의 명령으로 '반란'을 규명한 영국의 조사위원회는 세포이들이 칸푸르에서 영국 여성을 강간하거나 신체를 도려냈다는 사례를 한건도 규명하지 못했다. 오히려 세포이들은 영국 여성과 아이들에게 발포하라는 나나 사히브의 명령을 거부했고, 그래서 그 '임무'는 고용된 전문암살자들이 담당했음이 드러났다. 델리에서 세포이들의 영국 여성에 대한 성적 모독도 증명되지 않았다.[25] 다른 지방에서도 영국 여성이 강간을 당하고 살해되었다는 소문은 확인할 수 없었다.

일부 인도 학자들의 말처럼 그러한 소문은 규명되기 어려웠다. 힘을 가진 영국이 조사를 했는데도 사실이 확인되지 않은 것은 그런 소문과 소식이 사실이 아니었을 가능성을 시사했다. 영국에서 재생산된 소문과 달리 주로 상층카스트와 무슬림으로 구성된 세포이들은 영국 여성에 대한 성적 접촉을 종교적인 이유로 자제했을 것이 분명했다. 힌두교와 이슬람교는 영국 남성에게 '오염된' 영국 여성과의 성적 접촉을 종교적 부정으로 간주했다.

그럼에도 '흑인 세포이가 백인 여성을 강간했다'는 신화는 질긴 생명력을 자랑하며 생존했다. 1857년 첫 소설이 나온 이래 1900년까지 1857년을 배경으로 씌어진 약 50여편의 영문소설은 칸푸르에서 발생한 영국인 학살과 영국 여성의 몸을 탐하는 세포이들의 호색성과 동양적 전제군주의 상징인 나나 사히브를 주제로 삼았다.[26] 영국 여성이 성적 유린을 당하는 장면은 정치적 효과를 극대화하려고 '포르노'에 가깝게 사실적으로 묘사되었다.

영국의 통치는 계속되어야 한다!

인도 세포이의 영국 여성에 대한 유린은 야만적이고 남성적이지 못한 비겁한 행동으로 여겨졌다. 영국이 고취한 남성성은 용감성과 명예의식은 물론, 여성에 대한 보호의식을 포함했다. 1857년 9월 12일 『펀치』에 실린 「정의」Justice라는 만화는 왼손에 칼을 든 '정의의 여신' 브리타니아와 그 앞에 웃통을 벗은 검은 세포이들이 쓰러져 있는 내용을 담았다. '검둥이들의 폭동'이 성공적으로 진압되고 '정의로운' 영국 통치가 지속될 것이라는 의미였다.

영국의 여러 매체에서 재생산된 인도의 1857년은 영국 남성을 정의의 집행자로 그렸다. 영국군의 세포이에 대한 보복은 잔인한 행동이 아니라 스스로를 보호할 수 없는 여성을 보호하는 빅토리아시대의 기사도 정신을 상징했다. 이 시대를 다룬 각종 기록에서 드러나는 영웅적인 영국 남성은 실수가 없고 부상을 당하지도 않았다. 불구가 된 영국 남성을 다룬 기록은 하나도 없었다. 세포이에게 코가 베이거나 다리가 잘

1857년 9월 12일 『펀치』에 실린 만화. '정의'라는 제목처럼
'검둥이들의 폭동'이 진압되고 '정의로운' 영국의 통치가 지속될 것이라는 의미다.

리는 역할은 덜 영웅적인 영국 여성이 맡았다.

"영국 남성과 영국 여성, 인도 남성과 인도 여성은 모두 영국 통치의 이데올로기 안에서 분명한 역할에 고정되었다"는 영국의 사학자 찰스 메카페의 파악은 1857년의 서술에서도 타당해 보인다. 인도 여성은 물론이고, 인도 남성에 비해서도 과도한 특권을 누리던 인도 거주 영국 여성은 영국 남성이 주도하는 제국의 주변부에서 보호를 받는 존재였으나 제국의 존속을 위해 나름의 역할을 수행한 셈이었다.[27]

"전장의 신이여! 내 군인들의 가슴을 강철같이 만드소서!" 강한 영국의 통치에 대한 열망은 빅토리아 여왕이 세포이가 진압되길 희망하는 만화의 제목에서도 드러났다. 영국 지배자를 배반하고 반란을 일으킨 인도 남성은 성적 욕구를 통제하지 못하고 영국 여성을 강간한 '남성성이 부족한' 존재였다. 그러므로 스스로의 욕망을 통제하지 못한 그들이 인도를 통치할 수는 없었고, 치국은 남성적이고 영웅적인 영국 남성이 남성답지 못한 그들을 위해 떠맡아야 할 몫이었다.

1857년 항쟁에 참여한 인도인은 강철 같은 '영웅'과 싸운 셈이었다. 19세기의 제국은 '남성'의 몫이었다. 제국의 이념으로 무장하고 강건한 신체를 바탕으로 야만인을 문명화할 책임을 진 영국인들은 열등한 인도인과 달리 남성다웠다. 연약하고 수동적인 여성은 집안의 천사로 살아가고 강하고 능동적인 남성은 권력을 다투고 공적 영역에 참여한다는 영국의 전통적인 성의 역할구분이 인도 통치에도 적용된 것이다. 용감한 영웅은 남성적이고, 비겁함의 대명사인 인도 남성은 여성적이었다. 젠더의 은유는 영국과 인도의 메워질 수 없는 차이를 의미했다.

영국인의 정체성은 이처럼 인도인을 타자로 만들면서 구성되었다. 인도인의 저항이라는 극한 상황에서 "우리는 그들과 다르다"라고 반란자들을 나쁘게 인식하여 수세에 몰린 영국의 입장을 정당화하고 지배자의 긍정적 정체성을 한층 강화한 1857년에 대한 각종 서술은 키어난^{V. G. Kiernan}의 말대로 "피지배자를 나쁘게 생각함으로써 자신을 나쁘게 생각하는 것을 피"했다. 그렇게 하여 1857년의 민중봉기는 '세포이의 난'으로 축소되고 영국의 통치는 지속되었다.

5천만 파운드의 천문학적 비용으로 인도인의 항쟁을 진압한 영국은 이후 제국의 전성기를 누렸으나 그 비용까지 영국에 지불한 인도는 더욱 빈곤해졌다. 1858년 영국 정부는 동인도회사를 폐지하고 왕실의 직접적인 통치체제로 바꾸었다. 인도 총독은 빅토리아 여왕의 대리라는 뜻에서 '부왕'^{viceroy}이라는 칭호가 붙었다. 항쟁은 영국이 인도를 바라보는 관점도 바꾸었다. '비겁한' 세포이는 줄이고, 씩씩한 영국 군인과 영국에 충성하는 상무^{尙武}적 인도 군인은 늘렸다.

1857년, 큰 위기에 처했던 영국은 '문명화의 사명'에 큰 타격을 받았다. "세금을 걷고 무도회를 열고 마차를 몰아 교회에 가고 도로를 넓히고 극장을 짓던" 영국 지배자들은 근대화와 변화의 진원지인 법원과 행

　　　　　1857년의 문명과 야만

정청, 기독교 선교사들이 공격을 받자 급진적 식민화를 포기했다. 더이 상 인도의 종교에 간섭하지 않고 기독교 선교학교에 대한 재정지원도 줄였다. 서구 교육과 영어에 대한 강조는 계속되었으나 인도인을 영국 인으로 만들겠다는 오만한 포부는 줄었다.

영국은 이후 상무적인 인도 부족을 선호하고 여성이 연루된 사회개 혁과 여성 교육을 실시하면서 인도 여성의 구원자로 자처하며 더욱 남 성성을 추구했다. 1857년을 통해 나약성을 인식한 인도 지도자들은 영 국의 남성성을 닮으려고 인도 역사에서 영웅을 찾아내고, 힌두교를 기 독교처럼 강한 종교로 바꾸면서 '우리 여성의 보호'를 외치며 지배자에 게 도전했다. 절망의 심연에서 싹튼 영국 지배자에 대한 인도인의 도전 과 자유에 대한 희망은 성장이 빠른 나무처럼 크게 자라났다.

아, 무굴 황제의 이야기가 남아 있었다. 보다 높은 권위가 필요한 세 포이들이 1857년 항쟁의 지도자로 모신 바하두르 샤는 "살인을 공모하 고 반란음모에 가담한" 반란의 수괴로 재판을 받고 버마로 유배되었 다. 걸어서 허위허위 캘커타에 도착한 황제는 전함으로 랭군으로 옮겨 져 비가 오면 물이 새는 2층 목조주택에 연금되어 적은 연금으로 빈곤 하게 살았다. 87세로 사망한 황제를 감옥의 구내마당에 묻은 영국은 그 위에 테니스코트를 만들어 흔적을 없앴다. 그것이 무굴제국의 공식적 종말이었다.

간접통치와 그 협력자들

영국 통감과 인도 왕들

1947년 독립할 당시 인도에는 영국이 직접 통치하지 않은 크고 작은 인도 왕국들이 565개나 존재했다.[28] 영국은 직접 관장하는 인도제국 이외에 여러 지방에 존재하는 전통적인 지배계층과 손을 잡고 그들을 통해 간접으로 통치하는 방식을 병행했다. 인도 전체 영토의 약 40퍼센트, 총 인구의 약 30퍼센트를 차지한 인도 왕국들princely states은 영국 통치의 중요한 버팀목이었다. 영국이 근대성의 선구자로 자처하고도 봉건적 지배자들을 간접통치의 수단으로 이용한 것은 이유가 있었다.

인도 지배 초기의 영국은 우세한 화력과 잘 훈련된 군대를 바탕으로

마이소르 왕궁의 전경

인도 왕국을 영국의 영토에 무자비하게 병합하는 전진정책을 추진했
다. 영국은 상업적인 이유로 서해안의 요충지 수라트를 정복했고, 최대
경쟁국 마이소르의 지배자 티푸 술탄과 연락했다는 이유로 50년간 영
국과 동맹관계를 유지한 남부의 카르나틱을 병합했다. 불안을 느끼는
왕국들간의 경쟁심을 부추기고 충성심을 이용하여 세력을 확대한 영국
은 왕의 무능과 부패라는 주관적 판단을 내세워 여러 왕국을 강제로 병
합하는 정책도 전개했다.

영국은 병합되지 않은 왕국들은 보호국^{subsidiary state}으로 만들었다. 영국
에 위협을 느낀 왕국 지배자들에게서 왕권을 인정해주는 대신에 왕국
의 외교권과 군사권을 넘겨받고 보호를 빌미로 엄청난 돈을 받는 보호
제도는 영국에 최소의 비용으로 최대의 효과를 선사했다. 영국은 왕국
을 통치하는 비용과 부담을 덜고, 왕국의 수도에 군대를 상주케 하여
지배자의 충성을 담보로 잡았다. 만약 지배자가 영국에 소홀하면 왕국

의 심장부에 자리한 영국 군대가 곧바로 위협을 가할 수 있었다. 영국 군대의 비용은 모두 왕국이 부담했다.

가장 크고 가장 부유한 하이데라바드 왕국은 1798년 영국의 보호국 이 되었다. 무굴제국의 후계를 꿈꾸는 마라타연맹에게 오랫동안 시달 리던 나이든 하이데라바드의 지배자Nizam는 영국의 보호제도를 받아들 여 왕권과 왕국을 보전했으나 20세기 중반까지 자유와 명예를 영국에 게 저당했다. 하이데라바드에 이어 마라타연맹 지도자 바지 라오도 영 국의 안전을 사들여 보호국이 되었다. 일부 마라타 족장들은 보호제도 를 반대했으나 영국군에게 패하여 결국 영국의 절대권을 인정하게 되 었다.

각 왕국에는 '레지던씨'residency라고 불린, 총독을 대리하는 영국 통감 이 거주하며 인도 왕국과 영국의 관계를 조정했다. 통감이 거주하는 왕 국 안의 넓은 관저와 부속건물은 영국의 영토였다. 통감은 다른 국가와 조약을 맺거나 공식적 외교관계를 가질 수 없는 왕국 지배자에게 상당 한 권력을 행사하고, 때로 남용했다. 1830년대 남부 트라반코르 왕국의 힌두 왕은 영국 통감의 모욕을 피하려고 자살을 선택했고, 자국 안의 통감과 냉담한 거리를 유지한 1870년대 바로다 왕국의 지배자는 통감 을 독살하려고 했다는 누명을 쓰고 쫓겨났다.

왕들은 독수리눈을 가진 영국 통감의 오만과 편견에 시달렸다. 왕국 에 대한 보고서를 작성하는 통감의 위상을 의식한 여러 왕들은 통감의 비위를 맞추려고 온갖 애를 썼다. 마이소르 왕국은 스포츠를 좋아하는 영국 통감의 기호에 맞춰 운동경기를 열었고, 인도르의 왕은 승마를 즐 기는 통감을 위해 전세계에서 혈통 좋은 말을 구하여 마구간을 채웠다. 19세기 말, 코친 왕국의 지배자는 "통감의 마음을 거스르지 말라" "통 감과 잘 지내는 수상을 임명하라"고 유언을 남기고 죽었다.

모든 통감이 다 악역은 아니었다. 때로 칼을 녹슬게 할 정도로 평화 를 선호한 통감도 있었다. 남부지방 트라반코르와 서부지방 라자스탄

 간접통치와 그 협력자들

의 통감은 왕국 내의 문화유산을 정리하고 많은 기록을 남겨서 독특한 전통문화가 보존되는 데 기여했다. 일부 통감은 봉건적 태도와 편견을 가진 왕들의 견제세력으로 순기능도 수행했다. 또한 바로다와 하이데라바드 왕국처럼 부유하고 강한 인도 왕들은 의식적으로 영국 통감과 나쁜 관계를 유지했다. 그래서 일부 통감은 인도 왕국에서 자신의 처지를 "잠시도 쉬지 못하는 개 같은 생활"이라고 적었다.

간접통치 씨스템

1857년, 거센 인도인의 항쟁을 진압한 영국은 동인도회사가 누리던 모든 권리를 영국 왕실이 가진다고 선언했다. 빅토리아 여왕은 인도의 여왕을 겸했고 인도 총독은 여왕을 대리한다는 의미에서 부왕이라는 칭호가 붙었다. 동인도회사와 무굴제국은 역사적인 사명을 다하고 무대에서 사라졌으나 인도에는 여전히 500개가 넘는 여러 왕국이 존재했다.

영국은 온갖 이유를 내세워 인도의 왕국을 영국 영토에 강제로 병합하던 기존의 전진정책을 포기하고 인도 왕국을 식민체제에 통합시켜 그들의 충성을 확보하는 실리적 정책으로 선회했다. 문명화와 근대성을 내세우면서도 광대한 인도를 통치하는 영국에겐 '계몽 군주'보다 제국의 안전을 담보할 충성심이 더 시급하고 중요했던 것이다.

일부 왕국은 이미 1857년 반영항쟁이 북부를 휩쓸 때 '폭풍을 만난 영국의 방파제'가 되어 군대와 자금을 지원하며 영국을 도왔다. 라지푸트, 마라타, 시크 계열의 왕국과 하이데라바드와 같은 이슬람 왕국이었다. 1858년, 영국은 파티알라, 괄리오르, 하이데라바드, 진드 왕국의 지배자에게 항쟁기간에 영국을 지원한 보상으로 각 왕국의 인근 영토를 선사했다. 이후 영국은 직접적으로 통치한 인도의 행정체계를 수차례 바꾸기는 했으나 1947년까지 단 한개의 왕국도 병합하지 않았다. 1858년의 현상을 1947년 철수할 때까지 그대로 유지했던 것이다.

영국이 각 왕국의 전통적 지배자들이 가진 권리와 세습적 영토를 인정하여 협력을 다지며 간접통치를 채택한 또다른 이유는 경제적 이유였다. 간접통치는 왕국을 병합하고 직접 통치할 경우에 드는 위험과 비용을 최소화하고, 제국의 이익을 최대화할 수 있는 효과적인 방법이었다. 특히 경제적으로 이득이 없는 사막지대나 접근이 어려운 변방의 행정을 왕국에게 떠맡겨 비용을 들이지 않고 지배권을 행사할 수 있었다. 본국에서 멀리 떨어진 인도에서 한정된 자금과 소수의 인력으로 통치를 담당하는 영국으로서는 효율적인 방식이었다.

영국이 인도에서 추진한 간접통치의 요체는 식민통치에 협력하는 인도 왕국의 영토를 보장하고 영국을 위해 특별한 임무를 수행한 자들에게 물질적 반대급부를 부여하는 것이었다. 충성을 맹세하고 영국에 협력한 왕들에게는 자기 왕국에서 조세를 징수할 권리와 법과 질서를 유지할 행정권, 백성에 대한 통치권을 인정했다. 영국은 '타고난 지도자'인 그들의 충성심을 이용하려고 유럽의 봉건주의와 인도의 전통을 절충해서 빅토리아 여왕을 정점에 두고 각 왕국의 지배자를 그 아래에 계층별로 적절히 배치하는 새로운 제국 질서를 만들었다.

1876년, 빅토리아 여왕은 수상 디즈레일리의 조언을 받아들여 인도의 "백성들이 내 통치를 받고 행복해하며 내 왕권에 충성"한다고 선언하고, 스스로를 인도제국의 황제로 선언하여 인도 왕들을 황제 아래에 두는 새로운 질서를 만들었다. 이듬해 델리에서 열린 여왕의 황제대관식imperial durbar에는 인도의 왕들과 족장들이 참석하여 영국과 여왕에게 충성을 다짐했다. 그해 인도는 최악의 기근으로 데칸 등지에서 550만명이 아사했으나 인도 왕들이 참석한 대관식은 화려하고 호사스럽게 진행되었다.

빅토리아 여왕이 수장인 새로운 영예제도는 여왕의 대리인 총독을 바로 아래에 두고, 부유하고 충성스러운 바로다와 괄리오르, 가장 인구가 많은 하이데라바드, 가장 영토가 큰 카슈미르, 영토와 인구의 크기로 3위인 마이소르 등 5개 왕국을 예포 21발을 쏘는 최고의 위치에 배정했다. 예포의 수에 따라 위계를 둔 영예제도의 가장 아래에는 예포 9발을 받는 작은 왕국들이 배치되었다. 영국이 직접 통치하는 주 지방의 주지사가 예포 17발을 받은 것을 고려하면 하이데라바드와 바로다와 같은 왕국에 대한 영국의 대우의 의미와 중요성을 알 수 있다.

영국은 인도 왕국의 지배자들을 시대에 뒤진 '동양적 전제군주'가 아니라 인도제국의 구성원으로 인식했다. 인도를 통치하는 영국 지배자와 인도 왕들은 친분을 유지했다. 영국은 왕국 지배자들의 서열을 매기고 중요성에 따라 작위를 수여했다. 1857년에 영국에 가장 충성한 파티알라와 괄리오르의 왕은 첫번째로 영국 왕실의 작위를 받았다. 그들에겐 튜더 왕조를 상징하는 장미와 인도의 연꽃으로 장식하고 빅토리아 여왕의 모습을 새긴 목걸이가 수여되었다. 작위를 받으려는 왕들의 경쟁으로 작위는 점점 늘어나서 나중에는 수백종에 이르렀다.

인도 왕국들과 제국의 관계는 봉건적이었다. 인도 왕들은 왕의 대리인 총독의 봉건영주와 비슷한 위치였다. 영국은 왕들의 주권을 보장한다면서도 여러 명목으로 왕국의 내정에 간섭했다. 인도 왕국에서 좋은 통치를 보장할 제국의 권리와 책임을 앞세우며 왕들에게 '조언'하고 장관과 관리의 임용을 '제안'하거나 어린 왕이 다스리는 왕국의 행정에 보호자와 어린 왕자들의 교육담당자로 개입했다. 영국이 인도 왕국의 내정에 간섭한 것은 제국의 정치적·경제적 이득을 확보하기 위해서였다.

영국은 인도 왕국들의 계승문제에도 관여했다. 가장 부유한 바로다 왕국이 계승문제로 갈등을 겪자 영국은 2천여명의 군대를 앞세워 영국에 유리한 후보를 지지하여 정권을 장악했다. 영국의 도움으로 왕위를 얻은 새 지배자는 영토 일부를 영국에게 할양하고 영국에 유리하도록 조세제도와 군사제도를 재편했다.[29] 후계자가 없는 왕국은 양자를 들일 때 영국의 승인을 받아야 했다. 그러나 영국은 이득이 없는 왕국의 계승문제에는 방임정책을 고수했다.

영국이 가장 관심을 둔 분야는 연소자가 왕위에 오른 왕국의 행정이었다. 식민정부는 왕국의 주민 중에서 왕의 대리인을 뽑아 그를 통해 왕국의 행정에 간섭했다.[30] 영국을 대리하는 수상은 왕국이 아니라 영국의 정치적·경제적 이익을 위해 봉사했고, 영국에 유리하게 왕국의 행정과 조세제도를 바꾸고 법률을 고쳤다. 영국의 지지를 받고 수상에 오른 바로다 왕국의 대리인은 무기와 아편, 소금과 술을 제조하는 노른자위 땅을 영국에 할양했다.

왕국의 자제들에 대한 교육은 영국의 통치를 영속화하려는 장기적 투자로 여겨졌다. 어린 왕이 정치를 잘 하도록 준비시킨다는 명목을 내건 교육내용은 영국적 취향을 가진 미래의 왕을 양성하기 위해 영국적 커리큘럼으로 구성되었다. 개혁적 사고를 고취한다는 취지에서 왕자들의 어머니를 비롯한 인도 여성들의 영향력은 억제되었다. 1870년, 왕자들을 가르칠 목적으로 바로다에 라지쿠마르(왕의 아들) 대학, 라지푸트나에 총독의 이름을 딴 마요 대학이 세워졌다. 북부 펀자브에는 아이치슨 대학이 들어섰다. 이들 대학에서는 근대적 생활방식과 스포츠를 강조하는 영국식 사립학교의 교육이 실시되어 미래 제국의 협력자를 길렀다.

영국은 여러 왕국들에게 영국인 장교가 지도하고 영국의 장비를 갖춘 '제국봉사군'Imperial Service Troops을 유지할 수 있는 '영예'를 허락했다. 대영제국의 세력 확대와 그 이익을 위해 봉사한 군대의 모든 비용은 인도 왕국이 부담했다. 제국봉사군은 19세기 말 남아프리카의 보아전쟁에 참전했고, 의화단운동을 진압하려고 중국 북경에도 출정했다. 영국은 유럽에서 영국이 치른 제1차 세계대전과 1919년의 아프간전쟁에도 제국봉사군의 협력을 이용했다. 인도 왕들은 군사적 지원뿐 아니라 재정적 후원도 마다않았고, 때로 왕국의 모병에도 참여했다.

20세기 초, 인도 민족주의와 국민회의의 급진적 성향이 확산되자 영국은 왕국의 지배자들을 "우리의 진정한 지지자"라고 칭송하며 식민주의의 버팀목으로 이용했다. 왕국 지배자들도 급진적 사고와 민족주의적 정서가 왕국으로 퍼지는 것을 경계하고, 반영 분위기가 고조되는 것을 우려했다. 자이푸르와 괄리오르의 왕은 자유주의적 성향의 신문을 탄압하고, 주나가드 왕국은 왕국 내에서 스와데시 운동을 금지했다. 싱글리 왕은 힌두 민족주의의 색채가 강한 시바지 축제에 학생들의 참여를 막았다.

영국이 통치한 초기부터 권력을 완전히 잃기보다 영국과 나누는 것이 낫다고 판단한 왕들은 영국을 지지하며 생존을 꾀했다. 베나레스 왕국의 지배자는 1905년 벵골 분할령에 항의하는 학생들을 "진정한 민족주의 개념이 없는 무뢰한들"이라고 불렀고, 나브하의 왕은 민족주의적 힌두단체 '아리아 사마지' 운동원들을 '말썽꾼'이라고 폄하했다.[31]

대영제국과 '원탁의 기사들'

상당한 부를 소유한 인도 왕들은 델리에서 열린 영국 왕의 대관식에 참석하여 값진 선물과 충성심을 바쳤다. 1877년, 1903년, 1911년, 1937년 영국의 왕위가 계승될 때마다 델리에서도 총독이 주관한 왕의 대관식이 열렸다. 인도 왕들은 종종 영국에서 열리는 영국 왕실의 각종 의식에도 참석하여 유럽의 경쟁국들에게 우월성을 과시하고 싶어하는 영국의 체면을 올려주었다.

1911년 12월의 대관식에는 영국 왕 죠지 5세가 왕비와 함께 참석했다. 인도 왕들은 대관식에 입을 옷과 장신구, 델리의 임시숙소에 엄청난 돈을 들이며 경쟁을 벌이고 제국에 대한 충성을 다투었다. 인도 왕들은 일정한 거리에서 죠지 5세에게 머리를 세번 조아리고 물러나기

전에 세 걸음을 뒷걸음질하여 퇴장하는 영국의 법도를 따랐다. 그 굴욕을 거부한 바로다의 왕은 보석이 박힌 칼 대신 나무지팡이를 들고 죠지 5세를 만난 뒤 한번만 고개를 수그리고 바로 뒤돌아서는 '무례'를 자초하여 저항하는 마음의 일단을 드러냈으나 매서운 눈초리의 제국주의자 커즌 총독에게 걸리고 말았다. 총독은 사과하라고 왕을 압박했고 폐위를 위협받은 바로다의 왕은 결국 제국에 대한 충성을 다짐한 뒤에야 '사면'을 받았다.

영국에 충성과 자유의 일부를 저당하고 돌려받은 제국의 보호와 안전 속에서 인도 왕들은 사치스럽게 살았다. 1930년대 바로다의 왕은 당시 재산이 7억 달러가 넘는 엄청난 부자였다. 1920년대 파티알라의 왕은 빠리에 머물면서 하루에 속옷 구입에만 800달러를 썼고, 다르방가의 왕은 보석이 647개나 달린 마리 앙뚜아네뜨의 목걸이를 사들일 정도로 사치가 심했다. 1945년『리더스다이제스트』가 선정한 세계 최고의 부자는 재산이 10억 달러가 넘는 하이데라바드의 지배자였다.

그러나 그들에게 충성한 왕국의 주민들은 화려한 지배자와 달리 영국이 통치하는 지역의 인도인들처럼 가난한 생활을 면치 못했다. "영어 교육을 받은 탓에 동양인의 복잡한 마음을 이해하기가 어렵다." 이처럼 파타우디 왕국의 왕은 서구 지배자처럼 자기의 백성을 내려다보았다. 돈 많은 인도 왕들은 영국 고위층과 사적으로 친밀한 관계를 유지했다. 괄리오르의 마드호 라오 신디아 왕은 하딩 총독[1844~48]의 절친한 친구였고, 비카네르의 왕은 민토 총독[1905~10]의 최측근이었다.

인도 왕국의 왕자들을 위해 영국이 세운 학교에서 영어를 배우고 영국식 매너와 관습을 익힌 왕들은 대개 백인 지배자처럼 생각하고 행동했다. 크리켓 선수였던 나와나가르의 왕은 자신의 왕국보다 영국에서 더 많은 시간을 보냈고, 푸두코타이 왕국의 지배자는 "유럽의 취향을 가진 완전한 유색인 유럽 신사"라는 평을 들을 정도로 영국적이었다.[32]

인도 왕들은 왕실의 전통과 특권을 확대하려고 '신사의 스포츠'로 여겨진 영국의 크리켓을 받아들이고 후원했다. 다음 장의 「스포츠 민족주의」에서 보이는 것처럼 상류층 운동 크리켓은 인도 왕국을 제국의 문화 또는 영국 통치자와 결속하는 강력한 수단이었다. 크리켓이 장려하는 '페어플레이'와 '스포츠맨십'을 통해 영국의 기준과 가치에 순응한 왕들은 영국에 충성을 다짐하고 제국의 질서에 순응했다. 독립하기 전 유명한 인도 크리켓 선수들은 대개 왕족 출신이었다. 나와나가르 왕국의 지배자 쿠마르 란지트싱지는 영국 크리켓 팀의 대표선수로 활약했다.

인도 왕들의 제국에 대한 충성은 제1차 세계대전이 발발했을 때 진면목을 드러냈다. 비카네르, 로하르, 나와나가르의 지배자들은 '제국봉사군'을 이끌고 유럽의 전장에서 영국을 위해 싸웠다. 크리켓으로 영국에 충성한 나와나가르의 왕은 왕국의 1년 예산에서 절반을 떼어 전쟁비용으로 쓰라고 식민정부에 기부했다. 레와 왕국의 왕은 왕실이 소장한 보석을 몽땅 영국에 기증하여 전쟁수행에 바쁜 영국 지배자를 기쁘게 했다. 싱글리의 왕은 전비를 기부하는 것에 만족하지 못하고 영국이 발행한 전쟁채권까지 사들이며 충성했다.[33]

인도의 왕들은 자신들의 세습적 위치와 지역의 정체성과 종교의 대변자로서의 위상을 이용하여 여러 종교집단과 제국의 협력을 중재했다. 하이데라바드의 왕은 인도의 무슬림 군인들이 오토만 칼리프를 상대로 교전하는 영국을 위해 싸울 수 있도록 제1차 세계대전이 지하드^{聖戰}가 아니라고 선언했다. 1919년, 펀자브에 위치한 파티알라의 시크 왕은 시크교 지도자들과 식민정부의 중재자로 활약하여 영국이 시크 사원을 법적으로 통제할 수 있는 길을 터주었다.

왕국들은 1920년대 초부터 마하트마 간디가 이끄는 전국적 규모의 비폭력적 반영투쟁이 시작되자 큰 충격을 받았다.[34] 국민회의는 한동안 왕국에서 정치활동을 자제했다. 간디는 한정된 국민회의의 인적 자원을 고려하여 전선이 이원화되는 것을 경계하고, 시민권이 보장되지 않는 왕국에서 정치활동의 결과를 우려했다.[35] 그럼에도 여러 왕국은 세력이 비등한 국민회의와 간디의 독립운동을 의식하여 더욱 영국에 의존했다.

1930년, 간디의 소금행진과 불복종운동이 전개되자 영국은 런던에서 인도-영국 원탁회의를 개최했다. 이때 왕국도 국민회의처럼 원탁회의에 인도의 구성원으로 대표를 보냈다. 간디와 국민회의는 인도 왕국에 영국이 구상하는 인도 연방에 참여할 것을 권유했고, 왕국의 지배자들도 긍정적으로 반응했다.

그러자 영국은 인도 중앙에 제한적인 책임정부 구성을 제안했고, 그에 따라 실시된 1937년 선거에서 국민회의가 압승하는 의외의 결과를 가져왔다. 여러 주 지방에서 정권을 잡은 국민회의가 이듬해 인도 왕국에서 국민회의 구성원의 개별적인 정치활동을 허용하자 왕들은 경악했다. 그들은 연방제 참여를 거부하고, 지방정부를 장악한 국민회의에 대한 반대 입장을 고수했다.

제2차 세계대전이 발발하자 영국이 이겨야 왕국이 존속할 수 있다고 여긴 인도 왕국들은 유럽에서 전쟁을 수행하는 영국을 위해 다시 인적·물적 자원을 아끼지 않고 지원했다. 트라반코르 왕국은 영국 해군에게 순시선을 건조하여 지원했고, 보팔의 왕은 미국산 전투기를 구입하여 기부했다. 조드푸르의 왕은 포탄 구입비를, 카슈미르의 왕은 병원차 18대를 헌납했다. 부유한 하이데라바드 왕국은 3개 편대의 전투기를 사서 영국에 넘겼다. 인도 왕국들이 영국에 제공한 전비는 5백만 파운드가 넘었다. 현금과 토지, 공장과 건물도 왕들의 기부명세서에 들어 있었다. 1944년까지 59개 왕국에서 모집된 군인 30만명이 영국을 위해 싸웠다. 노동자 1만5천명을 군수산업 분야에 제공하여 제국을 지지한 것도 왕들이었다.[36]

봉건지배자에서 민주시민으로

충성을 바쳤으나 왕국들은 믿던 영국으로부터 버림을 받았다. 법적 조약에 의거한 왕국들의 영국에 대한 협력과 동맹이 아무런 법적 조치 없이 막을 내렸다. 인도에서 영국 통치의 종말이 가까워지자 인도 왕국들은 정권을 인수할 인도 국민회의와 개별적으로 타협하는 운명을 맞았다. 영국은 왕국이 아니라 새로 탄생할 국민회의 정권에 경제적·정치적 이익이 걸려 있었다. 옛 우방 왕국들을 위해 자원이 풍부하고 전략적 중요성을 가진 새로운 인도 연방과 소원한 관계가 될 수는 없었다. 인도제국의 막강한 후원자를 상실한 인도 왕국들은 유혈투쟁 없이 빠르게 국민회의 정권에 복속되었다.

1947년, 네루를 총리로 하여 국민회의가 인도 연방을 구성하고 해방의 역사를 시작했다. 영국의 협력자로 지내며 국민회의 반대편에 섰던 인도 왕국들은 모두 사라졌다. 19세기 말부터 영국 통치에 반대해오던 서구화된 엘리뜨들의 국민회의가 새 시대의 주인공이 된 반면에, 영국 지배자를 위해 국민회의의 균형추로 기능하며 이방의 정권에게 충성한 왕국 지배자들은 영화를 접고 국민회의에 왕국을 이관했다.

왕국들의 급격한 와해는 왕들의 정치적 무능과 개인적인 부패와 타락에 기인했다. 역사적 진화의 결과로 입헌군주제의 필연적인 종말이었다고 설명하는 학자들도 있으나 왕들은 다른 종류의 역사적 청산을 받은 셈인지도 모른다. 영국의 우산 속에서 왕국의 안전과 왕권의 존속을 추구하며 제국에 협력한 그들은 민중의 지지와 새 시대를 추구할 도덕적 정당성을 상실했다. 그와 달리 오랫동안 독립운동을 전개하며 정당성을 획득한 국민회의는 인도의 미래를 상징했다.

왕국 지배자들은 왕권을 상실한 댓가로 여러 명목과 방식의 보상을 받았다. 개인재산은 왕들에게 돌아갔다. 영국과 가장 가까웠으며 부유한 자이푸르의 왕이 개인재산으로 인정받은 목록에는 오늘날 관광객의 발길을 끄는 호화로운 여러 왕궁, 광장과 시장, 시청과 폴로경기장 2곳, 힌두 사원 10곳과 맨션 200채, 사냥터 2곳과 말과 가축의 목초지, 금화 14만개와 금덩이 290킬로그램, 포드와 폰티악과 같은 자동차 100여대와 마차 26대, 땅 8만4천 에이커가 포함되었다.

왕들은 정부로부터 상당한 액수의 연금을 면세로 받았다. 연금은 전 왕국이 징수한 조세의 수준과 연계되었다. 예를 들면, 오리사 왕국의 지배자는 조세의 1라크까지 15퍼센트, 4라크까지 10퍼센트, 5라크 이상이면 7.5퍼센트를 연금으로 받을 수 있었다. 부유한 왕국의 지배자일수록 연금을 많이 받았다. 왕과 왕실가족은 평생 의료보장과 전력을 무료로 제공받을 수 있었고, 해외에서 가져오는 물품의 면세권과 민사재판의 사면권, 무장호위를 받을 권리도 받았다.

일부 왕들은 주지사나 외교관과 같은 인도 연방의 임명제 직위를 받아들여 새 정권에서 권력의 기득권을 유지하고 명예와 특권을 누렸다. 21발의 예포를 받던 주요 왕국의 지배자들은 대개 새로운 국가의 주지사와 부지사로 임명되었다. 바브나가르의 크리슈나 쿠마르는 마드라스의 주지사가 되었고, 파티알라의 야다빈드라는 유엔대표로 활약하다가 이탈리아와 네덜란드의 대사를 지냈다. 엄청난 부를 과시한 자이푸르의 만 싱은 스페인 대사를 역임하고 연방의회의 상원의원이 되었다. 공산주의자가 된 왕도 있었다. 중부 인도의 칼라칸카르 왕국 지배자는 모스끄바로 가서 스딸린의 딸과 결혼했다. 그가 죽은 후 남편의 고국을 방문한 아내 스베뜰라나는 미국으로 망명하여 세상을 놀라게 만들었다.

상징주의와 전통적인 정치의식이 지배하는 인도 사회에서 전임 왕들은 지역민의 압도적인 지지를 받으며 의회정치에서 주요한 역할을 수행했다. 일부는 연방의회의 의원으로 의정활동을 통해 이전의 백성과 유대를 다지며 지배적 역할을 유지했다. 비카네르의 전 왕은 여러번 연방의회 의원을 지냈고, 괄리오르 왕국의 왕비와 후손들은 국민회의

   간접통치와 그 협력자들

와 야당의 멤버로 연방의회에 진출했다. 일부는 연방정부 장관으로 권력과 영예를 누렸다. 작은 왕국 출신 왕들은 그보다 낮은 수준의 주 지방의회에서 존재감을 뽐냈다.

1971년, 인디라 간디 총리는 이들 왕족의 칭호와 세금면제 등의 법적 특권을 박탈했다. 그러나 이후에도 엄청난 양의 토지와 화려한 왕궁, 엄청난 보석과 금은 장신구를 보유한 그들은 상당한 영향력을 행사했다. 왕과 왕실가족은 지역의 정체성과 왕권을 상징하며 지역민의 지지를 받았다. 2003년, 한 시사주간지가 선정한 '인도에서 힘 있는 인물'에는 조드푸르의 전 왕이 45위로 포함되었는데, 부상하는 인도 경제를 책임진 현 연방정부의 재무장관 자스완트 싱이 그의 개인비서였다는 것이 선정 이유였다.[37]

인도의 왕국들은 포스트모던시대에 판타지를 제공하며 '살아 있는 박물관'으로 인도의 문화적 환경을 장식해왔다. 소유한 화려한 왕궁을 관광호텔로 개조한 왕족들은 민주시대에 봉건지배자의 삶을 경험하려는 관광객을 불러모으며 사업적으로 성공을 거두었다. 1954년 카슈미르의 왕궁이 호텔로 바뀐 이래 라자스탄의 많은 왕궁이 호텔로 이름을 바꿔달았고, 버킹엄 궁보다 큰 바로다의 왕궁도 호텔이 되었다. 왕실이 보유한 값진 보석과 금은 장신구, 화려한 생활용구와 의복은 박물관에서 전시되며 인도의 전통으로 자리를 잡았다. 인도 항공사 에어인디아가 터번을 두른 왕 라자를 상징으로 택한 것은 그런 맥락이었다.

제국의 지주, 군대

영국의 군인, 세포이

소수의 지배자가 압도적 다수를 통치하는 인도의 특수한 상황에서 영국의 식민주의는 인도인에게 의존할 수밖에 없었다. 영국이 용병으로 고용한 인도의 세포이들은 믿을 만하고 능력이 뛰어난 값싼 인적 자원으로, 영국이 인도에서 세력을 확대하고 통치하는 수단으로 이용되었다. 인도 군인들과 인도의 물적 자원을 이용하여 인도의 여러 왕국들을 차례로 정복한 영국은 다시 인도의 인적·물적 자원을 바탕으로 중국과 아프리카 등지에서 제국의 세력을 확대했다.

무굴 인도와 교역한 그 많은 유럽의 동인도회사 중에서 영국이 패권

을 차지하게 된 것은 영국이 자랑하는 것처럼 인종적 우수성에 근거한
것이 아니라 군사적 우위에서 비롯되었다. 영국은 초기부터 무역소를
보호한다는 명목으로 벵골, 봄베이, 마드라스에 성을 축조하고 요새화
하며 군대를 양성했다. 서구에서 군사기술의 변모가 혁명인지 진화인
지 정의하기는 쉽지 않으나 한가지 분명한 것은 인도의 여러 세력과 영
국의 동인도회사가 운명을 걸고 결전을 치를 때 인도의 군대가 유럽기
술의 전통을 이어받은 영국의 군대에 비해 열세였다는 사실이다.

1756년, 20세에 벵골의 새 지배자가 된 시라즈는, 멋대로 캘커타에
성을 축조하고 사병私兵을 보유하는 영국의 행동을 벵골정부에 대한 도
전으로 간주했다. 시라즈의 항의를 받은 프랑스 동인도회사는 축성공
사를 중단했으나 영국은 지시를 따르지 않고 공사를 계속했다. "너희
들은 상인들이다. 왜 성을 축조하는가?" 시라즈는 영국이 캘커타에서
군사력을 늘리는 데 의구심을 가졌다.[38]

축성공사 중단 명령을 거역한 영국에 교훈을 주기로 결정한 시라즈
의 군대는 동인도회사의 아지트였던 캘커타를 손쉽게 점령했으나 곧
영국에 매수된 자파르 장군이 배신한데다 클라이브가 이끄는 우세한
화력과 잘 훈련된 군인을 보유한 영국 군대에 패배했다. 약 3천명의 영
국군은 10배나 되는 시라즈의 군대를 간단히 물리쳤다. 그 영국군의 3
분의 2가 인도인 세포이들이었다. 전쟁은 누가 옳은가를 결정하는 것
이 아니었다. 인도인 세포이가 주축이 되어 싸운 플라시 전투는 작은
규모였으나 이후 인도가 영국에 정복되는 운명의 순간이 되었다.

사실 인도인은 역사적으로 볼 때 싸우는 데 소질이 없었다. 그리스
의 역사가 아리안은 인도에서는 격렬한 전투가 벌어지는 바로 옆에서
땅을 가는 농부들이 평화롭게 쟁기를 들고 농사를 짓는다고 서술하여
그 성격의 일면을 드러냈다. 인도에서 전쟁은 최근까지 크샤트리아 계
층만의 일이었다. 다른 계층의 지지를 받지 못한 인도는 몽골, 스키타
이, 투르크, 페르시아 등 서쪽지방에서 침입한 세력에 패배했고, 12세

기 말에는 이슬람 세력에 정복되어 지배권을 내주었다.

무슬림이 인도 평원을 지배하게 되면서 여러 지방에 들어선 이슬람 왕국과 무굴제국의 전쟁은 중앙아시아와 서아시아에서 온 이슬람 용병들이 주로 맡았다. 16세기 초반, 무굴과 쌍벽을 이루며 남부에서 세력을 떨친 힌두제국 비자야나가르는 풍부한 재원을 바탕으로 군인을 100만명이나 보유했다. 그중에는 터키인 용병을 포함하여 무슬림 군인들도 많았다. 힌두 왕이 무슬림 용병을 위해 모스크를 세울 정도였다.

영국에 무역을 허락하고 결국 패배한 무굴제국은 부유하고 강대했으나 해군이 없었다. 무굴이 포르투갈에 이어 영국 해군에 의존하여 무역을 지속한 것은 그 때문이었다. 영국의 토마스 로는 1618년, 해군이 없는 무굴제국의 상업과 순례를 위한 해상수송을 포르투갈로부터 보호해주는 댓가로 무역에 관한 특권을 갖는 협정을 체결했다. 영국의 동인도회사는 이를 바탕으로 마침내 인도를 정복하는 데 성공했다.

인도에서는 오랫동안 군사력을 코끼리부대의 위용으로 판단했다. 전투용 코끼리는 BC 1100년경에 나온 산스크리트 경전에 언급될 정도로 역사가 오래되었다. 인도에 침입한 알렉산더에 맞선 포루스는 코끼리 2백마리를, 1565년 힌두제국 비자야나가르는 코끼리 천마리를 앞세우고 적과 접전을 벌였다. 거칠 것 없이 움직이던 코끼리들은 영국이 총과 대포를 사용하면서 전선에서 물러나게 되었고, 코끼리에 의존하는 인도 왕들은 패배에 직면했다.

인도에서 영국은 '손에 칼을 들고' 전진했다. 일찍이 1786년 나중에 국방부로 불린 군사부를 설치하여 군대의 중요성을 인지한 동인도회사가 인도에서 조직한 군대는 1790년 11만5천명에서 1805년에는 15만5천명으로 지속적으로 증가했다. 19세기 초 유럽식 상비군으로서 인도에 주둔한 영국군은 세계에서 가장 큰 군대의 하나였다. 1857년 세포이의 항쟁이 시작될 무렵 영국군은 유럽인 4만명과 인도인 세포이 24만명으로 구성된 잘 훈련된 엄청난 조직이었다. 인도의 왕국들이 우수한

티푸 술탄의 초상

화력과 잘 훈련된 군인을 보유한 영국을 대적할 수는 없었다.

1757년, 미르 자파르를 비롯한 여러 인도인의 배신을 끌어내는 전략으로 플라시 전투에서 승리한 영국은 5만8천 파운드의 조세를 받는 벵골 땅을 장악했다. 1765년에는 다른 영토가 추가되었다. 클라이브가 계산한 벵골의 조세수입은 2천5백만 루피가 넘었다. 인도에서 영국의 세력팽창은 풍성한 벵골의 재원을 바탕으로 추진되었다.[39] 동시대 유럽의 나폴레옹이 이집트 원정을 자기 돈으로 추진한 것과 달리 인도에서 영국의 정복사업은 인도 세포이를 동원하여 인도의 조세로 이루어졌다.

벵골을 장악한 영국은 1757~66년까지 10년 동안 벵골에서 무려 2천8백만 스털링을 빼냈는데, 이중 상당액이 인도의 다른 지역을 정복하는 데 들어갔다. 강제로 징수한 또다른 6백만 스털링은 최대 라이벌

이었던 마이소르의 티푸 술탄^{Tipu sultan}과 1780년대 마라타와 전쟁을 치르
는 전비로 쓰였다. 이러한 액수는 오늘날의 기준으로 환산하면 그 100
배가 넘는 가치를 지녔다.

영국은 인도에서 끊임없이 갈등을 일으키고 전쟁을 치렀다. 1818년,
강력한 경쟁자였던 마라타제국을 물리치고 사실상 인도의 패권을 차지
한 영국은 이후에도 전쟁 없이 보낸 해가 없을 정도로 전쟁을 계속했
다. 아그라 부근에서 농민카스트인 자트와 전쟁을 치른 영국은 남부지
방 마이소르와 쿠르그에서도 반대세력과 싸움을 치렀다. 북부의 강자
시크 왕국과 피비린내 나는 전쟁을 마무리한 영국은 동부 국경지대와
서북지방에서도 전쟁을 계속했다. 제국을 만드는 모든 전투에는 인도
인과 인도의 돈이 동원되었다.

인도의 군인들은 국내뿐 아니라 북아프리카와 동아시아에 이르는
지역에서도 영국의 이익을 추구하는 사업에 이용되었다. 1885~6년과
1896년, 세포이들은 영국의 식민지 아프리카 수단에 파병되어 그곳 주
민의 봉기를 진압했고, 남아프리카의 보아전쟁에도 출정했다. 1882년
의 이집트, 1888년의 아프가니스탄, 1880년대의 버마, 1902~3년의 티
베트에서 있은 영국의 제국주의적 팽창에도 그들이 있었다. 1900년에
는 의화단 운동이 일어난 중국에 갔고, 곧 페르시아 만과 바레인, 이란,
쿠웨이트, 아덴 등 서아시아에서도 대영제국의 이익을 위해 싸웠다. 영
국에는 당연하고 인도에는 부당했으나 해외에서 대영제국의 팽창과 신
화의 창조에 든 비용도 인도인 납세자들이 부담했다.

제1차 세계대전에서 연합군의 일원으로 싸운 영국의 뒤에는 인도의
인적·물적 자원이 있었다. 1914년까지 인도 군인과 유럽인 군인의 비
율은 2:1 정도였으나 전쟁이 발발하자 영국은 대규모 모병운동을 벌여
많은 인도인을 충원했다. 인도군은 120만명으로 늘어났고, 인도의 국
방비도 3배로 증가했다. 그 비용을 감당하려고 세금과 화폐발행을 늘
리자 물가상승이 이어지면서 많은 인도인이 고통을 받았다. 인도가 전

쟁에 들인 비용은 1억4천6백만 파운드에 달했다.

제1차 세계대전 중 인도군은 메소포타미아와 서유럽에서 중요한 역할을 수행했다. '블랙페퍼'Black Pepper라고 불리며 포탄을 나르고 일선에서 총알받이가 된 인도 군인들 가운데 약 6만여명이 목숨을 잃었다. 제 1차 세계대전에 기여한 공로로 최고의 영예로 여겨지는 빅토리아훈장을 받은 인도 군인은 16명이나 되었다. 영웅적으로 싸운 또다른 인도 군인들은 영국 정부가 주는 99개의 무공훈장을 받았다.

제2차 세계대전이 발발하면서 인도 군인은 다시 영국을 위해 20여만에서 250만명으로 급증했다. 유럽 서부전선에서 독일, 이탈리아 군대와 격돌한 인도 4사단과 5사단, 8사단은 용맹성으로 이름을 떨쳤다. 인도-버마 접경지대와 동남아에서 일본군을 격퇴한 동남아연합군 100만명 중 70만명이 인도 군인이었다. 연합군의 슬림 장군은 인도군을 '세계 최고의 전투부대'라고 칭송했다. 연합군의 몽고메리 장군과 '사막의 여우'로 불린 독일의 롬멜 장군도 인도 군인을 그와같이 평가했다.

이때 인도가 부담한 군사비도 엄청나게 늘었다. 그러나 제1차 세계대전 때와 달리 민족운동의 성공적인 전개로 상황은 예전과 달랐다. 영국은 제국의 방어를 위해 유럽에서 싸우는 인도군의 전비를 지불하기로 했는데, 인도의 식민정부가 그 비용을 먼저 지불한 뒤 전쟁 후에 영국 정부가 갚기로 합의했다. 인도가 부담한 전비는 1939년 30억 루피에서 1945년 220억 루피로 늘어나서, 영국은 전후 인도에게 13억 파운드의 채무를 지게 되었다. 채무자가 빚쟁이를 지배할 수는 없으므로 영국은 인도를 떠나기로 결정했다.

상무적 인도인은 영국인

1857년 세포이의 항쟁은 영국의 인도 군인에 대한 관점에 큰 변화를 초래했다. 메루트에서 깃발을 든 세포이들은 무굴의 수도 델리로 달려가 유명무실한 무굴 황제를 지도자로 삼았고, 곧 그 소식을 들은 북부와 중부지방의 세포이들이 항쟁에 가담했다. 그들은 한동안 델리와 갠지스 평원을 장악하여 영국을 속수무책의 상황으로 이끌었다. 영국의 빅토리아 여왕은 잠자리에 들지 않고 인도에 있는 영국군의 운명을 표시하며 인도 지도를 들여다보았다. 정황이 영국에 불리하게 돌아갔기 때문이었다.

항쟁이 지속되는 동안에 영국에 충성을 바친 세포이들은 소수였다. 벵골군 소속 메루트지역 세포이들은 약 3만명이 무기를 버리고 도주하거나 영국군 주둔지를 떠났다. 항쟁기간 동안 대체로 약 7만명의 세포이들이 영국을 상대로 투쟁한 것으로 추정되는데, 영국에는 다행스럽게 마드라스와 봄베이 군대가 항쟁에 가담하지 않고 영국을 지지했다. 만약 전 지역의 세포이들이 반란에 합류했다면 영국의 통치는 1857년에 막을 내렸을지도 모른다.

서로 '죽고 죽이기'로 인도인의 저항을 14개월간 뼈아프게 경험한 영국 지배자들은 인도인을 다른 관점으로 바라보았다. 무엇보다 영국은 인도 세포이에 대한 신뢰를 접었다. 군대에서 인도 세포이의 비율을 대폭 줄이고 영국 군인을 늘리는 방향으로 정책을 선회한 것은 그 결과였다. 군대는 인도인과 유럽 출신 군인들의 비율이 2:1이 넘지 않도록 유지했는데, 이 비율은 제1차 세계대전이 발발하여 인도 군인이 대폭 늘어날 때까지 그대로 유지되었다.

세포이는 항쟁 이전에 23만8천명이던 것이 14만명으로 줄어든 반면에 '믿을 수 있고 남성적'이라고 간주된 유럽인 군인은 4만5천명에서 6만5천명으로 증가했다. 특히 항쟁의 주축이자 세포이를 가장 많이 배출한 갠지스 평원 출신의 브라만과 상층카스트 세포이와 무슬림 군인들은 더이상 영국 군대에 들어갈 수 없게 되었다. 항쟁의 근거지였던 오드와 칸푸르, 델리 주변의 야무나 유역, 보즈푸르지방은 영국이 군인

   제국의 지주, 군대

을 모집하지 않는 기피지역으로 꼽혔다.

그때까지 영국군에 고용된 세포이는 상층카스트 출신이 압도적으로 많았다. 특히 갠지스 평원의 브라만과 상층카스트들이 벵골군의 다수를 이루었다. 영국이 세포이를 경멸적 의미로 부른 '판데스'Pandes라는 말은 판데 브라만이 벵골군에 많이 복무한 데서 기인했다. 상층카스트인 그들은 영국이 추진한 기독교 선교와 식민화에 민감하게 반응했다. 종교적 금기를 어기고 바다를 건너는 해외파병, 소와 돼지 기름을 사용한 총기의 사용에 반감을 드러낸 것은 세포이의 출신과 무관하지 않았다.

"영국의 통치가 우월하므로 더 많은 인도 영토가 영국의 직접적인 지배를 받게 될수록 인도인들에게도 좋은 일이다"라고 여긴 젊은 달하우지 총독은 잔시, 우다이푸르, 오드 등 인도의 여러 왕국을 자의적 기준으로 강제 병합하여 영국령 영토를 크게 늘렸다. 이에 불만을 가진 오드 출신 상층카스트 세포이들은 항쟁이 시작되자 곧 영국 군대를 버리고 영국으로부터 강제로 축출된 왕의 이름으로 저항했다. 이슬람문화의 중심지로 '인도의 바빌론'이라는 별명을 얻은 오드 왕국의 수도 러크나우는 1857년 영국과 항쟁세력 간의 최대 격전지가 되었다.

항쟁을 진압한 영국은 상무적이라는 평을 받는 부족들을 인도군의 주요 구성원으로 삼았다.[40] 1857년 '큰 폭풍'을 만난 영국에게 '방파제'와 같은 귀중한 역할을 한 그들은 펀자브지방의 시크(교도), 무슬림, 라지푸트, 파탄인, 네팔인 구르카 등 용맹한 부족들이었다. 그들은 북부지방에 들불처럼 빠르게 번진 항쟁에 가담하지 않고 영국을 지지했다. 그 때문에 펀자브를 책임진 영국 통치자는 우리 '친구들은 여름날의 파리떼처럼 많았다'고 감격했다.

기록을 보면, 반군을 진압하려고 긴급히 충원된 서부 변경지대의 파탄인과 시크는 영국군을 볼 때마다 소리쳤다. "우리가 많은 반란자들을 죽였어요!"라고. 지리적이나 문화적으로 제국의 변방에 거주하는 펀자브의 시크들과 무슬림들이 군대의 주요 구성원이 되었다. 영국은

지배자 백인종의 선천적인 상무적 본능을 이들 부족들이 가졌다고 여기고 1875년까지 인도 군인의 약 절반을 이들로 채웠다.

힌두 크샤트리아 계층 라지푸트들도 인도 군대의 중심세력이 되었다. 영국은 라지푸트들을 '동양에 있는 영국인' '인도에서 가장 훌륭한 군인' '용맹스럽고 자유를 사랑하는 귀족과 같은 인종'이라고 높이 평가했다. 영국은 강건한 체격과 흰 피부를 가진 그들이 고대 인도에 침입한 아리아인의 혈통과 용맹스런 감투정신을 그대로 보존하고 있다고 칭송하면서 라지푸트 지배자와 친근하게 지냈다.

구르카족은 훌륭한 산악지대의 군인들이다. 시크는 아주 질기며 용감하고 명령을 끝까지 이행하는 군인들이다. 인도군의 50퍼센트를 차지하는 편자브인 무슬림은 유순하며 순종적이어서 훈련이 쉽다. 그러나 시크나 구르카 군인에게는 미치지 못한다. (…) 그 다음에는 자트 군인들 (…) 히말라야

제국의 지주, 군대

출신의 군인들은 (…).[41]

영국은 네팔과 전쟁을 치르면서 '발견'한 구르카인도 높이 평가했다. "아주 당당하고 유쾌하며 솔직하다. 사자와 같이 용감해서 어떤 명령이든지 복종한다." "배우지 못했으나 에너지가 넘치는 군인 부족" "지능은 떨어지지만 용기가 많으며" "마치 미친 듯하고 전쟁터에서 피를 좋아한다"고 구르카족을 찬양했다. 인도와 국경을 맞대는 지역에 거주하는 구르카족은 히말라야 산악지대의 강건한 남성으로 평원의 도시에 거주하는 창백한 인도 지식인의 대칭적 존재로 간주되었다. 영국은 구르카 군인들을 인도 여러 지역의 반란을 진압하는 데 동원했다. 인도와 연고가 없는 그들은 무자비하게 반란을 진압하여 영국의 기대에 부응했다.

영국은 기골이 장대한 시크들이 상무적 본능과 훌륭한 믿음을 가졌다고 여기고 그들을 별도의 군대로 편성했다. 영국 지배자들은 무슬림의 지하드처럼 전투중의 순교를 믿는 시크를 '신체적으로, 세상이 만들어낼 수 있는 가장 훌륭한 종족', '세상에서 가장 흥미있는 사람들이며 가장 다루기 힘든 사람들'이라고 칭송을 아끼지 않았다. 제2차 세계대전 중 인도군의 25퍼센트를 차지한 시크는 영국의 총애를 받으며 오랫동안 인도군의 주요 구성원으로 활약했다.

이들 상무부족은 영국에 저항하는 민족적 성향의 다른 인도인을 견제하는 카드로서 유익한 존재였다. '단순하고 남성적인' 그들이 선호된 싯점이 1857년 직후인 것은 주목할 만하다. 성질이 호전적인 그들은 '통치하기 위해서 태어나고' "무기를 들 수 있는 인종"으로, 진정한 용기와 남성다움을 갖춘 빅토리아시대 영국 남성의 자화상이자 진정한 인도인으로 일컬어졌다.

상무부족들은 빅토리아시대 영국 남성의 자화상이자 제국 통치자로서 영국인의 거울 이미지였다. 추운 산악지대 주민들은 호전적인 반면에 열대 평원지방 사람들은 종속적이라는 단순한 논리에 바탕을 둔 영국의 차별인식은 교육을 받지 않은 산악지대인과 달리 영어와 서구 교육을 받고 식민정부에 반대하는 평원지대 인도인을 연약하고 여성적이라고 폄하하여 전자의 충성심을 끌어내는 동시에 후자를 억압하고 비하하려는 의도에서 나왔다.

키플링의 단편소설 「군수」The Head of the District 에는 나약한 벵골인과 상무부족 파탄인의 대비가 뚜렷하여 이러한 영국의 차별인식을 증명한다.[42] 1891년 발표된 소설의 주인공 벵골인 춘더르는 서구 교육을 받았으나 무능한 인물로 등장한다. 그가 부군수로 부임한다는 소식을 들은 파탄인은 "나리, 우리에게 검둥이 벵골 '개'를 보내다니, 정부가 돌았나요? (우리가) 그런 자에게 봉사를 해야 하나요?"라며 폭동을 일으키고 춘더르는 줄행랑을 놓는다. 소설은 정치적 참여를 요구하는 교육받은 벵골인이 무능하여 자치할 수 없다는 메씨지를 담고 있다.

정치적 요구가 많은 벵골인은 나약하다고 얕보았다. 벵골인의 "뼈는 연약하고 근육은 흐물흐물하며 신경은 무력"하다고 신체적 허약성을 부각하여 나약한 남성들의 인도가 외국에게 정복될 수밖에 없다고 통치를 합리화했다.[43] 인도가 오랫동안 이방에서 온 무슬림의 지배를 겪었고 다시 영국의 통치를 받는 것은 그들이 싸울 수 없는 약자이기 때문이라는 논리였다. 자기정당화와 강한 자아를 구성할 필요에 의해 탄생된 이러한 차별인식은 "인도인을 나쁘게 생각함으로써 자신을 나쁘게 생각하는 것을 피하는" 방식이었다.[44]

'진정한 남성'이라고 영국이 선호한 남성다운 이미지의 라지푸트, 시크, 파탄인, 구르카인은 서구 교육을 받지 않은 산악지방 출신으로 영국에 자유와 평등을 요구하지 않는, 정치적으로 무해한 계층이었다. 인도 심리학자 난디Ashis Nandy는 영국이 용맹하다고 칭송한 그들이 서구의 종속문화와 연결되고 서구의 '동맹'이며 서양에 대한 '디오니소스적 반대역할인'으로 언제나 식민세력의 통제가 가능했다고 통찰했다. 이 책

의 뒤편에서 보이듯, 힘에 근거한 영국이 가장 위협을 느낀 사람은 용
맹한 부족이 아니라 '여성적인' 투쟁방식을 쓴 마하트마 간디였다.

1880년대까지 거의 모든 부대가 카스트와 부족을 중심으로 재편되
었다. 1862년, 영국에 있는 인도부 장관의 말대로 인도 군대는 "시크가
힌두를 쏘고, 구르카가 힌두를 쏠 수 있는" 체제로 구성되었다. 구르카
부대와 시크 연대는 전 부대원이 같은 종교를 믿고 같은 언어를 쓰며
같은 음식을 먹고 같은 신을 숭배했다. 식민정부의 버팀목이 된 이들
호전적인 부족들은 총인구의 극히 일부였으나 독립할 무렵에는 인도군
의 90퍼센트를 차지할 정도로 전형적인 '군인부족'으로 성장했다.

제1차 세계대전이 유럽에서 발발하자 영국은 대대적으로 인도 군인
을 모집했다. 영국이 모병에 나선 주 지역은 상무부족의 땅 펀자브였
다. 펀자브의 영국인 부지사는 인도인의 반응이 시원치 않자 지원자가
없으면 강제로 징용하겠다고 위협했다. 많은 지원자를 배출한 지역은
상을 주고 그렇지 않은 지역은 모욕을 주는 방법도 동원했다. 펀자브에
서만 35만명의 군인이 배출되었는데, 그 가운데 구르즈란왈라군은 성
인남성 44명 중 1명이 군인이었다.

그럼에도 군대에 지원하는 인도인은 많지 않았다. 그러자 영국은 상
무부족이 아닌 사람들을 모병하는 방식으로 방향을 선회했다. 영국이
대표적 상무부족으로 간주한 펀자브인 시크와 무슬림, 혈통적으로 이
들과 가까운 펀자브인 브라만과 힌두, 오드 지방에 사는 라지푸트 들이
명단에 포함되었다. 영국은 "전쟁을 통해 모든 사람이 용감하며 낮은
계층들도 희생과 헌신을 보여줄 수 있음을 알게 되었다"고 선언하여 정
책의 변화를 합리화했다.

영국의 상무부족에 대한 신뢰는 이들이 제1차 세계대전 기간에 최
대의 군인을 배출한 것으로 보상받았다. 펀자브인 무슬림 13만6천명,
시크 8만8천명, 라지푸트 6만2천명, 구르카인 5만5천명, 농민카스트인
자트 Jats 5만4천명, 파탄인 2만8천명 등 영국이 칭송한 이들이 인도 군대

를 구성했다. 제2차 세계대전이 발발하고 다른 지역 중산층 출신 군인이 늘어나면서 상무부족의 신화는 한동안 허물어졌으나 이후에도 생명력은 여전했다.

타고난 지배자는 영국인뿐

영국은 초기부터 많은 세포이를 고용했으나 그들을 장교로 임용하지는 않았다. 이것은 인도인의 능력을 불신하는, 일반적인 동양인에 대한 영국의 관점과 닿아 있었다. 지배하고 지휘하는 일은 영국 지배자의 몫이었다. 물론 인도인을 장교로 임용하지 않는 차별적 정책의 저변에는 인도인 지휘자가 가져올지도 모를 정치적 위험성, 곧 반란에 대한 두려움이 자리하고 있었다.

그러한 편파적 정책의 효과는 1857년에 드러났다. 인도인의 항쟁이 진압된 것은 영국 군대가 세포이보다 우수해서만은 아니었다. 세포이들은 용감했으나 그들을 효율적으로 이끌 지휘자들이 부재했다. 반군에는 세포이에게 자신감을 고취하고 중요한 결정을 내리며 항쟁을 진두지휘할 훈련받은 장교들이 없었던 것이다. 세포이들은 취약하고 무방비상태인 영국군 주둔지를 공격하지 않았고, 영국의 구원부대가 오지 못하도록 교량을 파괴하거나 전신과 같은 근대 기술을 이용하여 적의 동태를 파악하는 방법을 몰랐다.

인도인 장교를 임용하지 않는 영국의 정책은 오랫동안 이어졌다. 영국은 제1차 세계대전을 치르면서 인도인의 협력을 얻기 위해 전후에 자치를 허용하고 인도인을 군장교로 임용하겠다고 약속했다.[45] 그러나 전쟁이 끝나자 영국은 입장을 돌변하여 군대의 효율성이 떨어진다는 이유로 인도인의 장교임용을 주저했다. 인도 민족주의 진영은 '장교의 인도인화'를 거세게 요구했다. 영국은 공석이던 장교자리 10개를 인도인에게 내주면서 상황을 타개했다.

1920년대 이후 인도의 정치운동이 거세지자 식민정부는 인도인 장교를 양성할 목적으로 1932년 북부 데라둔에 인도사관학교^{Indian Military Academy}를 세웠다. 영국이 벵골을 점령하고 180년 만의 일이었다. 그곳에서 2년 반 동안 훈련을 받은 인도 군인들이 장교로 임용되었다. 그러나 인도인 장교의 50퍼센트는 여전히 시크, 구르카 등 영국이 신뢰하는 상무부족에게 배당되었고, 다른 지방 다른 카스트들은 진입이 어려웠다. 1939년까지 인도인 장교 비율은 전체 군장교의 10퍼센트가 채 되지 않았다.

1939년, 유럽에서 제2차 세계대전이 시작되고 인도 식민정부가 참전을 선언하면서 인도 군인의 수가 갑자기 증가했다. 군인이 늘자 그들을 지휘할 인도인 장교의 필요성이 긴급히 대두되었다. 영국은 우선 400명의 인도인을 장교로 충원했고, 전쟁 중에도 계속적으로 채용하여 비율을 늘렸다. 가장 많을 때 영국인 장교와 인도인 장교의 비율은 4:1에 가까웠다. 인도인 장교 8천여명은 여러 전투부대에 배치되어 지휘자로서 전장에서 능력을 과시했다.

충성에 기반을 둔 인도군도 탈식민화를 피할 수는 없었다. 1943년, 일본군과 대치하던 인도군 4만5천명이 싱가포르에서 일본군에게 항복했고, 이들 중 상당수는 영국과 맞서 싸운 인도국민군^{Indian National Army}에 합류했다.[46] 국민회의에서 이탈한 보스^{Subhash Chandra Bose}가 결성한 인도국민군은 일본과 협력하여 버마를 통해 인도 동부를 공격하며 델리 진격을 노렸으나 일본의 패배로 승리를 거두지 못했다. 그러나 사상 처음으로 인도 군인들이 민족운동에 참여하여 영국군을 향해 총을 겨누자 영국 지배자들은 경악을 금치 못했다.

영국의 슬픔은 복수複數로 왔다. 1945~46년 전쟁이 끝났어도 정치적으로 의식화한 일부 인도 군인들은 영국 지배자에게 충성을 바치지 않았다. 인도인 문관^{Indian Civil Service}의 비율이 늘어나면서 식민통치는 쉽지 않았고, 군대와 경찰도 비슷한 처지에 놓였다.[47] 1946년, 인도 해군이 반란을 일으켜 봄베이 항구를 여러날 동안 장악한 놀라운 사건이 일어났다. 도처에서 아래로부터의 압력이 가중되자 영국은 충분한 협력자를 동원할 수 없는 식민지의 현실을 절감하고 인도의 독립을 논의하기 시작했다.

1947년, 영국이 철수하고 이슬람 국가 파키스탄이 인도에서 따로 독립하자 카스트와 종교, 충성심을 근거로 군대를 구성하던 영국의 방식은 그 폐해를 드러냈다. 인도군의 다수를 차지하던 무슬림이 파키스탄으로 이동하자 인구의 2퍼센트가 채 되지 않는 시크가 인도군의 30퍼센트를 차지하게 되었다. 인도 정부는 인종, 종교, 카스트, 언어를 근거로 모병하는 식민정책의 포기를 선언하고 군대의 진정한 독립을 기도했으나 식민통치의 잔재는 근절이 어려웠다.

인도-파키스탄 전쟁이 일어난 1965~66년에도 사정은 바뀌지 않았다. 북부 펀자브의 인구는 총인구의 5퍼센트가 안되지만 인도군의 31.6퍼센트가 펀자브 출신 시크와 무슬림이었다. 반면에, 군인으로서의 자질이 없다고 영국의 배척과 모욕을 받은 벵골인은 군대의 2.8퍼센트를 구성하는 데 그쳤다. 히말라야 산악지방과 구르카지역이 포함된 우타르프라데시(인구의 18.1퍼센트)를 제외하면, 인도군의 10퍼센트 이상을 배출한 지방은 단 한군데도 없었다.

영국의 군사적 전제주의 영향에서 완전히 탈피하지 못한 인도군은 오늘날에도 군대의 구성비뿐 아니라 군인들의 배지와 복장, 훈련방식 등 많은 점에서 식민지시대의 군대와 유사성을 드러낸다. 오랫동안 먼 이방에서 온 영국에 충성을 바친 세포이들의 전통은 비교적 정치에 영향을 받지 않고 권력 추구에 무심한 현재 인도군의 성향에 긍정적으로 반영되었다. 강한 군대를 가진 인도가 독립 후 단 한번도 군사쿠데타를 경험하지 않은 것은 그러한 전통의 소산이었다.

개화와 위생

위생지식과 식민주의

"영국이 인도에 위생국가를 세웠다." '백의의 천사'로 불린 나이팅
게일은 야만적인 세계를 문명화한 영국의 식민주의를 정당화했다. 더
럽고 비위생적인 인도에 근대적인 의료제도와 깨끗한 환경을 제공하여
문명세계로 이끌었다는 의미였다. 식민주의를 서릿발처럼 차갑게 비
판한 파농^{Frantz Fanon}도 서구 의료제도를 본질적으로 '좋은 것'이라고 인정
할 정도로[48] 위생정책은 식민통치의 이타적인 조치로 간주되어 종종 긍
정적으로 평가되었다.

"인도인이 단 한가지라도 유럽인보다 잘할 수 있다고 인정하는 것은

자살행위이다. 유럽인은 모든 것에서 우월하며 토착인은 종속적인 일만 할 수 있다고 주장해야 한다."[49] 이런 오만과 편견을 담은 식민주의와 이타주의는 공존이 어려웠다. 긍정적으로 여겨지는 영국의 위생담론과 정책은 인도인의 몸을 비위생적 습관과 미신적인 실천으로 구성하면서 위생적인 영국 지배자와의 차이를 강화했다. 문명화의 하나로서 위생정책은 이처럼 식민통치의 가면이었다.

더러움, 곧 비위생성은 상대적 개념임에도 불구하고 영국은 인도를 절대적이며 본질적으로 비위생적인 땅으로 규정했다. 싸이드Edward Said의 말을 빌리면, 인도는 늘 영국의 부정적인 '새김장식'이었다.[50] 영국이 진보적이고 합리적이면 인도는 후진적이고 비합리적이며, 인도가 여성이고 어린아이이면 영국 지배자는 남성이며 어른이었다. 인도는 위생이라는 견지에서도 영국의 타자가 되어 위생적인 영국 지배자는 우월한 정체성을 확인하고 완성했다.

19세기 중반, 영국은 질병만을 피하던 18세기의 소극적 입장을 바꾸고 더러운 인도 환경을 개선하려고 시도했다. 특히 치사율이 높은 콜레라가 식민주의 기반을 흔드는 정치적 질병이 되면서 인도의 비위생성이 주목을 받았다. 1817년 벵골지방에서 발생한 콜레라는 1856년까지 1천5백만명의 목숨을 앗아갔고, 상당수의 영국인이 희생되었다. 1857년 인도 반영투쟁을 진압하는 영국 군인의 높은 사망률이 본국에 알려지면서 위생의 긴급성이 대두되었다.

식민정부가 인도의 위생화에 나선 것은 인도와의 접촉이 영국인에게 가져올 치명적 질병과 돌발적인 죽음에 대한 공포 때문이었다. 위협에 대한 공포가 때로 위협보다 더 무서웠다. 인도에 거주하는 영국인에게 생존의 위험을 느끼게 하는 인도는 말라리아, 열병, 콜레라, 천연두 등 파괴적 질병의 온상이자 비위생적인 습관으로 구성된 공간으로 인식되었다. 인도인의 비위생성은 인종차별적 이데올로기에 연결되어 지배자의 건강한 몸과 위생정책을 합리화했다. 영국의 관심은 인도인

 개화와 위생

의 위생이 아니라 인도에 거주하는 영국인의 안전을 위한, 인도에 대한 통제였다.[51]

위생정책은 영국이 인도인의 몸을 통제하는 헤게모니의 하나였다. 과학을 미신의 해독제라고 여긴 과학적인 영국은 비위생적이며 비과학적인 인도에 대한 지배를 확인하면서, 미신과 비합리성에 근거한 힌두 문명에 비해 건강한 기독교 문명의 상대적 우수성을 돋보이게 만드는 부수적 효과도 얻었다. 1858년, 직접 인도를 통치하게 된 영국은 인도에서 영국 통치의 안전을 위해 비위생적인 인도의 환경과 인도인의 몸에 대한 간섭과 지배를 본격화했다.

위생 씬드롬과 인도라는 타자

19세기의 지식은 콜레라와 열병처럼 유럽인의 치사율이 높은 질병이 나쁜 공기와 오염된 물, 습한 대지와 같은 인도의 나쁜 환경과 조혼, 채식, 순례 등 인도인의 비위생적 습관에 기인한다고 여겼다. 말라리아는 모기가 자라는 더러운 공간이 많은 '원시적 인도에 늘 존재하는 위험'으로, 천연두는 통풍이 잘 안되는 인도인의 더러운 주거가 원인으로 돌려졌다. 이러한 지식은 인도를 질병이 만연한 원시공간으로 재현하면서 위생적인 영국의 통치를 정당화하는 권력으로 연결되었다.

이 시대에 영국인이 기록한 여행기와 각종 보고서에는 인간 생존에 비호의적인 인도의 기후, 질병과 죽음을 야기하는 인도인의 더러운 생활습관에 관한 내용으로 가득했다. 식민지 인도가 배경인 영문소설들도 인도를 질병이 만연한 땅으로 묘사했다. 거기에 반복적으로 그려진 사악하며 잔인한 열대의 자연환경이 수반하는 파괴적인 죽음과 재앙은 인도를 질병의 온상이자 지상에서 가장 더러운 공간으로 정형화하는 데 공헌했다.

영문소설에 나오는 인도의 백인들은 어느날 갑자기 콜레라, 성홍열, 말라리아, 일사병 등 열대지방에서 생기는 질병에 걸려 세상을 떠났다. 버넷^{Frances Hodgson Burnett}의 『소공녀』에 나오는 쌔러^{Sarah}는 부모가 인도에서 갑자기 병에 걸려 차례로 사망하여 졸지에 고아가 되었고, 그의 또다른 소설 『비밀의 화원』에 나오는 주인공 마리의 부모도 인도에서 콜레라에 감염되어 갑자기 세상을 떠났다.

가장 치명적인 콜레라가 발생했고, 사람들은 파리처럼 죽어갔다. 유모는 밤사이에 병이 들어서 방금 전에 죽었기 때문에 하인들은 오두막에서 울고 있었다. 다음날이 오기 전에 3명의 하인이 더 죽었고, 나머지 하인들은 겁에 질려서 달아났다. 온 지역에 공포가 깔렸다. 모든 방갈로에서 사람들이 죽어갔다. [52]

콜레라의 파괴적 결과를 묘사한 인용문처럼 "인도에서는 모든 것이 갑작스럽다. 갑작스러운 황혼, 갑작스러운 죽음. 아침식사를 하면서 대화를 나누었던 사람이 오후에 죽을 수도 있"는 죽음의 돌발성이 영국인을 사로잡았다. 이 무렵 인도를 여행한 영국 여성 팍스^{Fanny Parkes}도 1833년 8월 "이틀 전 알라하바드에서 콜레라에 감염되어 48명이 죽었다. 병이 아주 심해서 대개 걸린 지 30분 만에 죽었다"라고, 논리적 설명과 인간의 통제가 어려운 불가항력적인 질병을 기록했다. [53]

1859년, 『캘커타리뷰』^{The Calcutta Review}는 인도에 근무하는 영국 군인들에게 치명적인 결과를 가져오는 복잡한 인도 시장의 오염된 공기에 노출되지 않도록 조심하라고 촉구했다. [54] 영국인에게 사람과 물건이 어지럽게 쌓인 비좁고 더러운 인도 시장은 물리적으로나 사회적으로 파괴적인 장소였다. 제국의 주춧돌인 영국 군인들의 '정신적 건강'을 위해 필요악이라고 여긴 인도 사창가와 그곳의 매춘부들도 '제국의 힘'을 축소하는 비위생적 공간으로 경계하라는 지시가 내려졌다.

영국인들은 인도인과 인도의 환경이 개선될 수 없으며, 본질적으로 더럽다고 여겼다. 노벨문학상을 받은 영국 작가 키플링은 검은 피부를 가진 '야만인'과 사회적 거리를 유지해야 백인의 자아와 순수성을 보호할 수 있다고 믿었다. 인도를 '지구상에서 가장 어두운 나라'라고 말한 키플링의 인도여행기를 분석한 판와르는 넓은 인도를 기차로 여행한 키플링이 인도인과 대화를 나눈 기록이 단 한차례도 없다는 사실을 발견했다.[55]

인도에서 위생을 공론화한 나이팅게일도 이러한 입장을 견지했다. "인도인은 공기를 더럽히고 대지를 망가뜨리며 자신들이 마시는 물을 오염시키면서 오물 속에서 살고 있다. 어떤 이들은 그 더러운 물을 성스럽다고 생각한다." 물이 오염되거나 공급이 부족할 때, 위생이 나쁘거나 배수시설이 없는 곳에서 콜레라가 발생한다고 여긴 나이팅게일은 저수지를 식수와 생활용수로 겸용하는 인도의 관행을 비판했다. 좁은 공간에 많은 가족이 거주하고, 상한 생선이나 고기를 먹으며 더운 열대에서 산화된 식용유를 먹는 생활습관도 질병의 원인으로 지적되었다.

"오물을 집 밖에 두거나 가까운 연못에 던져버린다. 가장 큰 결점은 소작인들의 위생에 대한 무지와 무관심뿐 아니라 지주의 위생에 대한 냉담과 태만이다."[56] 벵골지방 농촌에 대한 이러한 묘사는 인도인의 생활습관을 열등하게 내려다보면서 질병과 인도를 동일시하는 전형적인 표현이었다. 19세기 백인 여성 선교사들이 인도 여성을 문명화하려고 노력한 공간인 인도 상층여성의 규방Zenana도 비판의 대상이었다. 백인 여성들은 규방을 '바람 한점, 햇빛 한줌 들어오지 않는' 비위생적인 장소로 여겼다.

먼지와 더러움은 인도인의 본성으로 간주되었다. 냄새나는 인도인에 대한 기록은 무수하게 많았다. 키플링은 수도 캘커타를 '냄새나는 도시'라고 불렀다. "옷을 한번 입으면 낮이나 밤이나 입고, 옷이 걸레가 될 때까지 벗지 않았다. 한번도 몸을 씻지 않아서 멀리서도 끔찍한 냄

새가 나고, 벼룩이 들끓었다"는 기록도 영국인의 것이었다. 그 저변에
는 문명인에게 위협적인 인도인의 위생상태를 조명하여 지배자와 피지
배자의 사회적 거리를 유지함으로써 정치적 안정을 꾀하려는 욕망이
자리했다.

질병의 원인은 인도인의 본성과 생활습관에서 종교와 문화로 이동
했다. 인도인의 종교 힌두교는 건강한 기독교의 타자였다. 특히 힌두교
성지의 비위생적인 환경과 순례자들의 불결하고 비참한 상태가 주범으
로 지목되었다. "넝마를 입고 이와 벼룩이 들끓는 머리카락과 전염병
에 감염된 피부로 자그나트^{Jagnath} 신을 순례하는 더러운 무리들은 어느
때라도 비엔나와 런던, 워싱턴에 있는 우리 시대의 가장 재능있고 아름
다운 사람들을 망가뜨릴 수 있다."

인도인의 모든 것이 비합리적이고 비위생적이었다. 강에서 목욕하
는 관습도, 갠지스 강에서 죽거나 재를 뿌리면 천국에 간다고 믿고 그
부근에서 죽어가는 많은 사람들의 행동도 합리적이고 과학적인 영국
지배자에겐 우스꽝스럽게 여겨졌다. 사실 당시 인도인의 비위생성은
인도의 문화적 요인이나 생활습관보다 극도의 빈곤함을 야기한 영국
식민체제의 구조적 모순과 깊이 연계되었으나 그러한 판단과 자성을
하는 영국인은 한사람도 없었다.

위생정책의 실시

1858년, 세포이의 항쟁이 진압된 뒤 인도에 근무하는 영국군의 처우
에 대한 영국의 관심이 시작되었다. 인도에 사는 백인의 사망률이 인도
인에 비해 높고 인도에 근무하는 영국 군인의 사망률이 본국 군인의 3
배라는 사실이 알려진 뒤였다. 1818~54년, 인도에 거주하던 영국군 8
천5백명이 콜레라로 사망했다. 1861년의 콜레라도 많은 백인을 희생자

로 삼았다. 위생적이고 안전한 환경을 만들어 위험한 환경에 노출된 영국 군인들의 건강을 지켜야 한다는 목소리가 높아졌다.

그 움직임의 선두에 선 나이팅게일은 문명국 군인들이 인도의 질병과 방종, 불결함 속에서 근무한다는 사실은 영국에 불명예스러운 일이라면서 위생을 공론화했다. 많은 영국인이 인도에 근무하는 영국 군인의 높은 사망률을 대영제국의 안전과 미래에 대한 위협으로 간주했다. 군대와 연계된 제국의 취약성을 은폐하려고 위생문제를 동원한 측면도 있었다. 1859년, 런던의 영국 정부는 인도에 거주하는 영국 군인에 관한 위생조사를 실시할 왕립위원회를 구성했다.

1857년의 치욕적인 경험도 영국 지배자에게 인도의 위생화를 촉발했다. 캘커타의 백인전용클럽 입구에 걸린 '개와 인도인은 출입금지'라는 팻말은 항쟁을 겪은 영국인이 인도에 대해 가진 두려움을 반증했다. '이제 너희들과는 함께 놀지 않겠어. 너희들과는 안 놀아!' 윌리엄 골딩의 『파리대왕』에 등장하는 잭이 랄프에게 내뱉는 발언은 바로 위생적인 영국인이 비위생적인 인도인에게 던진 말과 다를 바 없었다.

콜레라와 같은 전염병의 창궐은 정치적 긴장과 사회적 무질서를 가져왔다. 영국이 통치하는 식민지 인도의 많은 인구가 비위생적인 원인의 질병으로 사망하는 불합리한 현상은 선진문명과 근대성을 자랑하는 대영제국의 본질을 훼손했다. 영국은 비위생적인 인도인의 몸과 사회를 지배하고 그들에게 위생을 가르치고 안전한 환경을 제공하여 제국을 존속해야 할 정치적 중요성을 인식했다.

파괴적인 각종 질병이 수반하는 경제적인 손실은 식민정부에게 큰 부담으로 작동했다. 식민통치는 이타적인 씨스템이 아닌 인도의 경제적 이용과 착취에 근거했다. 높은 사망률을 기록하는 치명적 질병은 막대한 노동력과 경제적 손실을 수반했다. 특히 콜레라와 같은 전염병은 인구와 생산성의 즉각적인 감소로 이어졌고, 전염병이 창궐한 지역은 종종 폐허로 변했다. 영국이 이러한 상황을 수수방관할 수는 없었다.

인도의 위생화를 주장한 나이팅게일에게 위생은 문명을 알려주는 지표였다. 나이팅게일은 위생위원회의 보고서가 나올 무렵 "위생이라는 점에서 인도의 새로운 날이 될 것"이라고 위생의 공론화에 큰 의미를 두었다. 나이팅게일은 영국이 인도에 있는 영국군뿐 아니라 '토착인'에게도 위생화의 사명을 가진다고 믿었으나 실제 추진된 인도의 위생화는 영국 군대의 안전에만 촛점이 맞춰졌다.

1863년에 나온, 인도에 있는 「영국 군인에 대한 위생보고서」는 가장 위험한 인도의 질병으로 열병과 설사, 콜레라를 언급하고, 거주지와 생활습관을 바꿈으로써 그 위험성을 줄일 수 있다고 기술했다. 많은 영국인 사망자를 유발한 콜레라도 근대적 상수도와 하수 제도를 도입하여 예방할 수 있다고 언급했다.[57] 그러한 치명적 질병이 예방조치가 가능하다는 당시 서구의 지식을 바탕으로 인도의 위생화는 수인성 질병과 음식과 관련된 질병의 예방과 같은 환경위생과 방역대책에 집중되었다.

1867년부터 인도에 위생씨스템이 도입되었다. 영국이 추진한 위생정책의 목표는 인도에 있는 백인을 인도의 더럽고 무질서한 사회로부터 격리하여 근대적 문명에 두는 데 있었다. 식민정부는 깨끗한 물을 공급하고 하수제도를 도입하며 병원시설을 증진하여 백인의 거주공간을 위생적으로 만들기 시작했다.

먼저, 영국군 병영의 위생개혁이 실시되었다. 막사를 넓게 새로 짓고 수세식 화장실과 배수로를 만들었다. 수도관을 통해 깨끗한 물을 공급하고 병원시설을 증진하여 백인의 거주지를 위생적인 공간으로 만들었다. 그리하여 표준화한 공간, 질병으로부터 고립된 청결한 장소가 탄생했다. 그곳은 더러운 시장과 불결한 사창가, 배수시설이 없는 도로, 꼬불꼬불한 골목길과 인구밀도가 높은 인도인의 도시와 달리 청결하고 위생적이며 넓고 시원한 도로가 있었다.

영국인을 위한 '작은 섬'이 인도라는 바다에 만들어졌다. 질병이 만연하고 위험한 인도에서 해방공간인 그곳은 산악지대에 세워진 피서용 거주지,^{hill station} 영국군을 위한 위생적이고 안전한 병영,^{cantonment} 도시 교외에 위치한 영국인 주거지^{civil line}였다. 복닥거리고 위험한 인도 저잣거리에서 멀리 떨어진, 도시 변방의 씨빌 라인에는 쭉 뻗은 넓은 도로와 아름다운 정원이 있는 방갈로들이 들어섰다. 존 로렌스 총독은 키플링이 '냄새나는 도시'라고 부른 수도 캘커타에서 900마일 떨어진 히말라야 산악지대 시믈라에 여름수도를 만들었다. 산악지대의 영국인 휴양지에는 영국식 오두막과 시골집, 정원이 세워졌다. 땅과 물, 공기와 고도를 따라 세워진 위생적인 이들 공간은 피지배자와의 사회적·물리적 거리를 염두에 두고 건설되었다.

1864년 영국에서 통과된 성병법^{The Contagious Diseases Act}이 1868년 인도에서도 시행되었다. 식민정부는 비위생적인 인도 매춘부의 몸으로부터 영국 군인의 건강과 남성성을 보호할 목적으로 병영에 홍등가^{Lal Bazar}를 설치하고 의료검사를 받은 '위생적'이고 안전한 여성을 공급했다.[58] 성병법은 매춘부의 의무적 등록과 정기검사는 물론, 성병에 걸린 매춘부의 치료기간까지 규정하여 인도 여성의 몸에 대한 지배를 합법화했다. '오염된 사창가'는 정기적으로 검사를 받았고, 성병에 걸린 여성들은 즉시 병영에서 추방되었다.

영국은 백인의 안전을 보다 항구적으로 보장하기 위해 영국인 거주지와 인접한 인도인 거주지, 즉 '검은 도시'까지 위생정책을 확대했다. 1866년, 봄베이와 캘커타, 마드라스 등 영국 통치의 중심지에는 위생장관이 임용되고, 다른 지방에는 위생을 관장하는 부서가 설치되었다. 말단행정에는 거주민의 출생과 사망 기록, 죽음과 질병의 원인 조사, 공중위생에 관한 대민업무를 맡은 검사관이 배치되었다. 검사관은 위생에 관한 정보를 주고받을 뿐 집행권은 없었다.

1866년, 국제위생회의^{The International Sanitary Conference}는 힌두(교도) 순례를 콜레라의 진원지로 지목하여 문명국을 자처하는 지배자 영국을 당황하게 만들었다. 비위생적인 인도인의 몸과 사회를 지배하고 바람직한 위생을 가르치고 안전한 환경을 제공하여 제국을 지속해야 할 필요성이 한 층 높아졌다. 식민정부는 힌두 성지와 힌두 사원 순례가 불행과 질병, 죽음의 근원이며 순례자뿐 아니라 그들이 통과하는 지역의 주민에게도 영향을 준다고 경계했다.

1867년, 갠지스 강가에서 힌두 축제^{Kumbh Mela}가 한창일 때 발생한 콜레라는 수십만명의 목숨을 앗아갔다. 새로 부설된 철도를 이용하여 전국에서 몰려든 수백만명의 순례자들이 귀향하면서 질병은 전국으로 퍼졌다. 당국은 축제를 금지하고 임시치료소를 설치하는 한편, 순례자들을 캠프에 수용하거나 귀가 전에 방역을 실시하는 등 조처를 취했다. 이런 과정을 통해 영국은 인도인의 생활습관과 목욕과 같은 생활방식을 규정하고 '바람직한 것'을 선택하여 제시했다.

같은 해, 항구도시 봄베이에도 콜레라가 발생하여 당국을 긴장시켰다. 봄베이 주 정부는 배수시설을 설치하고 아랍으로 가는 무슬림 순례자들이 이용할 선박을 검역하여 '콜레라의 둥지'라는 오명을 벗으려고 노력을 기울였다. 봄베이 주 정부가 1850년대부터 10년이 넘게 논쟁이 지속된, 죽은 가족(특히 사산아와 영아의 시체)을 뒤뜰에 묻는 관습을 인도인의 강한 반대를 무릅쓰고 폐지한 것이 이때였다.

식민정부는 자그나트 신을 모신 동부지방 오리사에 콜레라가 발생하자 유사한 조처를 취했다. 영국은 특히 영양실조에 가까운 순례자들과 비위생적인 순례도시와 주변 환경을 주목하고 그 대책을 마련했다.[59] 1892년, 콜레라가 다시 발생하자 정부당국은 갠지스 강에서 목욕하는 습관을 금지하고 순례자들을 강제로 해산했다. 그런 조치를 취한 식민정부의 위생장관은 대도시 인구를 콜레라의 위협으로부터 성공적으로 보호했다고 선언했다.

인도의 첫 위생법은 1878년에 도입되었다. 인도에 도입된 위생정책이 가장 강조한 것은 안전한 식수공급과 화장실 설치였다. 인도인은 대개 화장실을 사용하지 않고 노상에서 처리를 했는데 당국은 그러한 관행을 비위생의 원천으로 여겼다. 수도 캘커타에는 하수시설이, 봄베이 시에는 배수를 담당하는 부서가 들어섰다. 이듬해에는 건강을 다루는 부서도 생겼다. 이들 부서의 관리들은 하수처리와 도로청소, 시장과 도살장의 쓰레기 치우는 일을 관장했다.

비위생적인 인도의 상징으로 여겨지던 여성의 규방에는 근대 의료 기술을 익힌 영국인 여성 의료선교사들이 파견되었다.[60] 질병의 온상과 미신의 나락에서 인도 여성을 구한다는 목표를 가진 기독교 선교단체 Zenana Bible Medicine Mission 들은 인도 여성의 비위생적이고 불합리한 관습을 비난하고 산파와 같은 인도 여성의 전통적 의료능력을 폄하했다. 위로부터의 몸에 대한 개입을 정당화하며 위생의 중요성을 강조한 식민정부는 1890년 공중위생을 캘커타 의과대학의 과목으로 채택했다.

1873년, 나이팅게일은 「어떻게 어떤 사람들은 인도에서 죽지 않았을까」How some people have lived and not died in India 라는 사회과학회의 발표문에서 영국이 인도를 위생국가로 만들었다고 선언하고, 영국이 인도에서 추진한 위생과 관련한 업적을 언급했다. 영국 군인의 사망률은 천명당 69명에서 18명으로 떨어졌고, 이제 인도는 더이상 인도에 거주하는 백인들에게 치명적인 땅이 아니라고 주장했다.[61] 그러나 나이팅게일의 발언은 인도의 위생정책이 본질적으로 인도에 거주하는 영국인의 안전을 위한 것임을 고백한 것에 다름아니었다.

19세기 위생정책의 한계

인도에 위생국가를 세웠다는 나이팅게일의 자랑과 달리 인도의 위생정책은 인도인에게 그 혜택이 돌아가지 않았다. 위에서 본 것처럼 인도에서 백인의 사망률을 줄인 점에서는 성공적이었으나 위생제도를 사회 전반에 전파하는 데는 실패했다. 나이팅게일이 인용한 기간에 백인 사망률은 감소했으나 인도인 사망률은 변동이 없었다. 1896∼1901년, 페스트로 인도인이 68만8천명이나 죽었을 때도 백인(1901년 백인 인구는 28만4천명이었다)은 단 한명의 희생자도 나오지 않았다.

19세기 위생정책은 성공적이지 못했다.[62] 위생을 문명의 수준과 연계한 영국이 추진한 위생정책은 인도에 거주하는 백인, 특히 영국 군인의 위생과 건강을 증진하는 데 집중되었다. 위생을 공간적으로 다루고 지배자의 가치와 방식을 기준으로 해서 위로부터 일방적으로 부과된 배타적인 위생정책은 정작 인도인은 배제하여 그들을 자기 땅에서 이방인으로 만들면서 영국의 정체성을 구성하는 데 일조했을 뿐이었다. 일부 인도인은 백인이 거주하지 않는 지역의 위생에 무심한 영국을 강하게 비판했으나 별다른 조치는 취해지지 않았다.

위생을 다루는 영국 관리들은 낮은 카스트와 하층민 등 사회 저변의 사람들과의 접촉을 꺼리고 냉담하게 대하며, "할 수 있는 유일한 일은 접종"이라며 위생을 모르는 인도인을 경멸했다. 맨손으로 일하거나 오물을 치우는 낮은 계층이야말로 위생을 가르쳐야 할 주요 대상이었으나 영국인 관리는 '깨끗한 브라만'만 골라서 위생정책을 추진했다. "오물과 더러운 질병으로 가득"하다고 간주하는 사회 저변의 하층민을 위생으로부터 배제한 위생정책은 실패를 담보했다.

영국은 인도인을 위한 위생정책의 입안과 공공의료에 소극적이었고, 실은 무심했다. 질병은 농민과 왕, 유럽인과 인도인을 차별하지 않고 공격하지만 영국은 질병에 대처하는 위생을 차별적으로 다루었다. 더구나 인도에서 질병은 서구 지식과 다르게 기능했으나 인도인과 그 문화를 낮게 보는 영국 관리들은 질병의 원인을 역겨운 생활환경과 '옛날 옛적부터 내려오는' 비위생적 관습으로만 돌렸다. 바람직한 위생제도를 세우기보다 인도를 오염된 공간으로 묘사하고 정의하는 데 치중했다.

인도에서 소수인 영국인은 정치적 위험성을 경계하여 인도 전통에 적극적 개입을 꺼리고 위생정책을 강력하게 추진하지 못했다. 공중위생을 담당하는 부서는 행정부의 '미운오리새끼'라는 별명을 가질 정도로 인기가 없었다. 또한 이익의 최대화를 지상과제로 삼는 식민정부는 위생화에 드는 비용을 의식해야 했다. 콜레라와 같은 정치적 질병의 통제는 막대한 재정이 필요했다. 그러나 정부의 궁핍한 재정은 적극적으로 위생정책을 시행할 수 없게 만들었다. 더구나 인도인 납세자가 재정을 책임진 지방자치제 하에서는 중앙에서 부과한 위생화를 실천하기 어려웠다.

1897년, 봄베이에 역병이 창궐하여 2만명이 목숨을 잃었다. 정부가 전염을 막으려고 오염지역의 재산을 처분하고 사람들을 격리하는 과정에서 힌두 사원이 파괴되고 재산이 약탈당하는 불상사가 발생했다. 봄베이의 민족주의 지도자 틸라크[Lokamanya Bal Gangadhar Tilak : 1880~1920]가 운영하는 신문은 "아무리 온순한 사람도 이러한 테러에 굴복하지 않을 것"이라는 선동적인 사설을 실었고, 분노한 사람들은 영국 관리들을 살해했다.

영국은 인도인의 위생에 대한 긍정적 반응을 촉발하지 못했다. 일부 인도인은 문화의 차이를 인정하지 않고 부과되는 위생과 청결에 대한 식민정부의 조처를 인도인의 몸에 대한 공격과 지배로 간주하고 저항했다. 영국은 이러한 인도인의 대응을 종교적 몽매함으로 과장하여 인도를 위생화하지 못한 책임을 전가했으나 최근의 연구들을 살펴보면, 인도인은 영국의 위생정책에 무조건적으로 저항한 것이 아니라 선택적이고 신축적으로 대응했다.

영국의 위생화에 저항한 인도인도 콜레라가 창궐했을 때는 적대감을 줄이고 적극적으로 서구 지식을 수용했다. 특히 교육받은 계층이 근대적인 위생지식을 받아들이고 실천했다. 일부 인도인은 민족주의 관점에서 위생정책과 삶을 증진하는 프로그램을 개발했다. 위생과 관련된 그 지식은 인도의 전통적인 지식에 영국의 지식을 조정한, "인도 문학에서 근대 과학의 이론에 해당하는 것을 발굴"하여 다시 서술하는 형

태로 진행되었다.[63]

　인도에 위생국가를 세우고 공중위생에 새로운 과학을 적용해야 하는 의무를 선언한 그들이었지만 정작 인도의 위생화에 대한 청사진도 의지도 없었다. 북부의 주요 도시 러크나우를 연구한 오덴버그^{Veena Ordenberg}도 영국이 도시를 청결하게 만들거나 배수씨스템을 설치하려는 장기적이고 포괄적인 계획이 없었다고 결론을 내렸다.[64]

　열매를 보면 나무를 알 수 있듯이 위생정책은 인도에서 영국 통치의 단면을 잘 드러냈다. 나이팅게일 아류의 화려한 언어와 수사에도 불구하고 인도에서 추진된 영국의 위생정책은 인도주의적 견지보다 '위험한 인도인에 대한 통제'와 그로부터 '안전하게 거리를 두기' 위한 정책, 즉 영국의 정복과 지배를 위한 가면에 지나지 않았다.

여성과 제국

여성의 시선은 무해한가?

인도에서 세력을 굳힌 이후 영국이 생성한 인도 여성의 이미지는 남성답지 못한 인도 남성의 희생자였다. 그들은 베일로 몸을 가리고 어두컴컴하고 습한 규방에 거주하면서 여아살해, 조혼, 사티^{sati} 등 '요람에서 무덤까지' 이어지는, 여성에 대한 각종 사회악습의 터널을 통과하는 불행한 존재로 여겨졌다. 이러한 여성의 이미지는 집안을 다스리지 못하는 인도 남성을 대신하여 '남성다운' 영국 지배자가 인도를 통치하고 인도 사회에 개입해야 한다는 논리를 뒷받침했다.

식민정부는 1829년 살아 있는 아내를 죽은 남편과 함께 화장하는 사티를 불법으로 규정하고, 1856년에는 홀어미의 재가를 허용하는 법령이 통과하여 문명화의 사명을 '수행'했다. 1891년, 인도 남성의 성적 이용을 막는다는 취지로 인도 여성의 최저 결혼연령을 10세에서 12세로 올리는 법안도 발의했다. '무지의 나락'에 빠진 여성에게 교육의 기회를 제공한 것도 19세기부터였다.

1869년 『캘커타리뷰』가 "토착 여성의 문제가 오늘날 흥미진진한 주제"라고 기술한 것은 그런 맥락이었다.[65] 식민정부는 여성이 연루된 이러한 사회개혁을 통해 인도 남성의 희생자인 인도 여성을 구하는 영국 남성, 곧 스피박^{Gayatri Spivak}이 말한 "갈색 피부의 남성에게서 갈색 피부의 여성을 구하는 백색 피부의 남성"으로 스스로를 정의하며 제국을 이끌었다.

위에서 조감하며 인도의 모든 것을 판단하고 정의한 영국 지배자의 전지전능한 시선은 그렇게 정치적 헤게모니와 연계되었다. 그렇다면, 제국의 권력행사에 참여하지 않고 식민지 변방에 머문 영국 여성은 인도 여성을 어떻게 바라보았을까? 이미지가 현실의 반영이 아니라 인식의 양태에 의해 생산된다면, 제국 경영이나 정치적 헤게모니와 무관한, 당시 인도에 거주한 영국 여성은 인도 여성을 순진하게 인식했을까?

1장에서 논의한 '정복의 층과 켜'는 모두 남성들의 이야기였다. 모든 역사가 그렇듯이 식민통치의 역사도 여성을 배제하고 씌어진 '반쪽의 진실'이었다. 여기에서는 그 반쪽인 영국 여성에게 눈을 돌려 19세기 인도에 거주한 영국 여성이 지배자인 남성의 관점과 인식을 공유하고 인도 여성을 타자로 여겼는지, 같은 젠더로서 인도 여성을 동일시했는지를 멤사히브, 선교사, 사회개혁가, 작가와 같은 다양한 계층의 관점을 따라가면서 살펴본다.

멤사히브의 오만과 편견

먼저 인도제국의 경영에 직접적으로 참가한 식민지배자(관리, 장교, 판사, 교사, 엔지니어, 농업전문가, 농장주 등)의 아내들로, '나리마님'이라는 뜻의 멤사히브^{memsahibs}라고 불린 영국 여성들을 보자. 1840년경부터 인도에 도착한 영국 여성과 저녁시간을 보내는 영국 남성이 늘면서 영국은 친밀하게 지낸 인도 여성과 더불어 그 사회와 멀어졌다. 앞서 본 것처럼 멤사히브들은 영국과 인도의 관계를 소원하게 만든 주범으로 몰려 1857년에 곤욕을 치렀다. 이후에도 영국 세력이 인도와 분리된 데는 그들에 기인한 바가 컸다.

멤사히브들은 당대의 오만하고 인종차별적인 시선을 그대로 드러냈다. 그래서 인도인과 접촉하기보다 고립된 생활을 선택했다. 그들의 "몸은 인도에 있으나 마음은 고국에 두었다." 그들은 인도 여성이 쓰는 옷감과 장신구를 저급하다고 무시하여, 열대 인도에서 빅토리아 스타일의 정숙한 여성 코드를 따라 드레스에 블라우스를 입고 구두까지 신었다. 인도의 언어를 배우지 않고 영국 음식을 먹으며 아이들은 일찍이 교육을 위해 영국으로 보냈다.

영국 여성들은 무엇보다 영국 남성들이 밤의 문화에서 만나는 인도 여성들을 경멸했다. 멤사히브의 눈에 비친 그들은 천박했다. 힌두 사원에서 일하는, '신의 종'이라고 불린 데바다시^{Devadashi}에 대한 거부감도 적지 않았다. 식민정부가 공식행사에 인도 여성을 부르지 않겠다고 결정을 내린 것은 이들 '요조숙녀'의 압박이 낳은 결과였다. 인도 여성이 본질적으로 음탕하고 부도덕하다는 신화가 창조된 것도 이러한 견지에서였다.

멤사히브들은 사적 영역에서 주로 가사만 담당했으나 그들의 위상은 제국을 통치하는 남편의 위상과 무관하지 않았다. 멤사히브들은 인도 여성을 부정적으로 그려내는 남성들의 시선을 따랐다. "토착 여성은 대개 부도덕하다. 종교가 그렇게 장려한다. 내가 읽은 힌두라는 종교는 처음부터 끝까지 오직 외설적이기 때문이다"라는 한 멤사히브의 주장은 바로 영국 남성의 주장과 같았다.[66]

멤사히브 아넷 베버리지도 인도 여성에 대한 차별적 시선을 보였다. 그는 인도인 판사가 영국인을 재판할 수 있도록 결정한 일버트 법안[Illbert Bill]에 반대하면서 "인도 남성이 인도 여성을 해방하기 전까지 문명국 여성을 재판하는 것은 적합하지 않다"고 발언하여 인도 여성을 희생자로 만들면서 인도 남성의 정치적 무능함을 밝히는 영국 지배자로서의 이중적 기능을 충실하게 수행했다.

1886년 『캘커타리뷰』는 인도 여성이 닮아야 할 패러다임을, "인도 여성의 미래는 보다 특권을 가진 영국 자매의 삶과 성격의 영향과 관계가 있다"라고 기술했다. 멤사히브들은 인도 여성을 결점이 많은 인도 남성의 희생자로 여기고, 현모양처로 살아가는 자신들의 행복한 이미지를 투사하여 인도 여성을 계몽하는 '백인의 짐'을 인정했다. 20세기 초, 영국 작가 다이버[Maud Diver]는 '남성의 시선'으로 제국을 지지한 영국 여성들을 '제국의 헤로인이며 순교자'라고 지칭했다.

인도 상층 여성이 거주하는 규방에는 남성의 출입은 물론 이방인의 출입이 어려웠는데 멤사히브도 예외는 아니었다. 그런 이유로 직접적으로 접촉이 어려운 인도 여성에 대한 그들의 지식은 피상적이었다. 언어장벽과 편견에 사로잡혀 집안에서 유모와 하인들만 상대하는 그들은 인도 여성의 삶에 아예 무관심했다. 『캘커타리뷰』가 "힌두 여성의 중대한 결함은 게으름과 늘어짐이다"라고 기술한 것도 무관심의 결과였다. 멤사히브들은 이처럼 인도 여성을 '게으른' '한가한' 등의 수식어를 붙여 불렀다.

영국 여성은 자신들이 집에서 부리는 인도인 하인을 '미신적' '아둔한' '부정직한'과 같은 부정적인 형용사를 동원하여 평가했고, 이러한 하인들의 이미지는 점차 인도인 전체를 아우르게 되었다. "그녀가 가

느다란 팔로 백인 아이를 안은 채 낮은 의자나 바닥에 앉아 있는 모습
을 보면 마치 흰 모슬린 천으로 감싼 원숭이와 똑같아 보인다." 이처럼
멤사히브들이 인도 여성을 '니그로'라거나 '검은 원숭이'라고 비인간화
하는 것도 흔한 표현이었다.

멤사히브의 인도 여성에 대한 관점은 같은 젠더로서의 동정심보다
검열하는 남성적 시선에 가까웠다. 오클랜드지방 총독의 누이동생 에
덴Emily Eden은 "오늘 아주 좋고 작은 것을 샀다. 일곱살 된 두 여자아이였
는데, 못생긴데다 그 가운데 한명은 벙어리였다. 한쌍에 3파운드를 주
었다. 아주 쌌다! (…) 그들은 고아다"라고 적었다. 인도인을 '니그로'라
고 가장 먼저 문학에 언급한 사람이 바로 에덴이었다.[67]

긍정적인 활동을 전개한 멤사히브도 있었으나 인도 여성을 보는 그
들의 시선도 서구중심주의, 기독교중심주의를 벗어나지는 못했다.
1830년대 암허스트 벵골 총독의 부인을 비롯한 멤사히브들은 인도 여
성에게 교육의 기회를 제공하려고 '숙녀회'를 조직하여 여학교들을 지
원했다. 허나 이들 학교의 교육은 성경과 기독교 교리문답, 윤리과목
등으로, 인도 여성의 '문명화'를 표방한 그들의 의도가 실은 인도 여성
의 기독교로의 개종에 있음이 드러났다.[68] 1978~83년, 캠브리지 남아
시아 기록보관소Cambridge South Asian Archive는 20세기 전반 식민지 인도에 거주한
멤사히브를 대상으로 인도 통치에 대한 견해를 면접으로 조사했다. 멤
사히브들은 "영국의 인도 통치가 역사상 가장 경이로운 업적"이며 "우
리가 (인도에서) 가져온 것보다 더 많은 것을 주었다"고 대답했다. 영국
의 통치가 공정하고 정당하며 은혜로웠다고 믿는 그들은 영국 지배자
와 다르지 않았다.[69]

여성 선교사의 관점

여성 선교사들은 인도 여성과 접촉이 없는 멤사히브와 달리 규방에 드나들면서 인도 여성에 대해 많은 지식을 가졌다. 그런 '특권'을 바탕으로 베일을 쓰고 규방에 거주하며 남성의 시선을 차단하는 인도 여성의 푸르다purdah제도를 세상에서 가장 억압적인 제도로 소개한 공로도 그들의 몫이었다.

그러나 "수백만명의 여성동포가 규방에 감금되어 있다." "규방은 자연과 미신이 지배한다." 이처럼 규방을 바라보는 여성 선교사들의 시선은 식민주의가 침투하지 못한 여성의 공간에 대한 남성의 관음증적 시선과 별다른 차이가 없었다. 영국 남성과 제국의 시선을 차단하는 규방의 인도 여성에게 근접하여 선교활동을 한 여성 선교사들의 이러한 편파적인 '지식'은 인도 사회에 대한 식민정부의 개입과 통제를 지지했다.

영국의 각종 선교단체들은 규방에 들어갈 수 있는 여성 선교사를 장려하고 양성했다. 남성의 출입이 금지된 규방에서 여성 선교사들은 인도 여성을 문명화하고 일종의 권력을 행사했다. 그들에게 인도 여성은 '바람 한점, 햇빛 한줌 들어오지 않는' 비위생적인 곳에 갇힌 무지하고 무력한 희생자였다.

보편적 자매애를 바탕으로 곤경에 빠진 인도 여성을 구원한다는 입장에서 여성 선교사들은 여성에 대한 억압의 뿌리가 여성에 대한 억압을 정당화하는 힌두교에 있다고 인식하고 이교도 여성에게 기독교의 '말씀'을 전하려고 애썼다. 그들은 매일 규방을 찾아가 복음을 전하고 글을 가르치며 개종을 기대했다. 물론 불행한 인도 여성을 무지와 질병으로부터 구원하겠다는 동기를 가진 페미니스트 선교사도 없지는 않았으나 드물었다.

인도 여성의 개종은 어려웠다. 한 보고서에 따르면, 북부 러크나우의 한 여성 선교사는 18년 동안 매일 규방을 찾아다니며 선교했으나 단한명의 개종자도 얻지 못했다. 기독교로 개종한 인도 여성은 여성 선교사들이 공을 들인 규방에 거주하는 중상층 여성이 아니라 사회의 가장 낮은 계층에서 나왔다. 점차 여성 선교사들은 결과가 없는 규방선교보다는 여학교를 세우고 의료사업과 고아를 돌보는 자선사업으로 활동범위를 바꾸었다.

영국 중산층 출신 여성 선교사들은 인도 여성의 삶을 인정하지 않으며 오만한 자세를 견지했다. 낮은 계층의 인도 여성과 어울리거나 하층 여성을 가르치는 일은 경계했다. 그들은 대개 부유하고 힘이 있는 인도 남성의 집을 방문해서, 여성을 가르치는 문제를 남편이나 집안의 가부장과 타협하고 여성에게는 선택의 여지를 주지 않았다. 영국의 가치에 근거한 여성 선교사의 근대적인 교육내용과 성경과목은 배우는 인도 여성에게는 부담이자 또다른 억압으로 여겨졌다.

여성 선교사들은 인도 여성을 남성의 종속적 존재로 파악하는 가부장적 사고의 틀을 벗어나지 못했다. 그들이 남긴 선교기록을 보면, 교육의 대상인 인도 여성을 '두 자매' '그의 젊은 아내'처럼 지칭하고 이름과 연령, 결혼여부를 언급하지 않았다. 여성들은 '어리석음' '수줍음' '공부에 무관심'과 같이 부정적으로 묘사되었다. 반면에 여성의 남편은 이름을 기재하여 '인간'으로 여겼다.

여성 선교사의 가정방문을 허락하는 상층 인도 남성도 자기 집안의 여성이 기독교로 개종하는 것은 반대했다. "우리는 우리 종교를 믿고, 당신들은 당신들의 종교를 믿고"라는 입장을 견지하는 인도 남성들의 태도를 두고 어떤 영국인은 "뿌리 없이 과일만 원하고" "그리스도를 받아들이지 않고 기독교의 덕만 바란다"고 표현했다.[70]

규방에 대한 여성 선교사들의 계몽적인 시선은 선교단체의 여성 의료선교사 양성으로 이어졌다. 선교단체들은 의료써비스 사각지대인 규방의 인도 여성을 위해 여성 의료선교사를 양성하여 인도에 파견했다. 근대적 의료기술을 익힌 여성 의료선교사들은 인도 규방의 비위생적 관행을 비난하면서 전근대적인 인도 여성의 몸에 대한 제국의 개입과 통제를 당연시했다.

런던여자의학교를 중퇴하고 인도 북부도시 러크나우에서 의료선교사로 활동한 베일비Elizabeth Beilby는 영국으로 귀국했을 때, 인도 규방에 영국 여성 의료인을 파견하는 것보다 인도 여성을 훈련시키는 것이 낫다고 주장하여 백인 여성의 의료선교가 유용하지 않았음을 암시했다. 그런 베일비도 "인도 산파의 무지와 미신으로 수백명의 여성이 희생된다"고 말하거나 인도 여성을 의사보다 간호사로서만 천거하는 등 인도여성의 능력과 인도의 의학전통을 내려다보는 지배자의 관점에서 벗어나지 못했다.[71]

모계 제국주의

인도에 내린 영국 전문직 여성의 시선도 남성 지배자와 다르지 않았다. 19세기 인도 여성의 교육과 여성의 위상을 증진하려고 노력한 대표적 영국 여성은 메어리 카펜터Mary Carpenter였다. 1866년 인도에 도착한 그는 "내 마음을 가장 아프게 하는 것은 힌두 여성의 위상이다. 이 문제는 토착 사회와 영국인 사회 전체에 영향을 준다"라고 힌두교를 인도에서 진행되는 모든 사회악의 근원으로 파악하여 식민지배자와 같은 노선을 취했다.

메어리 카펜터는 인도 여성의 수준이 당시 영국 중산층 여성의 수준과 대등해야 한다고 믿었다. 그리하여 인도 여성에게 가르친 교육내용은 인도 여성의 삶과 무관한 영국 여성이 모델이 되었다. "영국에서는 여성이 학교에 다닐 때 가사와 그 의무를 준비"한다고 말한 카펜터는 인도에서 가사와 바느질이 특정 카스트의 일이라는 것을 알지 못하여 여성을 여성답게 만드는 자수, 도화, 음악, 뜨개질, 꽃 재배를 가르치자고 주장했다.

"힌두 소녀들이 영국 소녀들처럼 발전할 능력이 있는지 의문이 가지만 (…) 그들이 우리나라와 대등하거나 그보다 나은 적절한 교육을 받길 희망한다는 것을 알았다"고 기록한 카펜터는 영국 소녀처럼 바느질을 제대로 배우지 않는 힌두 소녀들에 대해 우려를 나타내고, 인도 여성에 대한 교육에 "인생의 어떤 단계에 있는 여성에게 가장 필수적인 바느질"과 정돈과 질서의 습관을 훈련하는 내용이 포함되어야 한다고 강조했다.[72]

목사의 딸인 메어리 카펜터는 남성과 여성의 영역을 영국식으로 구분하고, 여성이 관리하는 깨끗한 가정을 아들과 남편이 머무는 도덕적 중심지로 간주했다. 그가 여자사범학교를 세운 본래 의도도 남자교사가 여학생을 가르치는 것을 반대한 데서 기인했다. 남성과 여성의 영역을 구분하는 당대 영국 사회의 가치를 인도 여성에게 부과한 카펜터는 영국 여성의 개혁목표와 제국의 통치에 부합하는 인도 여성을 기르는 데 관심을 두었다.

카펜터는 인도 여성을 향해 말했으나 그 모든 것을 남성의 시선으로 조망했다. 여자사범학교의 설립기금을 식민정부가 지원한 사실에서 알 수 있듯이, 제국의 공식적 행사 외곽에 자리한 카펜터의 사회활동은 제국과 남성의 담론에서 자유롭지 못했다. 그는 개별적으로 인도 여성을 몰랐고, 인도 언어를 몰라서 여성들과 소통하지 못했다. "인도의 낮은 계층 여성들은 남성보다 거칠고 상스럽다"는 카펜터의 표현은 중산층 영국 여성의 전형적인 시선이었다.

1873년, 벵골에 힌두여학교를 설립하여 인도 여성을 교육한 영국인 아넷 아크로이드[Arnette Ackroyd:1842~1929]도 이러한 입장이었다. 아넷은 인도의 모든 것을 증오했다. 자신을 인도에 데려온 벵골인 사회개혁가 센[Keshub Chandra Sen]의 아내를 "빨간 비단옷을 교양 없는 힌두교도의 가난한 아내처럼 차려입고, 구두와 스타킹도 신지 않고, 야만인처럼 장신구를 과시하며 마치 위엄과 정숙함에 대해 들어본 적이 없는 원시인처럼 앉아 있다"고 혹평했다. 런던에서 대학을 졸업한 아넷 아크로이드는 인도 여학생에게 영국의 생활방식과 빅토리아시대의 이상적 여인상과 가정을 염두에 둔 여성교육을 실시했다. 곧 재봉과 뜨개질, 가사실습이 주요 교과목이었다. 서구 교육을 받고 식민주의에 협력하는 인도 남성에게 어울리는 '신식 여성'을 기르는 교육을 강조한 그는 그런 방식으로 제국의 존속에 협력했다.[73]

인도 여성은 영국 여성이 제국주의자로서 역할을 수행하는 공간이었다. 메어리 카펜터가 주장하고 실천한 인도 여성의 교육확대와 사범학교 설립은 교육받은 영국 여성이 식민지 인도에서 경력을 추구하고 자아를 실현할 수 있는 고용의 장소를 제공했다. 카펜터는 인도 여성의 교육을 영국 여성이 담당해야 한다고 주장했다. 1881년, 런던여자의학교의 가레트 앤더슨은 영국의 한 신문에 기고한 글에서 "능력 있는 여성 의료인이 큰 가치를 지니는 인도라는 큰 땅이 있다"고 묘사하며 영국 여성이 경력을 쌓을 수 있는 기회의 땅으로 인도를 인식했다.

영국 여성의 사회진출과 활동을 장려할 수 있도록 인도 여성의 이미지가 구성되었다. 영국의 페미니스트들은 인도 여성을 자신들의 타자로 대상화하고 자신들의 계몽적 도움이 필요한 희생자로 박제했다. '영국 여성의 구원의 손길을 기다리는 희생자 인도 여성'의 이미지는 영국 여성의 참정권운동이 계속된 19세기 후반 영국 페미니스트의 이데올로기를 구성하는 필수적 요소였다.

식민정부가 인도 매춘여성에 대한 의료검진을 규정한 법안이 인도 여성의 몸에 대한 지배라고 주장하며 영국에서 인도 여성을 위해 성병법의 폐지운동을 전개한 조세핀 버틀러^{Josephine Butler}는 인도 여성을 이용한 영국의 대표적인 페미니스트였다. 1888년, 인도의 성병법을 없애는 데 성공한 버틀러와 당시 영국의 페미니스트들은 인도 여성보다 영국 여성의 복지를 위해 인도 여성을 지지했다. 곧 식민지 인도의 증진이 영국제국의 증진이며 영국제국의 발전이 영국 여성에게 활동할 기회를 제공한다는 것을 알고 있었던 것이다.

버틀러처럼 인도에 가본 적이 없는 영국의 페미니스트들은 간접적인 정보를 바탕으로 인도 여성의 퇴보와 인도 문화의 문제점을 비판하며 자신들의 해방과 발전을 추구했다. 자신들이 인도 여성보다 도덕적이고 순수하다고 생각한 그들은 '자매애'에 입각하여 영국 여성의 인도 여성에 대한 개입과 통제를 당연시하면서 인도 여성을 수동적인 희생자로 만들었다. 이는 가부장적 제국주의의 다른 얼굴로서 '모계 제국주의'maternal imperialism에 가까웠다.[74]

"인도에서 나는 '할머니'로 생각된다. 나는 그 타이틀이 마음에 든다"고 말한 메어리 카펜터처럼 영국 여성들은 스스로를 인도 여성을 키우고 돌보는 어머니와 할머니로 자처했다. 어머니와 아이의 관계는 대등하지 않고, 전자가 후자를 보호하고 양육하는 것을 전제했다. 이러한 오만한 관점은 양국 여성의 차이를 반영하고 큰언니와 어머니로서 영국 여성의 인도 여성에 대한 권위를 정당화했다. 동시에 이는 성숙하지 못한 인도 남성이 자치정부를 구성할 능력이 생길 때까지 영국이 인도를 통치해야 한다는 가부장적 제국주의를 지지했다.

여성 작가들의 눈

앨리스 페린, 플로라 애니 스틸처럼 인도에서 오래 살거나 인도와 깊은 연계를 가진 여성 작가의 작품들은 은연중 영국의 식민통치를 정당화하는 내용을 담았다. 그들은 인도 여성을 사티, 조혼, 푸르다제도로 희생되는 인도 가부장제의 주변인물로 바라보았다. 식민정부 고위관리의 아내로 멤사히브인 두 여성 작가는 자신들의 오만한 시선이 인

도에서 권력을 행사하는 남편의 위상에서 나온다는 사실을 인지하지 못했다.[75]

인도에서 근무한 장군의 딸로 의료직 관리와 결혼하여 20년간 인도에 거주한 앨리스 페린의 「정의」Justice라는 단편에는 소년과부 라크시미의 고단한 삶이 생생하게 그려졌다. "물레를 돌리고 음식을 잘 만들고 우유도 잘 짜는" 그녀는 '일꾼'을 원하는 나이든 남자와 재혼하지만 곧 이웃남자와 바람이 났다. 라크시미는 영국 여성이 인도 여성에게 가지고 있는, 매혹적이지만 경계대상인 '선정적 인도 여성'이자 이기적인 인도 남성의 희생자 이미지에 부합했다.

페린의 단편 「지네」The Centipede도 미신을 숭상하는 인도 여성의 무지몽매한 생각, 과학을 알지 못하는 전근대적 일상을 묘사했다. 의사가 열병이라고 진단한 백인 아이의 인도인 유모는 버터기름에 튀긴 지네를 아이의 이마에 올려놓는 방법을 쓰다가 다른 지네에게 물려 아이가 죽자 해고되었다. 아이의 부모는 유모의 처방이 다른 지네를 유인했다고 여겨 인도 여성의 지혜를 미신으로 치부하고 영국인 남성 의사를 신뢰하는 영국 여성의 모습을 그려 인도를 내려다보았다.

역시 20년 동안 인도에 산 플로라 애니 스틸의 소설도 인도 여성의 미신적 생활과 관습을 풍자하여 영국의 인도 통치를 정당화했다. 스틸은 인도 여성 문제에 관심을 가지고 여학교를 세우고 인도 여성의 삶을 증진하기 위해 다양한 활동을 폈다. 스틸은 한때 펀자브 라호르에 있는 여학교에서 장학사를 역임하고 여학교를 후원했으나 소설에서는 "영국과 인도는 분리된 실체이며 양측 간의 친밀성은 불가능"하다는 메씨지와 인종차별적 시선을 노출했다.

「키르포의 인형」Mussumat Kirpo's Doll에는 규방에 접근한 여성 선교사의 눈을 통해 여자아이의 조혼, 시어머니의 며느리에 대한 압제와 비인간적 태도, 아들을 낳는 수단으로서의 인도 여성의 삶, 개탄할 정도로 무지와 질병의 온상인 규방의 모습이 적나라하게 포착되었다. 결혼하고 4

년 동안 아이가 없어서 홀대받던 15세 장애아 키르포가 결국 사내아이를 낳고 출산후유증으로 죽는다는 소설의 내용은 인도 여성의 조혼을 비판하고 인도 전통의 출산이 가진 위험성을 알리면서 어둡고 위험한 동양의 정형적 이미지로 규방을 묘사했다.

스틸의 다른 단편소설 「개혁가의 아내」The Reformer's Wife도 여성의 출입을 봉쇄하는 규방제도를 풍자하고, 인도 여성의 해방을 외치면서 실제로는 언행이 일치하지 않는 인도 개혁가 남성을 비판하여 인도 여성을 공적 영역으로 끌어내고픈 지배자의 입장을 지지했다. 소설에 등장하는, 베일로 몸을 가리고 규방에 숨어사는 사회개혁가의 감춰진 아내는 자유로운 영국 여성의 타자였다.

고위관리의 아내로 인도에 오래 거주하면서 인도인과 소통하여 인도에 관한 지식을 소유했다고 자부한 플로라 애니 스틸은 수많은 소설과 글을 통해 인도와 인도 여성의 이미지 형성에 큰 영향을 끼쳤다. 그가 묘사한 인도 여성은 19세기 식민정부의 개혁정책에 맞는 대상이었다. 베일에 가려진 인도 여성의 몸을 지배자와 영국 여성의 눈앞에 그려내어 인도 여성을 상상하고 언급하고 통제할 수 있는 정보를 제공했다.

여성을 억압하는 인도의 푸르다제도를 반대하고, 여성 선교사의 규방교육이 푸르다제도를 영속화한다고 반대한 애니 스틸이 오히려 베일을 쓰고 규방에 갇혀 사는 정형화한 이미지로 인도 여성을 구성하는 데 기여했다는 사실은 역설적이다. 스틸이 스스로 소유했다고 말한 인도에 관한 '진정한 지식'은 인도에서 영국 통치의 영속성에 기여하는 식민주의에 '유용한 지식'이 되었다.

영국 여성의 시선

앞에서 본 것처럼 인도에 거주한 영국 여성의 시선은 남성 제국주의

자의 관점을 모방했다. 남성에게 관찰되는 위치에 있고 관찰되는 자신을 내면화한 영국 여성이 가부장적 영국 남성의 통달된 시선을 무의식적으로 받아들여 그 눈으로 인도와 인도 여성을 바라보았다. 때로 역사 주체로서 여성의 시선은 남성의 시선을 전복할 수도 있었으나 식민지 인도에서 영국 여성이 인도 여성을 바라본 시선은 남성의 눈에 대한 도전적 패러다임을 생성하거나 독립성을 갖지 못했다.

영국 여성은 인도에서 영국 남성이 그랬듯이 인도 여성이라는 타자를 통해 자기 이미지를 구성하고 정의했다. 이는 바바^{Homi Bhabha}가 말한, 타자를 통한 자기확인이었다. 즉 독립적이고 자유롭게 오가는 영국 여성을 규방에 갇힌 불행한 희생자 인도 여성의 타자로 구성하여 인도 여성을 영국 여성의 아래에 배치하는 계층적 관계를 만들었다. 그리하여 인도 여성이 후진적이고 미신적이며 비합리적이면 영국 여성은 선진적이고 과학적이며 합리적인 존재가 되었다.

인도에 거주한 영국 여성은 가부장적 영국 남성과 제국주의의 희생자였지만, 식민지에서는 지배적인 담론에 공모하고 권력을 (일부나마) 향유하면서 인도인과 인도 여성에게 일종의 가해자가 되었다. 그들은 남성중심의 식민주의를 전복하는 대안적 시선을 가지지는 못했으나 남성이 주도한 당대 역사의 무대에서 주체로서 혹은 가해자로서 나름대로의 '시선'은 가진 셈이었다.

영국 여성은 인도 여성을 제대로 인식하지 못하고 그저 인도 남성의 희생자로 여겼다. 그들이 희생자로 파악한 여성은 상층의 여성으로, 식민정부가 사티와 조혼을 금지하고 홀어미의 재가를 허용한 법안은 그들이 대상이었다. 그러나 홀어미의 재가를 허용한 식민정부의 법안은 상층 남성의 요구를 받아들여 재혼여성이 남편의 유산과 자녀를 포기하도록 규정하는 바람에 오히려 자유롭게 재혼하던 하층 여성의 재산권과 자녀양육권을 박탈하는 부정적 결과도 가져왔다.

97

2장

전복의 씨앗

정복의 언어, 전복의 언어

정복의 언어

인도에서 영국의 식민주의가 성공한 이유를 군사력으로만 설명할 수는 없다. 많은 연구가 보여주듯, 광대한 인도에서 소수에 불과한 영국인은 그 정치적 위험성을 절감하며 지냈다. 수억의 피지배자를 통치하려면 인도의 엘리뜨를 심리적으로 세뇌하고 문화적으로 유인하며 정신적으로 통제하는 특단의 조치가 필요했다. 영국의 문화적 우수성을 인식하고 선호하게 하며 인도인이 "비참하게 타락하고 열등한 인종"임을 확인시키는 방식으로 지배자의 언어인 영어가 동원되었다.

영어를 가르쳐서 인도인을 그들의 사회와 전통으로부터 소외시켜 영국 문화에 흡수하려는 목표는 "일단 전함과 외교관을 보내고, 그 다음에 영어교사를 보낸다"라는 익명의 영국인 국제기관 책임자의 발언에서 명확하게 드러났다. 영어교육은 총칼을 쓰지 않고도 문명화의 사명으로 식민통치를 위장하여 인도 사회를 통제하고 보이지 않는 제국의 권위를 부과하는 효과적인 수단이었다.[1]

영국이 인도인의 정신을 정복하는 '제2단계 식민화'에 나선 것은 제국의 기반이 확고해진 19세기 초반이었다.[2] 그 본질은 영국 문화에 인도인을 동화시켜 동양에 거주하는 검은 피부의 영국인을 만드는 것이었다. 영국은 "유럽 도서관의 한 서가에 있는 책이 인도와 아랍에 있는 전체 문학보다 더 가치가 있다"는 문화적 우월감을 강하게 표출했다.

1813년, 영국 식민정부는 연간 10만 루피를 "문학을 부흥·증진하고 인도 지식인을 장려"하는 데 쓰겠다고 발표했고, 1833년에는 그 액수를 10배로 늘렸다. 일부는 산스크리트, 페르시아어, 아랍어와 같은 인도 고전어 교육에 그 돈을 쓰자고 주장했으나 일부는 영어로 서구 교육을 실시하는 데 사용하자고 나섰다. 오랜 논쟁은 영어의 승리로 끝이 났고, 드디어 1835년 영어가 페르시아어를 대신하여 인도의 공식어로 채택되었다.

식민정부는 영어가 인도에서 헤게모니를 장악하도록 조치했다. 벤팅크^{William Bentinck} 총독은 "이제부터 인도에 있는 영국 정부의 목표는 인도인에게 유럽의 문학과 과학을 널리 전파하는 것"이라고 선언했고 영어를 그 촉매로 간주했다. 영어교육의 실시와 인도인의 영국화를 강조한 식민정부의 고위관리 토마스 매콜리는 "영어로 교육받은 그 어떤 힌두도 자신의 종교를 신실하게 지키지는 못할 것"이라고 영어의 효과를 낙관적으로 전망했다.

매콜리는 영어로 교육받은 인도인이 '갈색 피부의 기독교인' '갈색 피부의 영국인'이 될 것이며 "피와 피부는 인도인이지만 견해와 감각, 도덕과 지성은 영국인이 될 것"이라고 믿었다. 영어를 아는 인도인을 정치적으로 지배하고 경제적으로 이용하는 것이 쉬울 것이라고도 여겼다. '갈색 피부의 영국인'은 자연스럽게 영국산 제품을 선호할 것이며 인도에 만연한 미신과 악습과도 거리를 둘 것으로 기대했다.

"우리는 우리와 우리가 지배하는 수천만명의 인도인을 연결하는 중개자 계층을 만들지 않으면 안된다"는 매콜리의 발언처럼 봉급을 많이 지불해야 하는 '값비싼' 영국인을 멀리 떨어진 본국에서 데려올 수 없는 영국은 식민정부의 말단행정을 구성하며 식민통치를 도울, 영어를 아는 '값싼' 인도인이 필요했다. 영어를 배운 그들은 '일등급 유럽인'이 되어 다수 인도인과 정부를 중개할 것으로 전망되었다.

1844년, 식민정부가 영어를 아는 인도인을 관직에 우선적으로 임용한다고 발표하자 이후 많은 인도인이 영어를 적극적으로 배우기 시작했다. 곧 영어는 영국 식민통치의 상징이 되었다. 1857년, 봄베이, 캘커타, 마드라스에 대학교가 설립되고 영어가 대학과 엘리뜨의 언어로 굳어졌다. 영어가 헤게모니를 가지면서 인도의 언어만 아는 사람들은 영어를 배우고 말하는 계층의 '써벌턴'subaltern이 되었다.

영문학이 영국 대학의 커리큘럼에 등장하기 훨씬 전부터 인도 대학에서는 영문학을 학과목으로 채택했다. 식민정부가 정치적으로 의도한 결과였다. 1870년대까지 영국 대학들은 그리스와 라틴 문학을 가르쳤으나 인도 대학에서는 초기부터 셰익스피어와 초서 등 영문학이 주요 과목이었다.[3] 식민지배자들은 인도인을 "부도덕하고 선정적인 힌두 문학"에서 해방하여 "순수하고 깨끗한 영문학으로" 이주시키는 것을 목표로 삼았다. 영어교육은 언어교육에 그치지 않고 지배자의 문화에 인도인을 동화시켜 자기문화로부터 소외시키는 문화교육의 일부였다.

역사, 문법, 교과서, 시와 소설, 자서전 등의 영문서적이 대량으로 인도에 수입되었다. 그러나 반#문명인인 인도인에게 적합하지 않다고 하여 영국인이 읽는 소설의 일부만 수입되었다. 1846년, 『캘커타리뷰』는 "우리의 뛰어난 증기선 덕분에 (…) 매달 우리 해안에는 출간된 지 채 6

주가 되지 않은 새로운 유럽의 문학서들이 도착한다"고 적었다. 19세기 중반, 인도에 수입된 인쇄물의 95퍼센트가 영국에서 선적되었다. 1850년 148,563파운드이던 책과 인쇄물에 대한 수입이 1863~64년 313,772파운드로 2배 이상 늘었다.

1902년, 영어로 수업을 진행하는 마드라스 주 고등학교 학생들은 주당 9시간씩 영어를 배웠다. 모국어인 타밀어와 고전어 시간은 각각 5시간으로 영어보다 적었다. 당시 학생들은 3개 언어를 배우는 데만 주당 19시간을 들였다. 사실상 고등학교 과정은 언어교육에 가까웠다. 언론과 출판의 언어가 된 영어는 문학과 과학 분야의 지식을 전수하는 대학의 주요한 매개수단으로 기능했다. 1947년 독립할 때까지 하이데라바드 왕국에 자리한 오스마니아 대학을 제외한 모든 대학이 영어로 서구학문을 강의했다. 영어를 배운 학생들은 점차 자기전통에서 소외되었다.

1825년, 산스크리트와 페르시아어를 가르치던 델리 대학을 인수한 식민당국은 영어와 서구학문으로 커리큘럼을 대치했다. 영어가 지식을 전수하는 주요 언어가 되자 인도 고전어(산스크리트, 아랍어, 페르시아어)를 가르치는 교육기관은 과거 속으로 사라졌다. 봄베이 주의 공교육위원회는 표준교과서를 가지지 못한 인도의 모든 언어과목을 폐지하라고 지시했다. 20세기가 되자 캘커타 대학교를 비롯한 소수 교육기관에서만 인도 고전어를 배울 수 있게 되었다.

성공의 언어

식민지 인도에서 영어의 성공여부는 인도인이 부과된 영어를 습득하고 그를 통해 지배자의 문화에 충실하게 동화되느냐에 달렸다. 인도인은 "지식인은 외국어에는 능통하지만 모국어엔 적대적이다"라는 말이 나올 정도로 영어를 관직과 부를 가져오는 유익한 매개로 인식하고 적극적으로 습득했다. 그들은 식민경제의 불리한 현실에서 직장을 얻고 생존하려고 영어를 배웠다. 특히 사회적 상승이동과 정치적 영향력을 열망하는 상층카스트와 중간층이 적극적이었다.

영어를 배우려는 학생들이 늘어나면서 영어로 가르치는 중등학교와 대학은 빠르게 증가했으나 산스크리트 등 고전어나 각 지역어로 가르치는 교육기관은 급속히 줄어들었다. 지배자의 의도와 상관없이 영어의 유용성을 깨달은 학부모들은 '경쟁'에서 살아남을 수 있는 영어를 아이들에게 권했다. 학부모의 요구가 늘자 지방의 초등학교에서도 영어를 학과목에 포함시켰다. 다른 언어로 가르치던 기존의 학교를 영어로 수업하는 학교로 개편하는 사례도 생겼다.

영국 식민통치의 중심지였던 벵골지방에는 1882~1937년 영어로 가르치는 학교가 617개교에서 1,859개교로 3배가량 늘은 반면에, 모국어인 벵골어로 수업하는 학교는 1,065개교에서 54개교로 20분의 1로 크게 줄었다. 영국의 세력이 약화되고 간디가 주도하는 민족운동이 거세어진 1920년대 이후에는 그 발전의 속도가 훨씬 가팔랐다. 영어로 가르치는 중학교는 1922년 264,158개교로 전체 학교의 22.7퍼센트였으나 20년 뒤인 1942년에는 658,629개교로 전체의 45.4퍼센트에 달했다.

영어의 성공과 지역어를 가르치는 전통교육기관의 쇠퇴는 인도인이 지배자와 나눠질 책임이었다. 인도인은 영어를 교수하는 중등학교와 대학에 자식을 보내고 문화적·사회적으로 열등하다고 여기는 전통기관에는 관심을 두지 않았다. 영어교육과 영어의 확산이 수반하는 정치적 위험성을 간파하고 전통교육을 보존하려던 식민정부의 시도는 지배자와 인도인의 차이를 심화하려는 사악한 음모로 간주되었다. 지역어로 가르치라는 주장도 같은 의미로 여겨져 인도인의 반발을 샀다.

영어교육을 주도한 이들은 인도인이었다. 영어로 강의하는 중등학교와 대학은 거의 다 인도인이 설립한 도시의 사립학교였다.[4] 식민통치 말기인 1938년, 영어로 가르치는 중등학교의 80퍼센트가 사립이었다.

식민정부는 영어교육에 대한 인도인의 폭발적인 수요에 대한 재정지원을 감당할 수 없게 되자 초기1854년부터 교부금제도grant-in-aid를 도입하여 민간인이 학교를 설립하면 정부가 재정을 지원하는 방식을 채택했다. 1882년에는 아예 방임주의로 선회했다.

간디가 대중을 이끌고 민족운동을 전개한 1920년대 이후에는 인도인 장관이 각 주 정부의 교육부를 담당했다. 영어로 교육받은 교육부 장관은 지역어로 수업하는 초등교육보다 영어로 가르치는 중등학교와 대학에 주 정부의 교육비를 우선 배정했다. 이는 영어에 대한 인도 상층의 관심이 반영된 현상이었다.

인도인의 영어에 대한 선호는 영어교육이 도입된 초기부터 드러났다. '근대 인도의 아버지'라고 불리는 람 모훈 로이Ram Mohun Roy는 식민정부가 설립한 산스크리트 대학의 커리큘럼에 영어와 서구학문을 포함하라고 주장했다. 산스크리트와 아랍어, 페르시아어에 능통한 그는 '비실용적인' 고전문학보다 유용한 서구학문을 가르쳐야 한다고 말했다. 식민정부는 그 요구를 묵살했으나 3년 뒤 결국 아래로부터의 요구를 받아들였다. 마드라스에서도 영어로 교육하는 대학을 설립하는 운동에 7만명이 서명하여 영어를 배우려는 욕망을 반영했다.

영어로 가르치는 학교에 다니는 학생들은 대개 상층카스트와 도시의 중간층이었다.[5] 카스트로는 브라만이 선두였다. 북부지방에서는 서기書記카스트 카야스타Kayastha도 많았다. 1881년, 벵골지방 대학생의 84.7퍼센트, 봄베이의 78.7퍼센트가 이들 계층이었다. 1916~17년, 마드라스에 소재한 문과대학 학생들의 부모는 지주와 관리가 각각 43퍼센트였다. 이보다 30년 전인 1883~84년에도 대학생의 40.3퍼센트는 관직에 종사하는 부모를 두었다. 인도 근대교육을 연구한 맥컬리B. T. McCully의 말을 빌리면, "대학 졸업자와 공직에서 활동하는 인물의 대다수가 아들의 공부를 위해 돈을 저축했다."[6]

영어를 통해 영국 문화에 노출된 인도인은 영어를 나쁜 것으로 여기

  정복의 언어, 전복의 언어

거나 이방의 언어라고 적대감을 보이지 않았다. 이방에서 온 무슬림의 오랜 통치를 받고 여러 언어를 병용하던 인도 사회의 신축적인 특성이 영어의 적극적 수용을 가져왔다. 특히 무슬림 정권에 참여한 브라만과 카야스타는 산스크리트와 페르시아어 등 여러 언어를 구사했다. 이러한 전통이 지배자의 언어를 배우는 상황에 놓인 이들 계층의 심리적 갈등을 줄여주었다. 가장 보수적이라고 알려진 남부의 브라만들이 영어 교육과 새로운 직업의 수용에 가장 적극적이었던 것은 이러한 맥락에서 이해될 수 있다.

인도인은 영어를 큰 고민이나 갈등 없이 받아들였다. 그 이유는 무엇보다 영어의 유용성에 기인했다. 경제발전이 결여된 식민지의 특수한 환경에서 영어의 습득은 경제적 반대급부와 사회적 위상을 획득하는 유일한 수단이었다. 전통적으로 교육을 받지 않은 낮은 계층보다 빠르게 영어의 잇점과 유용성을 깨달은 상층이 영어교육을 빠르게 받아 기득권을 유지했다. 사회 상층으로서 그들은 지배자의 언어를 배운다는 눈총이나 사회적 배척으로부터 자유로웠다.

브라만과 상층카스트의 영어에 대한 반응은 생존전략의 하나로도 볼 수 있었다. 그들에게 영어는 상호소통 수단으로 내면이 아닌 외적 영역을 구성했다. 영어를 배운 인도인은 영자신문을 편집하거나 재판정에서 판결을 내리고, 식민정부의 하급관리로 봉직하거나 학교와 대학에서 가르치거나 의사와 학자로 활동했다. 모든 것을 진정한 자아가 아니라 환영幻影이라고 간주하는 힌두의 세계관은 밖에서 온 영어의 침입을 일정한 거리에서 제한했다. 영어에 기반을 둔 이러한 활동은 그들의 내면에 큰 충격을 주지 않는 외적 영역에서만 이루어졌다.

문화적 지배와 인도인의 종속성을 강화하려고 도입한 언어정책은 영국 지배자를 딜레마에 빠뜨렸다. 인도인은 적극적으로 영어를 배웠다. 영어를 배운 인도인은 관직이나 교사와 같은 화이트칼라 직업을 희망했고, 노동과 현장직 등 낮은 수준의 직업을 거부했다. 영어가 노동자와 농민에게 적합하지 않다는 입장은 각 지역어로 초등교육을 강조한 1854년의 교육정책에서 이미 언급되었다. 영국은 그때부터 영어교육의 확산을 막았으나 그 성장의 열쇠는 인도인에게 있었다.

물론 영어를 배웠다고 성공이 보장된 것은 아니었다. 대학을 나오고 영어가 유창해도 산업화하지 않은 인도에서 일자리를 찾지 못해 거리를 헤매는 사람들은 많았다. 인도인은 기회의 문을 개방하라고 영국에 요구했으나, 1858년 빅토리아 여왕이 인도인을 "우리 사무실에 자유롭고 편견 없이 참여시킬 것"이라고 한 선언과 달리 영국은 영어를 배우고 영국의 문화에 물든 '갈색 피부의 영국인'에게 기득권을 나눠줄 태세가 아니었다.

영국은 곧바로 인도인에게 영어를 가르친 식민정책의 부메랑을 감지했다. 1859년, 식민정부의 고위관리 리얄^{Durand Riyal}은 이렇게 토로했다. "개화시키고 자유의 잇점과 유럽 과학의 이용을 가르친 뒤에 어떻게 우리에게 종속시킨다는 말인가? 어떻게 우리가 고위직을 독점하는 현상을 설득할 수 있겠는가?"

영국 문화에 동화한 인도인을 차별하는 것은 모순이었다. 19세기 후반 식민정부는 영어로 가르치는 고등교육의 비약적인 확대를 공식적으로 경계했다. 19세기 말 랜스다운 총독^{Lord Lansdowne:1888~94}은 "현재와 같은 속도로 학교와 대학이 늘어난다면 우리는 현재보다 더 많은 불평을 듣게 될 것이다"라고 영어교육을 받은 인도인의 반동을 우려했다. 인도 대학을 통제하고 감독하여 반발을 산 커즌 총독^{1899~1904}은 인도에서 "엘리뜨를 위한 영어교육의 실험은 실패"라고 인정했다. 영국은 정복의 가면으로 위장한 영어교육을 멈추고 싶었으나 때는 이미 너무 늦었다.[7]

전복의 언어

1913년 노벨문학상을 받은 벵골 출신의 시인 타고르^{Rabindranath Tagore}는 "우리들의 정신은 유아시절부터 영문학으로 구성되었다"고 젊은 시절을 회고하며 영국 문화를 내면화한 자신을 고백했다. 20세기 초 벵골지방 한 도서관의 기록을 살펴보면, 대출도서의 74퍼센트가 영문소설이었다. 영문학을 읽으며 성장한 인도인은 "영국 소설이 우리 소설보다 낫다"고 여겼고, 영국의 문화가 우수하며 미래와 연결되지 않는 산스크리트와 같은 인도 언어를 가치가 없다고 거부했다.

정복의 언어가 민족주의의 언어로 작동된 것은 바로 영어를 배운 이들의 머릿속에서였다. 영어로 말하고 영어로 생각하며 자기문화를 열등하다고 배운, 영어로 교육받은 인도의 엘리뜨들은 선진적이고 과학적인 지배자를 선망하고 그를 닮기 위해 서구를 기준으로 인도 사회의 개혁과 변화를 추구했다. 호미 바바가 말한 '모방'과 '혼종'의 과정에 든 그들은 영국 문화에 대한 종속성을 받아들였으나 그 지점에서 지배자에게 등을 돌렸다.

영어를 배우고 서구를 선망한 그들은 열등한 자기 사회와 문화를 되돌아보았다. 1870년대부터, 다른 언어를 사용하며 여러 지방에 흩어져 살던 인도인은 영어로 소통하면서 '인도'라는 공동체를 상상하기 시작했다. 피지배자와의 소통을 위해 지배자가 부과한 영어가 서로 다른 언어를 쓰는 인도인의 소통의 창구가 된 것이다. 벵골어, 마라티, 힌디, 타밀어를 모국어로 사용하지만 영어로 서구의 평등과 자유, 정의를 배우고 익힌 그들은 곧 영국에 도전했다.

영국은 우리에게 오랫동안 자유주의 교육이라는 축복을 주었습니다. 우리의 정신은 서구문화의 관대한 영향 속에서 성장했습니다. 우리는 이 모든 은혜를 진심으로 고맙게 여깁니다. 그러나 우리의 지적 영역이 발달할

수록 우리의 개인적인 열망과 국가적인 열망도 예민해지고 고무된다는 사실을 잊지 마십시오. (…) 유럽의 역사, 특히 영국의 정치제도와 역사를 배운 것이 (…) 수세기 동안 잠들었던 우리의 애국적 본능에 불을 지폈다는 것을 기억하십시오.[8]

낮에는 영어로 J. S. 밀의 『자유론』을 읽지만 밤이면 집에서 힌두교 성서 『바가바드 기타』를 기억하는 문화적 망명자 지식인들은 열등하다는 자기이미지를 부정하고 대체적 정체성을 구성했다. 영어로 교육을 받고 식민정부와 직접·간접으로 연계된 그들은 동양과 서양의 경계에 서 있었다. 선진문명을 흠모하는 동시에 자기가 속한 사회의 부정적 관습과 제도를 제거하려고 사회개혁과 힌두교의 변화와 부흥을 추구한 그들은 영어를 이해한다는 공통점을 가졌다.

1880년대, 영어로 교육받은 인구는 약 5만명이었다. 대학 졸업자도 5천명을 넘어섰다. 지배자와 '다름 속에 닮음'을 추구한 작가와 변호사, 저널리스트와 의사, 학자와 관리, 교사로 활약한 그들은 지역과 언어의 경계를 넘어서 반식민주의 정서를 가진 세력을 규합했다. 그렇게 하여 인도 민족주의의 구심체로 기능한 인도 국민회의가 탄생했다. 1892~1909년, 국민회의에 참석한 구성원의 약 40퍼센트(13,839명 중 5,442명)가 변호사 등 법률직에 종사했다. 지주와 상인들, 저널리스트와 의사 그리고 교사와 같은 배운 이들도 주요한 참여자였다.

그들은 영어로 신문과 잡지를 만들어 반정부의 의견을 개진하고 여론을 조성했다. 국민회의가 결성된 1885년 영자신문의 발행부수는 9만부를 넘었고, 스와데시 운동이 벌어진 1905년에는 27만6천부로 크게 증가하여 애국주의를 독자들에게 전파했다. 출신성분의 한계로 국민회의는 한동안 식민체제에서 인도인의 지위를 격상하는 온건한 방향으로 나아갔으나 '인도'의 이름을 단 국민회의에 참여한 그들은 공개적으로 공정한 기회와 대표권을 달라고 주장하고 인도의 복지와 정치적 권

　　정복의 언어, 전복의 언어

리를 '말했다'는 점에서 전복적이었다.

영어를 배우고 민족주의에 감염된 인도인은 힌디어와 각 지역어에도 관심을 가졌다. 식민정부의 고위관리로 근무하며 최초로 영문소설을 쓴 벵골 출신의 차테르지^{Bankim Chandra Chatterjee}는 14편의 소설을 모국어인 벵골어로 발표했다.[9] 지배자의 언어인 영어가 지배자를 전복하는 수단으로 작동한 것도 이러한 국면이었다. 영어에 익숙한 계층은 모국어에 새로운 장르와 형식을 대입했다. 영어와 영문학의 전파에 자극받은 각 지역어의 문학운동은 19세기 후반에 장족의 발전을 보이며 '우리'라는 의식을 파급했다.

"어떤 나라도 발전하는 새로운 자아를 표현할 적절하고 만족할 만한 수단을 찾지 않고 성장할 수는 없다." 급진 사상가 오로빈도 고시의 말처럼, 민족주의에 감염된 지식인들은 다수의 인구가 사용하는 힌디어를 인도인의 자아를 표현하는 공통의 언어로 간주했다. 힌디는 북부지방의 언어였으나 영어에 필적할 언어라는 전략적 견지에서 인도의 공통어로 '발견'되었다. 영어의 도전을 인식하고, 거기에 대적할 수 있는 '국어'의 발견은 국가의 해방과 연결되었다.

힌디와 우르두어, 벵골어와 타밀어, 말라얄람어와 마라티 등 여러 지역어의 근대적 문학전통은 모두 이 무렵에 세워졌다. 19세기 말, 각 지역어로 쓰인 수많은 역사소설과 전기, 그 아류들은 영국이 오기 전에 살았던 역사적 인물을 주인공으로 삼았다. 소설의 주인공은 모두 이방 출신의 무슬림과 용감히 싸웠다. 영국의 지배를 받고 있으나 그 종속성을 부정하고 영국으로부터의 해방을 은유하여 지역어로 출간된 이 시대 문학작품은 각 지역의 영웅을 '발견'하고 때로 '창조'하여 지역의 고유성을 칭송하고 나아가 인도에 대한 감정으로 연계되었다.

1938년, 남부지방 출신 라자 라오^{Raja Rao}는 영문소설 「칸타푸라」^{Kanthapura}를 출간하면서 서문에 인도 영어는 그 나름의 특성이 있으며 "영어는 이방의 언어가 아니다. 영어는 산스크리트와 페르시아어처럼 지적 구성의 언어"라고 적었다. 라오는 인도 구비전통의 대서사시와 유사한 방식과 구조로 영국 식민주의에 저항하는 인도인의 이야기를 영어로 묘사했다. 라오의 소설은 인도의 전통을 영어로 표현한 첫 사례였다.[10]

그럼에도 인도에서 영어는 한동안 문학의 언어로 선호되지는 않았다. 인도인이 쓴 영문소설은 이방의 언어로 여겨져 해방될 때까지 문학계 주류에 들지 못했다. 영어는 공적 언어이자 정치적 언어로 합리적이고 기능적인 수단으로는 주목되었으나 문학이나 감정적 공감을 주는 언어 또는 인도인의 정신과 내면을 반영하는 언어로 인정받는 데는 성공하지 못했다. 영어를 외적 영역의 언어로만 이용한 인도인의 영어에 대한 저항적 성향이 반영되었기 때문이다.

인도 영어, 힝글리시

영어는 식민주의의 종결에도 불구하고 함께 사라지지 않았다. 오히려 독립한 인도에서 한층 더 중요해졌다. 독립 직후 언어의 통일이 정치적 통일의 선결조건이라고 생각한 인도 정부는 19세기 말 이래 민족주의 언어로 여긴 힌디어를 공식어로 선포하는 한편, 다언어사회의 특수성을 고려하여 영어를 1965년까지 공식어로서 한시적 기능을 인정했다. 그러나 드라비다어를 쓰는 남부지방, 특히 인구의 0.0002퍼센트만 힌디를 이해하는 타밀나두의 격렬한 반대로 계획은 무산되었다. 1967년, 인도 정부는 영어를 힌디어와 연계어로서의 존재성을 유지하도록 결정했다.

식민지 인도에서 영어를 배운 사람은 소수였다. 독립할 당시 영어를 이해한 사람들은 전체 인구의 2퍼센트가 채 되지 않았다. 오늘날에도 영어를 하는 인도 인구의 비율은 높지 않다. 그러나 수치는 영어가 인도에서 누리는 위상과 영어가 수반하는 특권을 제대로 반영하지 못한다. 영어는 여러 개의 공용어가 공존하는 인도에서 힌디어를 보완하는 공식어와 나갈랜드와 메갈라야 등 동부지방의 일부 주 정부의 공식어로서 그 중요성을 지키는 한편, 인도 행정과 경제를 접합하는 기능과 보다 넓은 소통어로서 작동되고 있다.

식민지배의 수단이었던 영어는 아직도 해방된 인도의 교육과 삶의 전반에서 영향력을 행사한다. 영어로 가르치는 학교의 인기, 영어권으로 유학하는 학생의 증가, 영어를 구사하는 지식인의 점진적 증가는 영어에 대한 높은 관심과 영어가 인도에서 누리는 특권을 잘 알려준다. 영어에 능통한 사람들은 전문직과 관직에 종사하며 사회의 상층을 구성하고, 영어를 알지 못하는 다수는 사회와 권력의 변방에 자리하며 사회의 하층을 구성하여 사회의 계층화에 영어가 중요한 역할을 하고 있음을 알 수 있다.

해방공간의 영어를 식민주의의 잔재로 보아야 할까? 그렇지만은 않다. 앞에서 본 것처럼 인도인은 지배자가 부과한 영어에 신축적으로 대응하여 정복의 언어인 영어를 민족주의의 언어, 전복의 언어로 이용했다. 영어교육은 고전어의 쇠퇴를 가져왔으나 인도의 언어들을 위축시키거나 삶의 공간에서 밀어내지는 못했다. 오히려 여러 지역어를 풍부하게 만들고 그 발전에 기여했다. 반대로 인도의 영어는 각 지역어에서 많은 영향을 받고 인도적인 요소를 가지게 되었다.

보다 중요한 문제는 현재의 '인도 영어'를 식민국의 언어로, 헤게모니를 가진 언어로 볼 것인가라는 점이다. 오늘날 인도 영어는 식민지 시대의 영어와 사뭇 기능이 다르다. 공적 영역의 언어에서 사적 언어, 자기표현의 언어가 된 인도 영어는 수많은 다른 인도 언어와 병용되면서 영향을 주고받는다. 영어를 쓰는 사람의 99퍼센트가량이 벵골어, 타밀어, 마라티어, 힌디어 등 각 지역어를 모국어로 사용하고 영어를 제2언어와 제3언어, 또는 제4언어로 사용한다.

힝글리시(Hinglish: 힌디+잉글리시)라고 불리는 인도 영어는 힌디어뿐 아니라 여러 지방의 언어에서 영향을 받은 인도의 영어이다. 영국식 영어나 미국식 영어가 아닌 인도화한 영어, 인도식의 영어라는 뜻의 ‘인도 영어’는 인도의 사회적 맥락에 따라 변화했다. 영어는 이제 ‘밖에서 온’ 인도의 언어로 정당성을 인정받고 있다. 인도는 미국과 영국에 이어 세계에서 세번째로 많은 영문서적을 출간하는 ‘영어의 선진국’으로, 머지않아 인도 영어가 미국과 영국의 영어를 누르고 세계에서 가장 많이 사용되는 영어로 부상할 것이라는 전망도 제기되었다.

정복의 언어에서 전복의 언어가 된 영어는 이제 인도의 언어가 되었다. 인도인은 부과된 언어에 적극적으로 저항하지 않고 변화에 적응하는 소극적 전략으로 지배자의 언어를 인도의 언어로 만들었다. 다원사회에서 살아가는 인도인은 동시에 여러 개의 삶을 살게 마련이었으므로, 삶의 핵심에 영향을 주지 않는 일정한 영역을 전환하여 내적 자아를 보존하는 방식, 즉 기존의 것(예를 들면, 산스크리트)을 새 것(영어)으로 바꾸는 방식으로 살아남았다. 결국 “인도의 전통은 시종 살아 있었으며 (…) 실제로 이용을 당한 것은 영국이었다.”[11]

특별한 전장, 인도 여성

19세기 후반, 인도 여성은 프란츠 파농이 말한 '특별한 전장戰場'이었다. 여성의 위상을 자유와 문명의 척도라고 여긴 영국 지배자와 인도 남성이 벌인 한판의 결투장이었던 것이다. 영국 지배자들은 베일을 쓰고 집안에서만 생활하는 인도 여성을 밖으로 끌어내어 '정복할 땅'으로 여긴 반면에 교육받은 인도 남성은 절대로 '정복되지 않고 스와라지'할 대상으로 파악했다. 그들은 특히 여성의 교육에 관한 담론과 서술을 통해 인도 여성의 사회적 역할과 기대를 창조한 이른바 공범이었다.

양측은 언제나 '여성의 해방과 여성의 위상을 증진'한다는 자유주의적 언어를 구사했다. 인도 여성의 삶의 질을 제고하는 문제는 '짐승'처럼 나쁜 방식으로 식민지를 정복한 영국 지배자에게 '인간'의 옷을 입히고 식민통치를 정당화할 수 있는 좋은 수단이었다. 그와 달리 영국 지배자에게 문명화할 대상으로 규정된 인도 남성은 영국이 무시하고 폄하하는 인도의 전통에서 야만의 외피를 벗기고 근대성을 가졌다는 것을 보여주려고 '우리 여성'을 끌어안았다.

'그들 여성'의 영국 여성 만들기

인도 여성에게 배움의 기회를 제공한 선구적 인물은 서구 기독교 선교사들이었다. 그들은 여성을 억압하는 인도 사회의 악습을 보고 경악하여 이교도 여성을 구원하는 방식으로 교육의 필요성을 절감했다. 특히 여성 선교사들은 남성의 출입이 봉쇄된 규방을 찾아다니며 인도 여성에게 글을 가르치고 개종을 권유했다. 인도 여성을 기독교인으로 개종하려는 노력은 성공하지 못했으나 글을 가르치는 여성 선교사들의 적극적인 활동은 곧 여학교의 설립으로 이어졌다.

기독교 선교단체의 교육은 문화제국주의의 함정에서 자유롭지 못했다. 그들이 강조한 과목은 성경과 복음이었다. 그 저변에는 "신을 두려워하는 자는 (식민정부의) 권위를 두려워한다"는 지배자의 정치적 입장이 깔려 있었다.[12] 선교단체가 추구한 여성 교육의 목표는 인도 여성의 사회적 위상을 증진하거나 사회활동을 장려하는 것이 아니라 인도 여성에게 '너무 좋은 기독교'를 가르치는 것이었다.

식민지에 문명을 전한다고 천명하고도 영국은 오랫동안 인도 여성의 교육에 인색했다. 일부 영국인은 인도 여성을 가르치면 '많은 사회악의 조종弔鐘'이 될 것이라고 전망했으나 인도 남성의 반대를 염두에 두고 적극적으로 움직이지는 않았다.[13]

1849년, 여학생 21명을 데리고 캘커타에 문을 연 베툰 여학교가 인도 여성을 가르치는 최초의 공교육이었다. 설립자 베툰 J.E.D. Bethune 은 개교

기념 축사에서 영국 문화의 우수성과 역할을 천명했다. 몇 년 후 설립자 베툰이 갑자기 사망하자, "여러분은 땅에 겨자씨를 심었고 그것이 언젠가는 여러분이 자랑스럽게 바라볼 큰 나무가 될 것"이라고 학교의 설립을 축하한 달하우지 총독[1848~56]이 학교에 관심을 두어, 결국 식민정부가 학교의 재정적 후원을 책임지게 되었다.[14] 베툰 여학교는 학생 수로는 성공하지 못했으나 여성 교육에 인도인의 관심을 유인하는 시대적 역할은 완수했다.

이전에 세워진 미션학교와 달리 세속교육을 내세운 베툰 여학교는 한동안 무엇을 가르칠 것인가로 혼란을 겪었으나 점차 영국의 이상적인 주부상을 모델로 삼았다. 악습의 나락에 빠진 인도 여성을 구원한다는 지배자로서의 사명감은 인도 여성을 영국 여성의 타자로 설정했다. 즉, 자유롭게 거리를 오가며 '자유와 행복'을 누리는 영국 여성은 어둡고 눈에 보이지 않는 규방의 세계에 갇힌 인도 여성보다 우월하다고 여겼다. 베일로 가리고 규방에서 살며 '요람에서 무덤까지' 이어지는 사회적 악습으로 점철된 인도 여성의 삶은 영국이 반드시 정복해야 할 공적 영역이었다.

영국 지배자들은 빅토리아시대 영국의 이상적인 가정주부상을 가르치는 교육에 주목했다. '보다 훌륭한 아내와 어머니'를 양성하는 교육이 곧 베툰 학교와 다른 여학교의 교육방침이 되었다. 그 목표는 생존경쟁의 차가운 현실과 도시의 일상에 지친 남편을 즐겁게 해주는 '집안의 천사'를 만드는 교육이었다. 빅토리아시대의 이상적인 여성상은 실제 영국 중산층 여성의 삶과 많이 달랐으나 그 모순은 무시되었다.

19세기 중반, 인도에 왔다가 인도 여성의 교육과 자선사업에 참여한 영국 여성 메어리 카펜터는 바느질을 비롯한 가사과목이 인도 여성을 현모양처로 만드는 유용한 학과목이라고 주장했다.[15] 그는 가사를 배운 '힌두 소녀'들이 '영국 자매'와 대등해질 것이라고 전망했다. 이후 인도 여성을 영국 여성의 '자매'로 만드는 교육이 실시되었다. 물론 지배국 영국 여성이 인도 여성의 '언니'였다.

19세기 영국 중산층 여성을 위한 교육처럼 인도 여성에게도 가정을 우아하게 꾸미는 자수와 도화, 뜨개질이 강조되었다. 직업과 '바깥'에서 쌓을 경력을 준비하는 남학생의 교육과 달리 여성 교육은 여성의 지평을 확대하기보다 행동의 범위를 집안으로 줄이는 부정적인 방향으로 흘렀다. "여성이 격리되어 살아가는 나라에서 여학생들이 다른 국가와 도시, 산을 배우는 것은 가치가 없다. (…) 먼저 도덕교육"을 시켜야 한다는 논리였다.

시간이 갈수록 여성을 여성답게 기르는 교육이 강조되었다. '여성적인 내용'을 강조한 교과내용은 남녀차별을 강화하고 여성의 의무를 제도화했다. 1876년 공교육위원회는 고등수학을 바느질과 자수과목으로 대체하라고 제안했고, 1882년의 교육위원회는 남학생에게 맞는 교육이 여학생에게도 좋은 것은 아니라며 "학교에서 적어도 실생활과 관련된 과목을 가르치고" 국공립학교에는 '기하나 과학 대신에 바느질을' 가르치도록 권장했다. 20세기 초, 바느질과 가정은 모든 여학교의 교과목이 되었다.[16]

정부는 여학생에게 수학과 지리, 기하와 문법을 가르치는 것을 주저했다. 그 과목들은 '위험하다'고 영국에서도 배제되었다.[17] "여성은 남성과 달랐다." 메어리 카펜터의 말을 빌리면, "주님은 다른 힘을 가진 두개의 성性을 창조하셨다. (…) 신의 섭리를 무시하고 다른 의무를 선택할 수는 없었다." 남녀의 유별함을 강조한 카펜터는 여학생들의 "마음을 부드럽게 해주는 아름다운 꽃 재배, 세련되게 하는 음악과 미술 등"을 가르쳐야 한다고 역설했다.[18]

이 시대 교육관계자들은 자연과학도 여학생에게 가르칠 과목이 아니라고 제외했다. 가끔씩 장학관이 여학교를 방문하여 수학을 배우고 싶어하는 사람을 조사했으나 희망하는 여학생이 있어도 별다른 조치가 취해지진 않았다. 1905년 벵골이 분할되었을 때 벵골인에게 민족주의를 고취한 샤를라 데비^{Sharla Devi}는 학교에 다닐 때 성적이 우수한 학생으로 자연과학을 배우고 싶어했으나 마땅한 방법이 없었다. 결국 개인적으로 교육부에 편지를 보낸 샤를라 데비는 오빠들의 삼엄한 경호를 받으며 과학협회에서 주관하는 야간강좌를 들었다.[19]

"가정생활의 무한한 행복은 교육을 잘 받은 여성의 우아한 덕과 고상한 성취가 주는 매력으로 고양될 것"이라는 베툰의 발언처럼 영국 식민정부는 교육받은 여성이 배우지 못한 여성보다 훌륭한 가정주부가 될 것으로 기대했다. 사회에서 남자들의 성공은 좋은 어머니와 아내에게 달렸다는 이른바 '현모양처론'이 소개되고 현모양처가 이상적 여성상으로 떠오르자 인도의 여학교들도 현모양처를 위한 교육을 실시했다.

영국 지배자들은 "남자를 잘 섬기는 여성을 위한 교육", 곧 "남자를 교육하면 개인을 교육하지만 여자를 교육하면 가족을 교육한다"는 여성에 대한 도구적 인식을 가졌다. "지적인 교육을 받은 어머니와 누이, 아내는 높은 지능과 고매한 정신을 가진 아들과 형제, 남편을 만드는 데 필수"라고 여겨서 현모양처를 만드는 교과목인 가정과 가사를 여성 교육의 중심으로 삼았다.

사회와 국가의 미래는 우리 아이들에게 달렸다. 그들이 제대로 교육을 받으면 국가는 발전의 노정을 걸을 것이다. (…) 그러므로 자매들이여, 이 위대한 업무를 달성하기 위해 우리 모두 힘을 합치자![20]

현모양처가 되는 교육을 받은 어떤 인도 여성이 말한 대목이다. 배운 '신여성'은 산업화와 연계된 19세기 영국에서 미화된 가치, 곧 합리화와 효율성, 검약과 질서, 청결과 위생을 바탕으로 가정을 운영하고 가사를 처리하는 여성이었다. 그들은 아침부터 밤중까지 즐겁게 가사를 담당하고 남을 위해 봉사하며 손님을 잘 접대하고 관대하면서도 낭비하지 않고 집안일과 일가의 대소사를 해내는 '슈퍼우먼'이었다. 그들의 집은 "배우지 못한 여성의 집과 뭔가 달랐다!"

1873년, 영국 여성 아넷 아크로이드가 벵골지방에 세운 기숙여학교 힌두 마힐라비디얄라야 Hindu Mahilavidyalaya 도 그러한 요구에 부응했다. 종교적으로 중립을 표방하고 수학과 물리, 정치지리와 기초체육을 가르친 힌두 마힐라는 현모양처를 만들기 위해 재봉과 뜨개질, 가사실습 등의 학과도 포함했다. 기숙사에서 생활한 재학생 14명은 영어와 성경을 배우고, 고기를 먹고 나이프와 포크를 사용하는 방식을 배우며 정숙한 영국 소녀처럼 키워졌다.

그러나 동일한 교육내용이 영국 여성과 인도 여성에게 동일한 의미와 같은 목표를 갖게 하는 것은 아니었다. 인도 여성은 기존의 전통적인 가사와 육아를 책임지고 있으면서 문화적 지배와 '문명화'의 주요 방식인 교육을 통해 빅토리아시대의 훌륭한 어머니와 아내가 되는 재능과 영국의 가치와 전통을 새로 배워야 하는 이중의 부담을 떠안았다. 영국 지배자의 가부장적 이데올로기에 부합하는, '남성을 위한 여성 교육'은 점차 제도화되어 근대 인도의 가치와 전통의 일부가 되었다.

'우리 여성'의 인도 여성 만들기

영국식 교육이 인도 여성에게 '이질적이고 힌두답지 않은 생활방식'을 가르친다고 비판이 제기되기 시작한 때는 민족주의가 싹튼 시기와 비슷했다. 개화되고 문명화된 인도 사회에 맞는 현모양처를 키우는 영국식 교육이 당연하다는 반론이 나왔지만, 일부 민족주의자들은 영국의 이상적인 여성상을 인도 여성에게 가르치는 문제에 대해 논의를 계속했다. 그들의 논점은 새로운 여성 교육이 전통적인 인도 여성의 역할을 무너뜨릴 것이라는 우려에 기인했다.

 특별한 전장, 인도 여성

법원에서 귀가하자 딸이 새로 배운 것을 자랑하기 위해 내게 뛰어왔다.

"그리스도는 예언자예요. 아무리 그 이름을 불러도 괜찮아요. 그리스도는 제 닮이거든요. 저의 크리슈나 신이지요……".

나는 그 말을 듣고 깜짝 놀라서 자초지종을 물었고, 학교에서 신성한 힌두교 텍스트를 증오하도록 가르친다는 것을 알게 되었다. 그제야 나는 아리아인을 가르치는 여학교가 필요하다는 사실을 깨달았다.[21]

나중에 여성 교육을 추진하고 실천한 문시람의 위와 같은 발언에 인도 여성의 변화에 대한 남성의 위기의식이 잘 드러난다. 교육받은 인도 여성이 서구화하고 기독교도가 되는 것을 경계하면서 인도 여성을 인도 여성답게 양성하자는 주장이 나오기 시작했다. 그들은 서구 교육을 바탕으로 전문직에 종사하면서 민족주의에 물든 인도 남성들이었다. 특히 영국에 가장 먼저 패배하여 가장 먼저 식민화된 벵골 남성들이 가장 먼저 '우리 여성'에 주목했다.[22]

1870년 영국에서 "특별한 종교집단에 소속되지 않고 자유롭고 포괄적인 교육" "인도 여성을 훌륭한 어머니와 아내, 누이와 딸로 만드는 교육"을 역설한 브라마 사마지의 케셉 찬드라 센은 귀국한 뒤 힌두 마힐라비디알라야를 세운 아넷 아크로이드에게 "자신을 영국화한 벵골 여성과 동일시하지 말라"는 경고를 보냈다. 벵골에서 발행되는 여성잡지 "Bamabodhini Patrika"도 힌두 여성의 덕성을 가진 여성 교육의 필요성을 역설하여 '우리 여성'을 의식했다.

인도 남성들은 인도의 가정을 여성들이 전통을 지키며 자식을 키우는, 식민주의의 영향으로부터 자유로운 '내적 공간'으로 간주했다. 서구 지배자의 가부장적 관행과 연계된 인도 여성에 대한 관점이 힌두교와 '인도'라는 국가의 정체성과 연계된 것이 이 지점이었다. 인도 여성은 이방의 정권에 정복되지 않은 신성한 인도(힌두교)의 정신을 상징했으며, 인도 전통과 문화의 수호자로 여겨졌다.

앞장에서 본 것처럼, 서구를 배우고 민족주의에 감염된 남성들은 가정이 상징하는 인도와 힌두교의 전통과 문화를 보존하며 영국 침입자에게 '상징적 강간'을 당하지 않은 여성을 인도 정신주의의 보루로 간주했다. 벵골 출신 사학자 파르타 차테르지Partha Chatterjee가 인도 지식인이 인도 여성이 차지하는 가정을 신성한 내면의 영역으로 규정하여 식민 세력의 물질적 영역과 구분했다고 언급한 것처럼, 19세기 말 서부지방 민족주의자 틸라크는 여성이 거주하는 가정이야말로 "자율과 자치가 보존된 유일한 영역"이라고 선언했다.[23]

> 만약 우리 여성이 방향을 잃게 된다면 국가의 패배가 마무리될 것이다. 인도 여성이 서구 교육을 받고 그 본성과 종교를 바꾼다면 우리의 종속성은 외적인 것에서 내면의 가장 깊은 곳까지 확대될 것이다.[24]

인도 남성들의 '우리 여성'에 대한 '스와라지'自治는 영국의 세력에 굴복한 허약한 남성의 정체성을 재확인하는 과정이었다. 식민주의와 그 영향으로부터 분리된, 여성이 거주하는 가정은 힌두교와 인도의 정체성을 상징했다. '정복되지 않은 인도 여성'은 식민주의가 침투하지 못하도록 가정과 '안'을 지켜야 했고, 여성 교육도 그러한 방향으로 추진되었다.

인도 남성들은 기존 인도의 가부장적 틀을 깨지 않는 범위에서 여성을 교육하는 방법을 모색했다. 영국은 여성의 위상이 한 국가의 문명의 정도를 나타낸다고 강조했다. 여아살해, 사티, 아동의 결혼, 과부재가 금지 등 여성을 차별하고 억압하는 관습을 가진 인도는 야만적인 사회였고, 집안을 다스리지 못하는 인도 남성은 국가를 다스릴 수는 없다는 논리였다. 그것을 내면화한 인도 지식인들은 인도의 야만성과 후진성을 반증하려고 여성의 교육에 찬성했다.

점차 가정을 지키는 인도 여성을 키우는 것이 여성 교육의 목표가 되었다. 인도 여성은 영어가 아니라 '우리'의 모국어를 배웠다. 러브스토리와 낯선 윤리가 가득한 영문소설을 읽는 여성은 인도 여성으로서의 문화적 순수성을 지키지 못한다고 여겼다. 영국의 복음주의자 찰스 트레벨리안은 "부도덕하고 선정적인 힌두문학"에서 해방하여 "순수하고 깨끗한 영문학으로 대체"하려고 인도 여성의 교육을 장려했으나 이제 영문학은 힌두 여성의 순수성을 위협하는 존재로 간주되었다.[25]

영어를 배우고 자유주의적 사고에 감염된 인도 지식인들은 자신들이 상실한 '인도다움'을 인도 여성에게서 추구했다. 그들은 근대화의 함정에 빠지지 않고 인도 문화의 정수를 보호할 여성상을 전통에서 찾았다. 과거에서 '발견'한 이상적인 인도 여성은 모두 남편에게 헌신한 공통점을 가진 시타,[sita] 사티,[sati] 사비트리[savitri] 여신이었다.[26] 남편 라마를 곧 하늘로 여긴 대서사시 「라마야나」의 여주인공 시타, 남편의 천국행을 보장하려고 남편의 황천길을 동행한 사티, 염라대왕에게 "그분이 가는 곳이 나의 길이니 그분이 이끄는 곳으로 나도 가리다"라며 죽어 남편을 따라 저승으로 동행한 사비트리가 바람직한 인도 여성으로 떠올랐다.

그러나 전통적인 여성으로는 충분하지 않았다. 전통은 과거의 힘을 나타내지만 식민주의자가 비판한 야만과 몽매함도 내포했다. 과거를 보존하면서도 '안(가정)'에서 인도 사회의 미래를 위해 자식을 잘 키울 이상적 여성상이 필요했다. 그 여성은 집안과 남성의 '바깥세계'를 중재하며 요리와 청소를 잘하고 (시타, 사티, 사비트리처럼) 희생적으로 남편과 가족을 섬기면서도 위생적이며 세련된 품위를 잃지 않는 완벽한 신여성이었다.

"개화된 동반자를 가진 남자의 행복은 완벽하다"는 벵골인 작가 마두수단 더트의 견해는 이 시대 보편적인 지식인 남성의 여성에 대한 관점이었다.[27] 영국에 유학하고 서구화했으나 영국으로부터 자유로운 인도 여성의 교육을 주장한 케섭 찬드라 센은 "교육받은 남성과 배우지 못한 아내가 행복할 수는 없다. 그 결혼의 결과는 불화와 불협화음이 다"라고 선언하여 근대적인 여성 교육의 필요성을 역설했다.

인도 지식인들은 배운 여성이 가정과 남성의 통제를 벗어나지 않는 교육을 선호했다. 민족주의 지도자 틸라크는 신문을 통해 힌두 여성을 기독교인으로 키우는 교육, 현모양처보다 서기書記를 길러내는 여성교 육을 비판했다. 배운 여성들도 인용문처럼 여성적인 여성 교육을 지지 했다. 힌두 여성의 역할과 의무를 다하고 남성들의 위상과 권력에 도전 하지 않으며 근대적 요소를 소지한 이상적인 인도 여성은 빅토리아시 대의 영국 여성과 고대 힌두시대의 여성이 뒤섞인 기이한 형상이었다.

빅토리아 스타일의 세련되고 정숙한 '젠틀우먼'gentlewomen 과 순종적 힌 두 여인의 결합은 인도 사회의 문화적 가치를 바꾸었다. 작가 뱅킴 찬 드라 차테르지는 "신여성의 목소리는 뻐꾸기 소리를 내던 옛날 여성과 달리 고양이의 울음소리와 같다"고 섬뜩한 시대변화를 서술했다. 뱅골 지방의 한 연구를 보면, 19세기 말 동질적이던 뱅골 여성의 대중문화는 배우지 못한 하층여성의 거칠고 음란한 문화와 교육받은 여성의 정숙 한 문화로 양분되기 시작했다.[28]

인도 신여성은 전통과 근대 사이의 줄을 타는 곡예사가 되었다. 그 들은 새로운 교육을 받았으나 서구화하지 않고 인도 여성의 정체성을 유지하며, 전통적인 여성다움을 지키면서도 '새로움'과 근대성을 소지 한 완벽한 여성이었다. "교육받은 여성의 집은 뭔가 다르다!" 영국이 강조하던 그 주장을 인도인도 앵무새처럼 반복했다. 무슬림 시인도 가 정주부를 키우는 여성 교육을 찬성했다. "아마도 여성 교육은 중요할 것이나 가정주부를 키워야지 낭만적 요정을 키워서는 안된다."

1878년, 캘커타 대학교에서 여학생을 처음으로 받아들이면서 여성 에게 고등교육을 시키는 것에 대해 문제가 제기되었다. 여학생의 교과 가 남학생과 달라야 하는가에 대한 논의도 시작되었다. 여론의 흐름은 여학생을 위해 남학생과 다른 커리큘럼을 마련해야 한다는 쪽으로 흘렀다.[29] 인도 여성에게 고등교육을 시키면 힌두 아내와 어머니로서의 역할을 다하지 못하리라는 걱정과 우려가 나왔고, 고등교육을 받은 여성이 여성답지 못하다는 남성 중심적인 발상도 등장했다.[30]

1882년, 인도 개혁위원회는 서구화를 추구하는 베툰 학교의 교육내용을 비판하고 여성에게 대학졸업장을 수여하는 것을 반대했다. 위원회는 인도 여성의 정신에 맞고 여성의 위상에 걸맞게 교육하는 '토착여학교'의 설립을 추천했다. 이듬해 찬드라 센이 '빅토리아'(빅토리아 여왕의 이름이다!)로 이름을 바꾼 '토착여학교'는 인도 여성의 특수한 필요성에 부합하고 여성의 민감한 정신을 발달시키는 교육을 추구했다. 서구 교육의 대안으로 세워진 빅토리아 여학교도 가정경제, 도화, 음악, 요리, 바느질, 그림, 수예, 건강법 등을 채택하여 "딸을 딸로 가르치는 교육"에 치중했다.

"여성이 배워야 할 가장 중요한 과목은 가사이다. (…) 아무리 많이 배웠어도 가사에 능숙하지 못하면 어떤 명성을 주장할 수 없다."

"힌두 여성에 대한 최고의 교육제도는 (…) 그들에게 힌두 아내가 가져야 할 귀중한 가정의 가치를 심어주는 것이다."[31]

한 벵골 여성이 한 앞의 발언과 신문 사설인 두번째 인용문은 근대적 교양을 갖추었으나 남편에게 순종하는 전통적 여성의 역할을 강조하는 여성 교육의 방향을 잘 알려준다. 남성의 '바깥세계'를 위협하지 않고 노라처럼 '인형의 집'을 떠나지 않는 여성으로 '계몽'하는 여성 교육은 서부지방에서도 마찬가지였다. 여학생들에게 가사를 더 잘하고 여성적 덕목을 기르도록 장려했다.

민족주의의 싹이 나무로 성장한 1893년 벵골에 문을 연 마하칼리^{Mahakali}는 힌두교의 가치에 근거한 교육을 표방했다. 산스크리트와 벵골어, 산수와 도덕이 포함된 교과에는 각종 힌두교의 제례와 의식에 쓰이는 음식의 조리법도 들어 있었다. 남편에게 헌신하고 힌두 여성의 역할을 따르도록 교육받는 재학생들은 바느질과 요리와 같은 가사과목도 배웠다. 힌두 단체의 지원을 받으며 성장한 마하칼리는 벵골지방에만 분교를 23곳이나 둘 정도로 인기를 끌었다.

힌두교의 부흥을 내세우며 펀자브지방에서 활동한 아리아 사마지도 여성 교육에 관심을 가졌다. 아리아 사마지는 힌두교가 번영을 누린 고대로 돌아가자고 외쳤으나 교육받은 인도 여성을 지식인 남성의 훌륭한 '동반자'라고 간주하고 서구 교육을 받은 여성이 남편의 근대성을 상징한다고 여겼다. 좋은 아내와 어머니로서의 여성을 염두에 둔 아리아 사마지는 재봉과 수예, 도화와 요리, 음악과 위생 같은 가사관리에 적합한 '여성적인 교과목'을 가르쳤다.

"가족을 보호하고 그 명예를 지키는" 여성을 잘 대우해야 한다고 주장한 아리아 사마지의 설립자 다야난다^{Swami Dayananda}는 "남학교와 여학교는 적어도 3마일의 간격을 두어야 하며 남학교의 교직원은 모두 남자, 여학교의 교직원은 모두 여자"여야 한다고 남녀유별을 강조한 점에서 진정한 의미로 여성의 위상을 증진한 것은 아니었다. 기독교 선교활동에 대항하여 공격적으로 힌두교를 전도한 아리아 사마지는 여성의 교육을 식민주의와 기독교 선교단체에 대한 대응수단으로 여겼다.[32]

20세기에 들어서 인도의 민족운동이 구체화된 시기에도 여성적이고 가정적인 교과목에 대한 신뢰는 지속되었다. 여학생은 중학과정에 이르러야 과학을 배울 수 있었다. 초등학교에 재학하는 여학생들은 옷감 짜기와 자수, 뜨개질을 배웠다. 봄베이 주에서는 위생과 요리, 재봉, 원예, 가사관리를 공부했고, 벵골의 여학생은 자수와 음악과목이 들어간 더 여성적인 교육을 받았다. 1925년에는 근대성을 상징하는 위생과목이 초등학교 여학생의 필수가 되었다.

아리아 사마지의 문시람은 "여성을 교육하지 않는 나라는 좋은 나라가 될 수 없다"고 진취적으로 발언했으나 그가 세운 여학교는 학생들에게 재봉, 요리, 자수, 위생을 가르쳐 최소한의 교양을 갖춘 힌두교 아내

 특별한 전장, 인도 여성

를 양성하는 데 목표를 두었다. "순종은 문명의 주요한 덕목이다. 순종하지 않고 평화와 가족의 규율이 존재할 수 없다"라고 선언한 그의 여성관은 확고했다. 좋은 아내가 훌륭한 인도 여성이었다.

"여성이 있을 곳은 가정"이며 "여성의 역할은 가정적인 여성, 여성의 의무는 현모양처"라는 인도 남성의, 영국 지배자의 주장에 대한 방어적 '현모양처론'은 영국에 오염되지 않은 인도식 '현모양처'로 연결되며 '우리 인도'를 인식하는 데 기여했다. 그들은 배운 여성이 행복한 '가정'의 기반이며 '좋은 아내와 훌륭한 어머니'라는 새로운 여성성을 창조하면서 인도라는 국가의 해방을 주장했다. 민족주의는 인도 여성의 몸을 두고 벌인 투쟁 속에서 자라났다.

'바깥세계'를 넘보지 않고 남편에게 '충성'하도록 세뇌받은 여성들 중 일부는 인도 남성들이 조립한 새장을 벗어나 넓은 세상 속으로 날아갔다. 더러는 민족운동에 동조하여 간디가 이끈 국가 해방투쟁에 참여했고, 더러는 여성의 교육과 지위를 향상하는 데 힘쓰면서 느리지만 역사의 솔기에서 중심으로 이동했다. 일단 씨앗이 뿌려지면 나름대로 논리를 갖는 그 변화는 민족주의를 설파한 19세기 인도 남성이 부과한 여성성과 다른 종류의 열매를 맺으며 진행되었다.

3

과학기술과 상상의 인도

과학기술과 식민주의

인도에서 200년 가까이 존재한 영국의 식민주의는 막강했다. 그 기반에는 근대 과학기술이 자리했다. 많은 사람들이 영국 통치가 인도에 베푼 은혜로 언급하는 공공사업, 즉 철도와 운하, 관개와 전신전화의 도입과 부설은 실은 정치적 색채가 강한 식민통치의 한 수단이었다. 영국이 인도에 근대와 문명을 도입했다는 화려한 수사와 수많은 담론에 동원된 과학기술의 도입은 지배자의 우수성을 확인하고 인도인과의 차별성을 강조하는 자기정당화의 다른 이름이었다.[*]

19세기 중반, 식민통치가 안정권에 들자 영국은 지배자의 우월성을 과시할 필요성을 절감했다. 제2의 식민화, 곧 '그들'과 '우리', '전통'과 '근대', '야만'과 '문명', '남성적 영국'과 '여성적 인도'의 차이를 부각하여 정신을 정복하는 방법이 시도되었다.[33] 가치중립적으로 여겨지는 과학기술을 식민지 인도에 도입한 것도 그중 하나였다.

영국은 과학기술의 수준을 지배자와 피지배자의 지적·물질적 차이를 드러내는 지표로 간주했다. 일찍이 과학을 미신의 해독제라고 여긴 아담 스미스의 후예로서 인도를 지배한 영국인들은 부정적이며 낙후한 인도의 현실을 보완한다는 이유로 과학기술정책을 실시했다. 영국이 도입한 과학기술은 인도의 영국에 대한 종속성을 확인하는 수단이었다.

과학기술의 변화는 동서고금을 막론하고 일어났으나 근대 식민지 인도의 불행은 그것이 위로부터 강제로 부과된 점에 있었다. 영국이 인도에 도입한 과학기술은 인도의 산업발전이 아니라 정치적으로 종속적이며 경제적으로 수익이 나는 식민지를 만들기 위한 분명한 동기를 가졌다. 그것은 서구 과학기술을 인도에 도입해서 식민지의 천연자원을 적극적으로 개발하고 이용하여 본국의 부와 번영을 꾀하려는 기능적인 목표와 연결되었다.[34]

영국은 정치적으로 안전하며 경제적으로 이익이 많은 식민지를 만들려고 인도에 전신, 철도, 관개사업 등 근대적인 과학기술을 주도적으로 도입했다. '자연-인도'를 지배하는 '문명-영국'의 선구자로 간주된 과학기술은 편의를 위해 인위적으로 인도를 재배치하는 통치의 방식이었다. 광대한 인도 통치를 용이하게 만들고 군사적·경제적으로도 유용하도록 인도를 구성하는 효율적인 장치였다. 영국은 전통적인 인도와 비과학적인 인도에 과학기술의 이름으로 근대적이고 과학적인 식민통

---

* 여기서 말하는 과학기술은 18세기에 (서구에서) 상호의존적이 된 과학과 기술에서 기술의 영역, 곧 과학에 의존하는 기술의 의미이다. 이 분야는 지배국 영국이 인도를 비합리적이며 전통적, 전근대적이라고 '동양화'하여 서구 문명국의 인도 정복과 지배를 합리화한 주요한 도구였다. 그러므로 이 의미의 과학기술은 서구 지배자가 비과학적이라고 부른, 인도에 기존하는 전통적 기술과 초보적 수준의 기술이나 기능과 구분하는 뜻을 포함한다.

치와 제국주의의 승리를 다졌다.

근대 서구 과학기술의 도입

철도와 운하를 건설하고 전신제도를 도입하여 인도의 공간을 재조립한 사람은 달하우지 총독[1848~56]이었다. 8년의 재임기간 동안 잔시, 우다이푸르, 오드 등 여러 왕국을 자의적 기준으로 강제 병합하여 영토의 1/3을 늘린 그는 그 땅에 대규모 공공사업을 벌였다. 달하우지가 1854년에 세운 공공사업부는 영국을 위한 특별한 사명—원자재, 식량의 공급지와 영국 상품의 시장 확보—을 수행하는 것이 목표였다. 1857년 『이코노미스트』[Economist]가 철도의 기능으로 언급한 것처럼, 과학기술은 "영국의 예술, 영국인, 영국의 여론을 퍼뜨릴" 것으로 전망되었다.

'자연'을 지배하는 '문명'의 선구자로 간주된 과학기술은 식민정부의 편의를 위해 인위적으로 인도를 재배치했다. 예를 들면, 농사를 짓는 지역에서 '물의 힘'을 행사하던 인도 유지들은 운하와 관개시설의 건설로 그 '힘'을 정부에 넘겨주었다. 1857년, 갠지스 평원이 항쟁의 중심지가 된 것은 위로부터 부과된 전위[轉位]에 대한 반동이었다. 항쟁에 참여한 인도인은 영국이 오기 이전의 '오염되지 않은' 옛날로 돌아가자고 외쳤다.

달하우지 총독은 철도를 영국의 힘과 문명을 전파하는 열쇠라고 말했으나, 도시와 항구를 연결하고 항구와 생산지를 연계한 철도망은 먼저 영국의 경제적 이득을 도모했다. 철도는 영국 상품을 인도 내륙시장과 영국 산업을 위한 원료 생산지에 연결하여 고전적 식민경제체제를 형성하는 데 공헌했다. 인도 생산지에서 항구로 수송된 면화와 황마, 홍차 등 각종 원료는 영국으로 수출되었고, 인도 항구에 내린 영국 제품과 직물은 철도를 이용해 도시의 시장으로 운송되었다.

철도 부설은 인도에서 영국 통치가 작동된 방식을 알려주는 창문과 같았다. 철도는 영국 자본이 인도에 투자된 첫 사례로 영국인 투자자들에게 연 5퍼센트의 이익이 보장되었다. 그들에게 위험부담은 없었다. 철도에서 발생하는 이득은 인도의 경제발전을 위해 쓰이지 않고 영국에 거주하는 투자자들의 금고로 들어갔다. 식민주의가 작동하는 방식은 그랬다. 철도 부설은 철도와 관련된 영국 상품의 인도 시장을 창출했다. 영국은 레일과 동력기관, 롤링스톤은 물론 석탄까지 인도에다 팔았다. 철도 부설이 인도의 산업화에 기여할 여지는 아무데도 없었다.

영국이 인도에 들여온 과학기술은 곧 1857년 영국에 대한 인도인의 대항쟁을 진압하는 데 위력을 발휘했다. 1851년부터 세워진 전신이 세포이들의 움직임을 추적하여 영국군의 대응을 도왔고, 철도가 항쟁을 진압할 군대를 대량으로 신속하게 실어나르며 군사적 중요성을 증명했다. 영국군 주둔지를 점령한 세포이들은 전신을 비롯한 과학기술에 무지하여 그 기술을 효과적으로 이용하지 못하고 주어진 좋은 기회를 놓쳐버렸다. 펀자브 주의 사법책임자 로버트 몽고메리가 "전신이 우리를 구했다"고 토로한 것은 과장된 발언이 아니었다.

1857년의 위기를 넘기면서 철도와 전신의 유용성을 절감한 영국 지배자들은 이후 과학기술 증진에 박차를 가했다. 국가 독점의 전신사업은 항쟁이 진압된 지 2년 만에 3배로 확장되어 제국의 안전과 무역과 산업에 관한 정보의 전파에 활용되었다. 인도에서 해외로 실어갈 보다 많은 농작물을 생산하려고 밀과 면화의 산지 갠지스 강 유역에 건설된 관개시설과 운하는 1854년에 세워진 '갠지스 강 상류 운하'를 필두로 곧 2,046킬로미터의 거리를 자랑할 정도로 속도감을 자랑했다.

동부 해안지방 벵골에서 시작된 식민통치를 내륙으로 확대하여 보다 많은 이익을 창출하고 효율적인 권력의 행사를 가능하게 만든 인도 철도는 19세기 말 이미 16,116킬로미터를 기록하여 아시아 전지역의 철로를 합친 것보다 긴 마일리지를 자랑했다. 특히 철도는 광대한 인도를 연결하는 제국의 ‘강철 힘줄’이었다. 식민정부는 철도의 주요 간선을 모두 소유했다. 1869년부터는 민간 참여를 허용하던 정책을 바꾸어 직접 철도 부설에 나서며 철도의 주도권을 잡았다.

1892년, 영국인 고위관리는 “인도에서 영국이 지난 20년간 달성한 공공사업정책은 (영국의) 우월성을 충분히 정당화한다. (…) 운하만 보아도 영국의 능력과 위대함, 현명함을 증명하는 기념물임을 알 수 있다”라고 영국의 인도 통치에 대한 자신감과 과학기술에 대한 신뢰를 드러냈다. 속도감을 자랑하며 늘어난 철도와 운하, 관개시설과 전신전화의 부설은 19세기 후반 인도에서 제국의 전성기를 구가한 ‘근대적’인 영국의 힘을 상징했다.

허나 대규모로 공공사업을 추진하자 곧 기술자 부족이 문제로 대두되었다. 영국이 인도에서 이용할 수 있는 유일한 인력기관은 공병단이었는데 그들만으로 넓은 인도 전역에서 벌어지는 수많은 공공사업을 집행하기에는 인력이 턱없이 부족했다. 더구나 영국인 기술자는 비용이 많이 들고, 영국에서 데려오는 일도 만만치 않았다.[35] 영국인 기술자를 도울 값싼 인도인 기술자, 공공사업부의 수많은 프로젝트를 보조할 인도인 조수와 하급기사 들이 필요했다. 그래서 그들을 훈련할 대학의 설립도 절실한 문제로 떠올랐다.

‘인도 공공사업의 아버지’라고 불리는 제임스 토마슨James Thomason이 ‘인도 기술교육의 아버지’로도 불리는 것은 영국 식민통치의 필요로 탄생된 인도 과학기술교육의 성격과 한계를 알려준다. 1848년, 토마슨은 나중에 그의 이름이 붙은 인도 최초의 공과대학을 갠지스 평원의 루르키Roorkee에 설립했다. 루르키는 ‘갠지스 강 상류 운하’ 공사가 벌어지는 곳에서 가까웠다. 서북주의 공공사업부가 대규모 공작소를 가지고 있어서 주 정부가 필요한 하급기술자를 훈련할 수 있는 최적의 장소였다.

서북주 공공사업부에 소속된 루르키 공과대학에는 공공사업부의 직급에 부합하는 학과가 개설되어 그 업무를 맡을 하급기술자를 키웠다.

　　　　　과학기술과 상상의 인도

루르키 공대의 설립목표는 '토목학에 대한 이론과 실습을 교육하는' 것이었다.[36] 재학생들은 2년간 이론교육과 측량과 운하공사에 필요한 실습교육을 받았다. 실습은 주 정부의 공공사업부에 소속된 공작소에서 실시했다. 교수들과 관리직원들은 모두 공공사업부 직원이었다. 이후 루르키 공대가 공공사업부에서 교육부로 이관된 해는 1893년이었다.

달하우지 총독은 영국의 거점도시인 캘커타, 마드라스, 푸나에도 공과대학을 설립했다. 이들 공과대학도 해당 주 지방의 공공사업부가 추진하는 토목사업에 필요한 인적자원을 공급하는 것이 목표였다. 마드라스 공과대학을 제외한 19세기의 모든 공과대학의 이름이 토목공과대학인 것은 정부의 각종 공공사업과 연계된 인적자원을 공급한 대학의 시대적 필요성을 반영한 것이었다.[37] 공과대학에 전기공학과가 개설된 시기는 1890년대였고, 보다 산업발전에 씨너지효과를 거둘 수 있는 기계학과 광산학이 설치된 것은 20세기 중반에 이르러서였다.

과학적인 업무를 수행하기 위해 과학적으로 교육받은 사람을 고용한다는 그럴싸한 취지를 내세웠으나 군 공병대와 정부의 공공사업부에 소속된 공과대학 교수들은 영국에서 배운 지식을 가르칠 뿐, 인도 지방에 존재하는 기술지식과 관행에는 무심했다. 그들의 관심은 본국 정부를 위해 식민지의 자원을 효율적으로 이용하는 것이었다. 더구나 이들 공과대학은 하급기사와 기술보조원을 배출하는 것에만 관심을 가졌을 뿐, 높은 수준의 과학기술을 인도인에게 가르쳐서 '자유롭고 독립적인 인간'을 길러내는 보편적인 교육과는 상당한 거리를 두었다.

공대 재학생은 1886년에도 142명에 불과했다. 그중 상당수는 앵글로-인디언이었다. 공과대학에 재학하는 인도 학생이 소수인 것은 각 주 정부의 공공사업부가 채용할 수 있는 인도인 기술자가 소수라는 의미였다. 공공사업부의 하위직에 임명된 인도인 기술자들은 전체 직원의 극히 일부에 지나지 않았다. 높은 기술을 소지한 상위 직급의 기술자는 모두 영국에서 충원하여 데려왔다. 공공사업부가 추진한 최대 프로젝트인 철도 부설은 영국 기술자들이 독점했다. 1913년, 500루피 이상 받는 철도에 관련된 고위직의 90퍼센트를 유럽인과 앵글로–인디언이 차지했다.[38]

다음 도표는 인도에서 오랫동안 최고위직 기술관료^{loyal engineer}로 근무한 피페^{R. Fife}가 1879년에 계산한 통계를 바탕으로 작성한 출신국가에 따른 기술자의 현황인데, 근대적 기술직이 전적으로 서구인의 독점이었음을 알 수 있다. 기술자라고 부를 수 없는 최하위 2개 직급에서도 인도인은 겨우 50퍼센트를 넘는 수준에 불과했다. 그리고 그 넓은 인도에서 상위 2개 직급에 임용된 인도인은 단 한 명도 없었다.[39]

(단위: 명)

직급	영국인(유럽인 포함)	인도인
기술총감	18	0
기술관	54	0
기술사	516	9
부기술사	632	79
기능사	173	39
기사	341	103
산업기사	768	492

더구나 영국은 1875년 인도에서 근무할 고위직 기술자를 양성하기 위해 영국 쿠퍼스힐^{Coopershill}에 공과대학을 따로 설립했다. 기존의 인도 공과대학을 발전시키는 데 관심을 두는 것이 아니라 새로운 대학을 인도인의 세금으로 영국에 세운 것이다. 현장에서 인도인의 반응에 민감할 수밖에 없는 식민정부는 쿠퍼스힐 공대 설립을 반대하는 의견을 형식적으로 표명했으나 결국은 본국의 이해관계에 종속되었다. 1877년에 인도 공공사업부가 채용한 기술자의 출신배경을 보면, 쿠퍼스힐 공

 과학기술과 상상의 인도

대 출신이 45명이었고 다수 앵글로-인디언이 포함된 인도 공과대학 졸업자들이 12명으로 상당한 차이가 났다.

아직 희극은 끝나지 않았다. 1879년, 쿠퍼스힐 공대를 세운 영국 인도부 장관은 "공공사업부에 고용된 유럽인보다 유능한 인도인이 여러 면에서 더 낫다"면서 인도에 있는 식민정부에 '토착인' 임용을 촉구했다. 그러나 식민정부는 오히려 쿠퍼스힐 공대의 폐교를 건의했고, 인도인의 임용을 권고한 인도부 장관은 식민정부의 건의를 거부했다. 30년 동안 영국의 우월성을 상징하는 기관이던 쿠퍼스힐 공대는 인도인의 민족운동이 거세진 1907년에 문을 닫았다.

과학기술과 인도 민족주의

피지배자 인도인은 이렇듯 영국의 세력기반인 과학기술의 주변부에서 종속적 위치에 만족해야 했다. 영국은 과학기술을 자랑하고 그것이 부족한 인도를 열등하다고 차별하면서도 과학기술을 확산하고 인도인에게 이전하는 데는 소극적이었다. 인도인이 기술을 배우고 근대문명의 중심으로 이동할 가능성은 구조적으로 불가능했다. 과학기술과 산업발전의 씨너지효과를 가져오는 식민지 건설을 받아들일 수 없는 영국은 인도의 과학기술에 대한 일관되고 장기적인 청사진이 없었다.

1835년, 총독부 관리 토마스 매콜리[1800~1859]는 "인도가 자치정부를 획득하는 그날이 영국사에 있어 가장 자랑스러운 날이 될 것"이라고 전망했으나 영국은 인도인이 자치정부를 꾸릴 수 있는 수단을 갖는 것을 허용하지 않았다. 1828년, '근대 인도의 아버지'라고 불리는 람 모훈 로이는 한 영국인 친구에게 보낸 편지에서 "자유와 지식의 증진을 도모하는 영국과 협력하고 그 지배를 받은 지 반세기가 지났음에도 불구하고"라며 영국 통치의 혜택을 받지 못하는 인도의 안타까운 행보를 토로했다.

그러나 19세기 말에도 사정은 나아지지 않았다.

인도 지도자들은 지배자가 근대의 상징이라고 강조한 과학기술을 인도에 이전해달라고 요구하며 변화를 도모했다. 희망을 가지지 않으면 아무것도 가질 수가 없었다. 1885년 봄베이에서 창설되어 인도인의 의견을 표명한 인도 국민회의는 1887년 제3회 회의에서 "인도인의 빈곤을 고려할 때 정부가 정교한 기술교육을 할 때"라는 온건한 논조의 결의안을 채택했다. 이후 매년 열린 국민회의 연례모임은 과학기술을 인도인에게 가르치라는 내용을 결의하여 식민정부를 은근히 압박했다. 인도인이 발행하는 신문들도 과학기술을 인도인에게 이전하지 않는 영국 지배자를 여러 각도로 비판했다.

1888년, 봄베이지방에서는 공과대학 설립자금을 모금하는 운동이 벌어졌다. 주민들의 모금은 '빅토리아 여왕 즉위 50주년 기념 공과대학'을 설립하고 봄베이지방에 특수한 방직공업과 화학산업에 필요한 인도인 기술자를 양성하는 데 사용되었다. 많은 인도인이 서구 과학기술을 배워야 인도가 부흥하고 자치를 얻을 것이라고 생각했다. 보다 많은 과학기술을 인도인에게 이전하고 교육하라고 정부에게 요구하는 운동은 다른 지방에서도 활발하게 전개되었다. 20세기가 되고 민족운동이 활발해지면서 그러한 요구는 한층 거세졌다.

영국의 일부 학자들은 인도인이 육체노동과 기술에 대해 편견을 가졌다는 문화적 씬드롬으로 과학기술의 이전에 대한 영국의 무관심을 변명했다. 인도 사회에 대한 이러한 편견은 과학기술이 서구에서 기원했다는 의미를 내포했다. 1880년대 로크우드 키플링은 "상층카스트에게 존재하는 육체노동에 대한 편견은 아직도 우리가 생각하는 것보다 강하다"라고 기술했다.[40] 힌두의 운명순응적인 세계관과 탈속주의도 과학기술의 발달에 부정적이라고 평가했다.

이는 에드워드 싸이드가 『오리엔탈리즘』^{Orientalism}에서 간파한 대로 인도를 역동적 서구의 '부정적 새김장식'으로, 진보적이고 합리적인 서양

   과학기술과 상상의 인도

과 구분되는 후진적이고 비합리적인 동양으로 파악하는 오만한 관점이었다. 종교에 찌든 원시적이고 미신적인 사회와 근대적인 과학기술은 어울리지 않는다면서 기술사회의 반대편 어두컴컴한 곳에 식민지 인도의 자리를 고정했다. 그런 식으로 비과학적이며 정체적인 인도의 이미지를 통해 과학적이고 발전한 근대 영국의 우월한 정체성을 확인하고 완성했다.

과학기술의 역사에서 사상과 사물의 전파와 교환은 가장 중요한 요소였다. 이런 점에서 막스 베버 이래 개혁에 대한 동양 사회의 저항은 하나의 신화였다. 그러나 여러 연구를 보면, 영국이 오기 전 16~17세기에도 인도 사회는 편의성과 유용성, 실용적인 견지에서 이방의 기술을 선택적으로 수용했음을 알 수 있다. 영국이 과학기술 수용에 역기능적이라고 파악한 카스트제도와 힌두의 숙명론적 세계관은 외부에서 온 기술을 채용하는 데 방해요소가 아니었다.

새롭고 낯선 것을 대할 때 느끼는 두려움과 저항은 어느 사회에서나 일어나는 보편적 현상임에도 영국은 전선과 철교를 파괴하고 예방접종과 서구의 의료행위를 거부하는 일부 인도인의 행동을 무지와 비합리적인 행동으로 과장하여 인도를 하나로 일반화했다. '과학'보다 '미신'을 신뢰하는 인도인에게 과학기술을 가르치는 것은 시기상조라는 주장은 그런 일반화에 근거를 두었다.

영국 지배자들은 1844년 봄베이 엘핀스톤 대학에 개설된 공학과가 지원자가 없어서 3년 만에 폐과된 사실을 문화적 씬드롬으로 자주 거론했다. 그러나 그것은 "설명이 아니라 변명이고 심지어 무기였다."[41] 엘핀스톤 대학 공학과의 폐지는 아직 철도도 부설되지 않은 식민지 인도의 현실에서 자격을 갖춘 공과대학 졸업생에게 다가올 미래의 불투명함이 지원자의 부족을 가져왔고 폐과로 이어졌던 것이다.

영국이 과학기술을 독점하고 인도인에게 이전하지 않은 것은 "현재와 같은 속도로 학교와 대학이 늘어난다면 우리는 현재보다 더 많은 불평불만을 듣게 될" 것이라는 영국 고위관리의 고백처럼 대학졸업자의 실업률이 가져올 정치적 부담을 염려해서였다.[42] 인도 국민회의의 요구가 나온 뒤 1888년 6월 식민정부는 「교육에 관한 결의서」에서 산업이 발전하지 않은 인도에서 대규모로 기술교육을 실시하는 것은 시기상조라고 인정했다.[43] 고등기술교육을 받은 인도인은 고용의 기회가 적어서 대학졸업자의 실업문제를 가중시킬 뿐이라고도 언급했다.

1912년, 민족운동이 활발해지고 인도인의 과학기술에 대한 요구가 거세지자 과학기술교육의 실태를 조사하기 위해 구성된 아킨슨–다우슨 위원회는 14년 전과 유사한 내용의 보고서를 내놓았다. "고등기술교육을 받은 인도인은 고용의 기회가 없다. (…) 유럽인 고용주들이 수준 높은 인도인을 채용하는 것을 주저한다. (…) 인도 정부는 고등기술교육을 실시할 이유가 없다."[44]

이러한 정부 보고서는 선진문명을 자랑하는 영국의 통치를 받으며 백여년이 지난 인도가 아직 소수의 공과대학 졸업자도 수용할 수 없을 만큼 경제적으로 발전하지 못했다는 자백이었다. 1940년, 비농업분야에 종사하는 인도 인구는 30.4퍼센트였다. 제1차산업에 종사하는 인구 비율이 총인구의 75퍼센트 이상인 사회를 전통사회라고 부른 경제학자 로스토우의 기준을 따른다면, 영국의 은혜로운 통치를 그렇게 오래 받은 인도는 여전히 전통사회에 머물렀다.

인도인 고급기술자를 양성하는 문제는 인도인에게 불리한 고용정책, 인도 산업발전에 불리하지만 영국 상품의 인도 유입에 유리한 보호관세정책, 모든 비품을 영국에서 사들이는 식민정부의 구매정책, 은행과 보험업을 외국인이 장악하도록 규정한 경제정책과 같은 식민경제의 포기와 연계되어야만 가능한 것이었다. 그러므로 식민지 이용과 착취에 근거한 체제에서 과학기술의 증진과 교육을 위한 식민정부의 논의는 늘 제자리를 맴돌 수밖에 없었다.

"과학기술교육이란 식물은 주로 총독과 주지사의 연설 속에서 진부

     과학기술과 상상의 인도

한 의견으로 대치되었다"고 토로한 커즌 총독의 말처럼 과학기술을 인도인에게 교육해야 할 필요성은 식민정부의 수많은 보고서와 결의안, 각종 위원회와 조사위원회에서 반복하여 논의되고 결의되었으나 실행으로 이어지진 않았다. 그나마 존재한 과학기술에 관한 교육도 단순한 직업기술이나 영국인 기술자에게 종속된 하급기술자를 양성할 뿐, 영국의 공과대학처럼 '지식'과 '경제발전'을 위한 교육은 아니었다.

제국주의자 커즌 총독은 빅토리아 여왕 즉위 50주년을 기념하여 공과대학을 설립하기 위해 자금을 모금하는 벵골지방 주민들에게 그 돈으로 차라리 빅토리아 여왕의 기념관을 짓자고 대응하여 논란을 자초했다. 그는 많은 돈을 모금하여 수도 캘커타에 무굴의 걸작품 타지마할을 모방한 흰 대리석 건물 빅토리아기념관을 세웠으나 공과대학의 설립에는 냉담했다.

커즌은 인도의 공과대학이 인도 경제를 활성화할 것이라는 주장을 일축했다. 인도의 후진한 경제는 "일련의 산업체나 공예 강습소로 해결될 수 없는 영구적인 것"이며 그러한 교육기관들이 인도에 "잔물결도 일으키지 못할 것"이라고 공과대학의 설립을 거부했다.[45] 선진문명국 영국의 통치를 받은 지 150년이 지났음에도 인도가 여전히 후진경제임을 인정한 커즌 총독의 발언은 화려한 수사와 달리 영국 식민주의의 속성과 무능을 고백한 것과 같았다.

근대화한 인도, 문명화한 인도를 두려워한 영국은 식민통치 내내 공과대학 설립에 소극적 자세를 견지했다. 제2차 세계대전이 발발하기 직전인 1937년, 인구가 4억여명이나 되는 인도에는 불과 9개 공과대학에 재학생이 2,253명밖에 되지 않을 정도로 낙후했다. 반면에 인구가 인도의 1/8에 불과한 영국은 같은 시기에 그 두배가 넘는 공대생을 보유했다.[46] 독립을 목전에 둔 1941년 인구조사에서는 인도인의 문자해득률이 여전히 15퍼센트라고 발표했고, 도시화의 비율도 14퍼센트에 지나지 않았다.

인도인에 대한 교육은 영국이 '유럽으로 돌아가는 고속도로가 될 것'이라는 일부 영국인의 우려는 사실이었다. 의도하거나 기획한 것은 아니었어도 영국이 실시한 저급한 기술교육과 과학기술의 느린 이전은 인도인의 불만을 야기하면서 영국으로부터의 해방의 씨앗으로 작용했다. 식민정부가 인도를 서양의 근대 과학기술로 구성된 공간으로 바꾸고 자신들의 우수성을 맘껏 자랑한 바로 그 시기에 일부 인도인은 과학기술을 '우리 마음대로' '주체적으로' 행사할 수 있는 독립된 정부와 과학기술로 조립된 근대적 공간—'인도'라는 이름의 국가—을 상상했다.

근대화와 진보의 상징으로 인도인의 마음속에 긍정적으로 자리잡은 근대적인 과학기술은 19세기 말에 등장한 인도 민족주의의 서술에서 '상상의 인도'를 구성하는 주요한 요소로 떠올랐다. 민족주의 지도자들은 서구 과학기술을 식민지 인도의 모든 악을 해결해줄 '만병통치약'으로 여기고 적극적으로 수용할 태세였다.[47] 인도라는 미래의 청사진에 주요한 요소로 대두된 과학기술은 영국의 식민통치가 그랬듯이 국가의 헤게모니적 프로젝트의 일부로, 산업화를 위한 응용과학연구로서 정치적 특질을 강하게 지녔다.

국민회의를 이끌고 독립운동을 전개하여 해방된 인도의 초대 총리가 된 네루는 '댐과 발전소가 인도의 사원寺院'이고 '과학기술이 근대화의 열쇠'라고 굳게 믿었다. 독립을 축하하는 연설에서 인도의 빈곤과 무지, 질병과 기회의 불평등을 종식시키겠다고 선언한 네루는 그 수단으로 과학기술을 염두에 두었다. 1946년 인도 산업발전의 청사진을 작성한 사르카르 위원회가 추천한 대로 과학기술의 '독립'과 인적자원의 자급자족을 상징하는 첫 인도 공과대학IIT이 1951년 벵골지방에서 문을 열고, 미래를 향한 동력이 될 과학기술자를 양성하기 시작했다.

간디의 비협력, 비폭력

정치 환경의 변화와 간디의 등장

1920년, 간디는 인도 민족운동의 지도자로 전면에 나섰다. 그가 주도한 비협력운동은 새로운 정치 프로그램으로 인도 민족운동의 새 장을 열었다. 1885년 인도 국민회의 창설 이후 서구 교육을 받은 엘리뜨 중심으로 전개된 온건한 방식의 민족운동은 이때부터 다양한 계층과 집단과 여러 지역의 이해관계가 반영된 느슨한 연합, 아래로부터의 열망에 근거한 대중운동으로 전환되었다.

이러한 변화는 인도 정치 환경에 극적 변화를 초래한 제1차 세계대전의 여파였다. 유럽에서 전쟁을 치르는 영국은 인도의 인적·물적 지원이 필요했다. 결국 백만이 넘는 인도인이 징집되고 그중 상당수는 서유럽과 메소포타미아에서 전쟁을 치렀다.[48] 포연 속에서 이지러진 유럽을 경험한 젊은이들은 백인에 대한 경외심을 줄이고 고향으로 돌아갔다. 영국은 인도의 국방비를 3배나 늘렸고, 이는 세금의 증가와 물가상승으로 이어졌다. 유럽의 수요가 격감하면서 수출농산물의 가격이 폭락하여 농민은 곤궁해졌다. 고통을 겪는 대중의 불만과 불평이 만연해지자 이는 새 시대에 대한 기대와 희망으로 연결되었다.

경제논리로만 시대의 변화를 설명할 수는 없다. 영국의 민주사회주의와 러시아혁명의 여파로 급진적 사고와 운동이 인도에 유입된 것도 중요했다. 그 여파로 홈룰Home Rule 운동은 이전의 민족운동과 달리 팸플릿과 포스터, 노래를 통해 많은 사람들에게 정치의식을 심었고, 도시와 엘리뜨에 한정된 인도 국민회의의 한계를 넘어서 정치적으로 낙후한 지방과 계층으로 운동을 확대했다.[49]

전쟁이 끝나자 영국은 전시상황에 약속한 자치제도의 이행을 태만히 다루었다. 오히려 재판 없이 구금하는 악법을 통과시켜 전쟁에 기여한 인도인의 희생을 무화했다. 1919년, 북부지방의 암리차르에서 무장하지 않은 민간인을 향해 영국군이 경고 없이 발포한 사건이 일어나 많은 사상자를 내자 전 국민이 분노했다. 이러한 인도의 시대적 분위기와 미묘한 대중의 감정을 정치에 동원한 지도자가 등장했으니 그가 바로 간디였다.

간디는 여러 면에서 정형적인 지도자는 아니었다. 남아프리카에서 귀국한 그는 전국을 여행하며 인구의 압도적 다수인 농민의 곤궁과 그들의 희망과 절망을 이해하는 시간을 가졌다. 억압받는 계층과 자신을 동일시한 간디는 "지도자는 그들을 이끌 뿐만 아니라 일으켜세워야 한다"고 주장했다. 국민회의 지도자 네루도 간디를 "수천만 인도인의 의식적이고 잠재의식적인 소망의 정수였다. (…) 그는 인도를 잘 알고 있었다"라고 기록하여 지도자로서의 간디를 인정했다.[50]

　　　　　간디의 비협력, 비폭력

간디가 대중의 지지를 끌어낸 데는 정형적이지 않은 정치 스타일도 큰 몫을 했다. 남아프리카에서 차별받는 인도인을 위해 정치활동^{1893~1914}을 편 간디는 그 지방의 특수한 상황을 고려하여 다양한 종교와 계층, 지역과 집단을 융합하는 대중운동을 이끌었다. 기존의 민족주의 지도자들과 달리 브라만 출신이 아닌 그는 정치적으로 후진한 구자라트 주의 상인계급으로 전국적인 지도자로서의 잠재력이 있었다. 구자라트 지방은 비폭력의 윤리를 가진 자이나교의 전통이 강했다.

간디는 영어와 역사를 모르는 사회의 낮은 계층 대중에게 호소하고 그들을 스와라지 운동에 동원했다. 국민회의 지도자 라젠드라 프라사드는 "우리는 국민회의 모임이나 여러 회의에서 연설하거나 법정에서 소송을 제기하고, 입법의회에서 의원들에게 질문하는 것으로 충분하다고 생각했다. (…) 간디는 그렇게 하지 않았다. 그는 농민에게서 증거를 찾아냈다"고 고백했다.

간디는 '영국신사'와 같은 다른 지도자와 달리 3등 열차로 여행하고, 영어가 아니라 대중이 이해하는 힌두스탄어로 연설했다. 그리고 양복을 벗고 농민의 옷차림으로 외양을 바꾸어, 성자와 같은 시각적 상징주의를 활용했다. 인도 사회를 이해한 그는 농민에게 깊이 뿌리내린 대서사시 「라마야나」를 이용하여 농민의 의식에 닿았다. 농민이 신봉하는 라마 신의 통치를 최상의 정치로 여긴 그의 이상향은 검은 사탄과 같은 방적공장이 없는, 단순하고 소박한 생활이었다.

무엇보다 간디의 운동은 대중이 이해하고 따라할 수 있는 쉽고 단순한 방식이라서 호응을 받았다. 항의행진, 고의적인 법률위반, 일상을 정지하는 하르탈,^{hartal} 구호와 격문이 적힌 피켓 들기, 금주운동, 농성과 같은 비폭력적 운동은 배움과 기술이 없는 사람들도 참여가 가능했다. 농민들이 자기문화와 전통에 긍지를 갖게 만든 농촌재건운동, 물레 돌리기와 손으로 옷감을 짜는 카디운동도 식민경제 하에서 고통받는 농민의 지지를 끌어내는 데 효과적이었다.

1920년, 국민회의는 간디가 제안한 스와라지를 운동의 목표로, 비협력과 사티아그라하^{Satyagraha}를 전략으로 채택했다. 총재로서 간디는 조직을 개편하여 일정한 "연회비를 납부하고 국민회의의 강령에 서명한 사람은 누구나 당원이 될 수 있도록" 개방했다.[51] 이후 엘리뜨들의 연례 모임과 같던 국민회의는 대중정당의 형태를 갖추고 초보적 수준의 상설기구와 전국적 조직을 통해 지방과 농촌의 말단까지 진출하여 대중과 손을 잡았다. 자치획득의 온건한 운동도 길거리의 대중정치로 바뀌었다.

비협력, 독립을 향한 걸음마

1920년 8월, 간디는 전국에 비협력운동의 개시를 선언했다. 부당하고 압제적인 영국의 식민통치에 협력하지 않는다는 의미였다. 1922년 2월까지 진행된 비협력운동은 민족운동의 변방에 있던 많은 집단, 특히 농민들이 대거 참여했다. '스와라지를 1년 안에 이루겠다'는 간디의 선언과 함께 시작된 비협력운동은 식민정부의 즉각적인 전복보다 대중의 참여를 배경으로 압력을 행사하여 자치정부의 실현을 위한 많은 양보와 타협을 얻어내는 것이 목표였다.

운동의 방식은 비폭력적 사티아그라하였다. 그가 남아프리카에서 시도한 사티아그라하는 '정치행동을 통해 진리를 추구한다'는 뜻이었다. 계층적이고 다원적인 인도 사회의 특수성과 폭력적 잠재성을 고려한 간디는 스와라지의 획득을 위해 계급과 카스트, 종교의 구분을 넘어서 연합할 것을 호소하면서, 힌두와 소원한 관계인 무슬림도 운동에 끌어들였다. 영국에 대한 전국적 규모의 도전은 비협력운동이 처음이었다. 운동이 진행되면서 인도인의 영국에 대한 적대감은 키를 불렸다.

비협력운동의 정치적 프로그램에는 1920년 11월에 실시하게 될 지방의회 선거를 거부하고 선거에 입후보하거나 투표하지 말자는 내용이 들어 있었다. 이미 선출되어 복무중인 지방 및 자치단체의 장 및 지방 의회 의원들은 공직을 사퇴했다. 영국 왕실로부터 받은 작위와 상훈의 반납, 국공립학교 학생과 교사의 자퇴 및 사직, 식민정부의 사법행정을 마비시킬 변호사들의 휴업, 관리들의 사퇴도 추진되었다.

다음 단계는 경제적 비협력이었다. 정치적 독립뿐 아니라 경제적 독립을 위한 자급자족적 성격의 스와데시 운동은 국산품 애용과 농민들과의 일체감을 상징하는 물레 돌리기, 카디운동이었다. 외국산 옷감과 기타 외국상품의 불매운동이 이어졌고, 1921년에는 토지세 납부를 거부하는 운동도 벌어졌다.

비협력운동은 기대만큼 성공하지 못했다. 국민회의 인사들은 모두 후보를 사퇴했으나 지방의회 선거는 평화롭게 실시되었다. 637개 선거구 가운데 6개구가 후보자가 없어서 선거가 무산되었다. 투표율은 50퍼센트가 넘는 마드라스 주에서 31.5퍼센트의 봄베이 주까지 다양했다. 비협력운동이 가장 활발한 펀자브에서는 도시지역의 투표율이 8.5퍼센트에 불과했다. [52] 간디가 선거 전날 방문한 갠지스 평원의 소라온 지방에서는 단 한명도 투표하지 않았다.

200여명의 변호사들이 업무를 중단하고 운동에 동참했으나 사법행정은 마비되지 않았다. 영국 왕실에서 작위와 공훈을 받은 사람들 중 타고르를 비롯한 24명이 '영예'를 반납했으나 그 수는 전체 5,186명 중 극소수에 지나지 않았다. "사탄과 같은 식민정부에 협력하지 않겠다"는 간디의 말을 실천한 공무원은 드물었다. 국공립학교와 대학을 자퇴하거나 사직한 학생과 교사들이 많은 벵골 주는 그 비율이 10퍼센트에 달했다.

비협력운동의 이상한 투쟁방식은 힘과 힘의 대결, 정글의 법칙에 익숙한 영국 정부를 당황하게 만들었다. 반영의 기운이 전국을 휩쓸자 영국 정부는 1921년 11월, 사태를 진정시키려고 웨일즈 왕자의 인도 방문

을 발표했다. 간디와 국민회의는 왕세자의 방문을 거부한다고 선언했
으나 왕자는 예정대로 봄베이 항구에 발을 디뎠다.

왕세자의 방문을 거부하는 운동은 만만치 않았다. 친정부 성향의 한
신문은 "봄베이는 웨일즈 왕자에게 그 전통에 값하는 환영을 했다"고
보도했지만, 왕세자를 환영하려고 거리에 나온 사람들은 유럽인과 기
독교인, 일부 상층에 불과했다.[53] 대영제국의 왕위계승자답게 말을 타
고 대도시를 행진한 왕세자는 '텅 빈 거리와 문 닫은 창', 그 위에 흐르
는 '무거운 정적'을 가르며 지나갔다.

경제적 거부운동은 효과적이었다. 외국상품의 불매운동이 본격화되
자 1921~22년 외국산 옷감의 수입은 57억 루피로 전년도의 102억 루
피에서 절반으로 줄었다. 농촌의 재건을 돕기 위한 '틸라크 스와라지
기금'에는 1억 루피의 거금이 모였다. 영국 제국주의에 대한 도전을 상
징하며 많은 양의 영국산 옷감을 불태웠다. 물레 돌리기와 카디운동이
전개되면서 손으로 짠 옷감의 생산량은 크게 늘었다.

무엇보다 비협력운동이 성공한 곳은 인구의 다수가 사는 농촌이었
다. 역설적이지만, 비협력운동 프로그램이 잘 기획되지 않은 곳일수록,
국민회의의 통제가 미치지 못하는 지역일수록 비협력운동이 성공했
다. 가장 열정적으로 간디를 지지하고 운동에 동참한 세력은 국민회의
의 변방으로 여기던 간디의 고향 구자라트의 농민과 간디와 같은 카스
트인 상인들이었다.

성공적인 농촌의 비협력운동은 지방에 이미 존재한 긴장과 불만이 간
디의 운동에 연결되어 대중운동으로 전환된 것이 특징이었다. 정부의
삼림규제에 불만이 높은 삼림지역의 항의운동, 정부의 주류酒類거래에
반대하여 시작된 금주운동, 토지세 납부를 연기하려는 농민들의 납세
지연운동은 비협력운동과 연결되어 한층 강도가 높아졌다.[54] 특히 아래
로부터의 자발적 운동인 금주운동은 간디가 비협력운동의 프로그램으
로 채택한 뒤 마드라스지방과 편자브지역에서 성공적으로 진행되었다.

농촌 전체가 열정과 기이한 흥분에 불타고 있었다. 엄청난 수의 농민이 참여하는 모임이 입소문을 통해 금방 열렸다. 한 마을이 다음 마을에 연락하고 그 마을은 또 다음 마을에 연락했다. 이러한 방식으로 금세 모든 마을은 텅 비고 집회장소로 가는 남녀노소의 행렬이 시골길을 뒤덮었다. 보다 빠르게, 시따람–시따라아아아암의 외침이 공중을 뒤흔들고 여러 방향으로 퍼져나가서 또다른 마을에서 그 외침의 메아리가 되돌아오면 사람들은 물밀듯이 쏟아져나오고 있는 힘을 다해 집회장소로 달려갔다.[55]

민족주의자 네루의 고향이자 국민회의의 중심지인 갠지스 평원에서도 비협력운동이 활발하게 진행되었다. 1920년 여름에 오드지방을 방문한 네루가 농민운동을 '발견'하는 앞의 인용문은 비협력운동이 아래로부터의 반응과 연계되어 확산되는 과정을 잘 보여준다. 네루가 목격한 농민운동을 주도한 농민회Kisan Sabha는 국민회의와 연계되기 이전에 이미 10만여명의 회원을 보유했다. 국민회의와 손을 잡은 뒤 농민회가 주도하는 운동은 한층 기세를 올렸고 급진성을 띠었다.

비협력운동은 각 지역민의 불만을 해결하는 방향으로 조정되었다. 독립과 같은 거시적 개념도 처한 입장에 따라 자의적으로 해석되었다. 수천만의 대중은 중앙에서 이루어지는 헌법개정을 통한 정치적 발전이나 민족주의와 스와라지의 개념을 이해하지 못했다. 중앙에서 의도한 간디 방식의 정치와 그 세력에 대한 개념도 갖지 못했다. 일부 '써벌턴 연구'Subaltern Studies 연구자들은 대중의 혁명적 자발성을 낭만적으로 서술하지만, 이 시대의 대중에겐 자신을 대표할 위로부터의 메시아가 필요했다.

여러 지방의 항의운동이 비협력운동과 연계된 것은 간디의 카리스마가 상당한 역할을 했다. 사람들은 간디가 가는 곳마다 그를 보려고 인산인해를 이루었다. 간디는 사악한 식민통치를 바로잡을 마하트마聖人와 메시아로 여겨졌다. 이 시대가 배경인 여러 소설을 보면, '간디의 통치'와 '간디 왕에게 승리를!'를 외치며 역전에서, 시장에서 간디를 기다린 농민들은 간디를 막연하게 이해하고 있음을 알 수 있다. 그들은 자기 나름으로 간디를 이해하고 그의 이름으로 운동에 참여하여 성과를 높였다.

　현재 오지에서도 자자한 간디의 명성은 정말 놀랍다. 그 누구도 간디가 어떤 인물인지, 무엇을 하는 사람인지 알지 못하는 듯하다. 그러나 간디가 하라고 명령한 것은 반드시 따라야 한다는 사실은 명백해 보인다. 그는 마하트마라거나 힌두승려라거나 알라하바드나 데오타에 사는 브라만이라고 일컬어진다. 어떤 이는 간디가 1야드당 3애나씩에 옷감을 파는 포목상이라고 말했다. 어디선가 간디 상점(알라하바드 시에 문을 연 스와데시 상점)에 대하여 들은 모양이다. 가장 유식한 사람은 간디가 국가를 위해 훌륭한 일을 하는 사람이라고 말했다.[56]

　인도 대중은 '마하트마'mahatma의 존재를 믿었다. 그들의 어려움을 해결하고 악을 선으로 바꿔줄 메시아로 마하트마를 이해한 그들은 이방의 정권을 대신할 '간디 정권'을 희망했다. 간디가 통치하면 자신들의 빚을 탕감해주고 세금과 핍박을 덜어주며 지주의 착취를 종식시킬 것으로 기대했다. 남부지방 군투르의 농민들은 간디의 통치가 들어서면 세금이 없어질 것이라고 여겼고, 삼림지대에 사는 일부 부족은 정글이 그들의 소유가 될 것이라고 믿었다.

　비협력운동에는 억압과 긴장이 상존하는 문맹사회에서 소문의 위력이 크게 작동했다.[57] "간디 왕국이 들어선다" "간디의 명령이다" 이런 소문은 도탄에 빠진 대중을 자극하고 행동을 고무했다. 아삼지방 홍차 플랜테이션에서는 간디 정권이 토지를 분배한다는 소문을 믿고 노동자의 52퍼센트인 8천여명이 '간디 승리!'를 외치며 고향으로 돌아갔다. 일부 하층민은 약탈을 자행하면서도 간디의 명령을 따르는 것이라고

말했다.

그러나 1921년의 간디는 그들의 기대와 멀었다. 간디는 "지주의 작은 핍박은 참아야 한다. 지주에 대한 투쟁은 바람직하지 않다. (…) 지주들 역시 종속된 처지인데 그들에게 고통을 주어서는 안된다"면서 "모든 힘을 모아서 보다 강력한 지주, 즉 식민정부와 맞서 싸워야 한다"고 주장했다. 간디는 오드의 농민운동이 반지주의 입장을 드러내자 '지주의 법적 권리인 지대^{地代}'를 거부하는 행위를 '부도덕'하며 '불법'이라고 말했다.

비협력운동은 계급간의 분화를 조정하는 통일적 이슈에 집중했다. 국민회의는 지주의 권리를 인정하는 결의안을 통과시켜 농민과 지주의 연합전선을 강조하고 납세거부운동이 지대거부로 이어지지 않도록

주의했다. 간디는 이상사회를 '계급 없는 사회'로 여겼으니 그것은 유산계급의 자발적 부의 이양을 통해 얻어진다고 믿었다.[58] 간디는 계급투쟁이 아닌 계급간의 협력으로 계급 없는 사회를 이루어야 한다는 입장이었으므로 법률과 행정, 물리력을 동원한 해결방안을 반대했다.

그러나 국민회의 조직과 대중의 폭력적인 폭발의 기묘한 균형에 근거한 비협력운동은 의도하지 않은 결과로 이어졌다. 1921년, 모플라Mopllas의 난이 비폭력운동의 궤도에서 이탈했고, 1922년 3월에는 갠지스 평원의 성난 농민들이 경찰관 22명을 죽이는 폭력사태가 일어났다.[59] 다원사회에 내재한 폭력의 잠재성을 간파한 간디는 "비폭력에 대한 훈련과 자기통제가 충분히 준비되지 않은 상황에서 전국적으로 사티아그라하를 시작한 것은 큰 실수"라면서 운동을 중지했다.

네루를 비롯한 국민회의 지도자들은 한참 기세를 올리는 운동을 간디가 철회한 데 분개했다. 그러나 대중은 '마하트마'만을 지도자로 여겼기 때문에, 그의 지시를 따라 비협력운동은 곧 무산되었다. 식민정부는 간디를 체포하여 6년형을 선고했다. 이후 1947년까지 간디는 인도독립운동의 명실상부한 지도자로 활동했다. 비협력운동은 목표를 달성하지는 못했지만, 수천만 대중이 참여한 전국적 운동으로 인도에서 '수적 한계'를 인식하는 영국을 압박하여 정치적 역학관계의 변화를 초래한 점에서는 성공적이었다.

비폭력, 새로운 게임의 법칙

비협력운동은 비폭력적이었다. 간디는 정당한 수단과 방법을 통해서 스와라지를 이루려고 했다. 그에게 비폭력은 자치할 수 있는 국가와 자기를 통제하는 개인을 만드는 '진리의 힘'이었다. 그는 스와라지의 실현이 평화, 신의 은총, 자기희생, 자기정화가 조화될 때 가능하다고 믿었다. 1921년 2월, 비협력운동이 한창일 때 갠지스 평원의 오드와 고라크푸르를 방문한 간디가 운동에 참여한 사람들에게 내린 행동지침은 비폭력적 협력운동의 성격과 방식을 잘 드러냈다.[60]

- 다른 사람을 해치지 말 것. 몽둥이를 쓰거나 욕설과 폭력을 사용하지 말 것.
- 시장이나 상점을 약탈하지 말 것.
- 적에게 친절함으로써 영향을 줄 것. 물리력을 사용하거나 물 공급을 중단하지 말 것.
- 지주를 친구로 만들 것.
- 기차를 강제로 멈추거나 차표 없이 승차하지 말 것.
- 이발과 세탁과 같은 써비스를 중지하지 말 것.
- 음주와 마약류 흡입, 도박 등의 악습을 근절할 것.
- 각자가 물레를 돌리고 외국산 옷감을 입지 말 것.

종교적 색채가 농후한 당시의 대중을 염두에 둔 간디는 운동에 참여한 대중이 폭력을 사용하지 않도록 도덕과 윤리를 강조했다.[61] 국민회의 지도자들은 정치란 출가자가 아닌 세속사람들의 게임이라며 정치와 도덕을 결합하는 간디를 비판했으나 간디는 '사티아그라하는 정치와 종교를 재결합하는' 것이며 '종교와 분리된 정치는 무덤에 있어야 할 시체와 같다'고 비폭력을 정당화했다. 비폭력은 대중을 운동에 동원하고 대중의 폭력을 통제하는 이중의 날을 가진 무기였다.

영국에게 도전하는 비협력운동을 어떻게 다룰 것인가? 그것이 영국 지배자의 고민이었다. 영국의 보수파와 군부는 탄압정책을 주장했으나 인도를 잘 아는 현장의 식민정부는 대중의 반발을 불러일으킬 탄압을 망설였다. 성자 같은 이미지의 간디를 감옥에 가둔다면 운동을 방관하던 사람들의 동참을 촉발하고, 전세계에 영국의 부도덕함을 노출할 것임을 잘 알고 있었던 것이다. 1921년, 인도에 부임한 리딩 총독은 비폭력이라는 도덕을 정치에 이용하는 간디를 이해할 수 없다고 영국이 느끼는 곤혹감을 토로했다.[62]

식민정부는 비협력운동이 정점에 다다를 때까지 지켜보는 소극적 정책을 채택했다. 이러한 정책은 1930년에도 계속되어, 영국은 간디가 소금행진을 벌인 23일 동안 아무 조처 없이 행진을 지켜보았다. 비협력운동을 주도하는 간디를 온건하게 다룬 정부는 그를 순교자나 희생자로 만들지 않으려고 운동이 종결될 때까지 체포하지 않는 방법을 선택했다. 간디를 감옥에 구금할 수는 있으나 그의 가르침을 가둘 수는 없었다. 영국은 간디의 뒤를 받치는 수억의 인도인, 곧 여론의 향방을 의식했다. 그리하여 간디는 곧 인도에서 식민정부와 대등한 위상을 확보했다.

비협력운동은 식민정부의 이데올로기를 허물고 탈식민화를 재촉했다. 무엇보다 간디의 운동은 비폭력적 방식을 선택하여 주변 세계에 반영투쟁의 정당성을 제시하며 영국 지배자를 압박했다. 운동에 참여한 사람들^{satyagrahi}에게 내린 간디의 다음 지침처럼 "원수를 사랑하라" "사랑은 보복하지 않는 것" 임을 실천하는 비폭력적 운동을 폭력을 써서 진압한다면 비난은 영국에 쏟아질 것이었다. 그렇게 간디는 정치 운동을 도덕적인 투쟁으로 바꾸어 유리한 입장에 섰다.

- 체포된다면 조용히 감옥으로 가라.
- 공격을 받는다면 즐겁게 받아라.
- 총알을 맞는다면 평화롭게 죽어라.

인도에서 영국인은 소수였다. 1857년 인도인의 무서운 저항을 경험한 영국은 무장한 테러리스트보다 무장하지 않은 대중의 움직임에 대한 위험성을 잘 알았다. 야만의 세계에 문명을 전파한다고 선언한 영국이 거친 옷감을 걸치고 맨발에 '간디 모자'를 쓴 맨손의 오합지졸에게

　　　　간디의 비협력, 비폭력

'총칼'을 쓸 수는 없었다. 그렇게 되면 "비폭력은 인간의 법칙, 폭력은 짐승과 정글의 법칙"이라는 간디의 주장대로 그들이 '짐승'과 야만의 주인공이 되는 것이었다. 그것은 승리처럼 보이는 패배가 분명했다.

둘째, 비폭력은 식민주의가 이데올로기를 전도顚倒했다. 비폭력은 공격적 성향의 남성적 운동과 달리 여성적인 운동으로 남성성과 힘에 근거한 영국의 식민주의를 공격했다. 비폭력적 운동을 진압하는 폭력적 지배자는 무력武力의 사용에 무력無力할 수밖에 없었다. 간디는 "부당한 법률을 따르는 것이 인간답지 않다는 것을 깨닫는다면 어떤 전제주의도 그를 노예로 만들 수는 없을 것이다. 그것이 바로 스와라지의 열쇠"라고 주장하여 비폭력이 강자의 무기라고 밝혔다.

간디가 활용한 여성성은 새로운 게임의 법칙이었다. 영국은 그동안 나약하고 여성적인 인도인이 스스로 통치할 수 없다고 남성적인 영국 통치를 정당화했다. 3장에서 언급하겠지만, 서구 교육을 받은 초기 민족주의자들은 인도 남성의 남성적 성향을 증명하려고 군인계층 크샤트리아의 전통과 영웅을 역사에서 찾는 공격적 저항을 선택했다. 지배자와 싸우기 위해 그들을 닮아가는 방식이었다. [63]

허나 간디는 남성성과 치국의 연계성을 부인하고 오히려 여성성을 정치적인 힘과 결부했다. "무기를 가졌다는 사실은 두려워한다는 것을 암시"하기 때문에 "폭력은 비겁함의 소산이다"라고 힘과 과학기술, 산업화와 연계된 남성적 식민주의의 허구를 비판했다. 그는 "묵묵히 희생하고 참을성이 많은" 여성이 실은 남성보다 더 강하다고 인식하여 지배자의 가치를 내면화하지 않은, 곧 식민화하지 않은 정신을 칭송했다.

어떤 법률이 타당하지 않을 때 그 법을 제안한 사람의 머리통을 부수지 않고 그 법을 따르지 않는 것, 지배자가 우리를 슬프게 했을 때 그 지배자에게 복종하지 않는 것을 사티아그라하라고 말한다. 무기를 사용하는 것은 사티아그라하의 반대이다. 겁쟁이가 자기가 싫어하는 법률에 복종하지 않수 있는가? 대포로 사람의 머리통을 날려버리는 사람들에게 무슨 용기가 필요한가? (…) '용기'와 '남성성'이 없는 사람은 사티아그라히가 될 수 없다. (…) 진짜 전사란 죽음을 소꿉친구처럼 껴안는 사람이다.[64]

셋째, 간디의 비폭력은 폭력적 저항을 방관하던 '보통사람들'을 독립운동에 끌어들였다. 농촌에 사는 배우지 못한 보통사람들은 피켓 들기, 항의 행진, 농성, 고의적인 법률위반, 물레 돌리기, 카디운동과 같은 용기와 완력이 필요없는 운동에 참여했다. 산업문명과 서구방식의 근대성에 미숙한 그들은 집에서 마을에서 국가의 탄생에 참여했다. 특히 손으로 짠 카디는 종교와 카스트, 계급과 지역의 구분을 넘어 '하나의 인도'라는 정체성을 공유하게 만들었다.

네루는 간디가 "영국 정부뿐 아니라 인도 국민과 가까운 동지에게도 수수께끼였고 문젯거리였다"고 서술했다. 인도 경제사학자 더트[R. P. Dutt]는 간디를 "혁명의 물결 속에서 대중의 지도자라는 위치를 유지하려는 수단을 찾는 인물" "인도 혁명의 요나[Jonah]"라고 혹평하면서 비폭력의 주술로 대중을 통제하여 (폭력)혁명의 가능성을 차단했다고 비판했다. 그러나 폭력적 투쟁이 독립을 앞당길 수는 없었다. 영국의 군사력을 볼 때, 폭력투쟁은 쉽게 진압되었을 것이다.[65] 무엇보다 물리력을 사용했다면 인도의 민족운동은 세계의 동정과 지지를 확보하지 못했으리라.

여러 면에서 간디의 비협력과 비폭력은 혁명적이었다. '1년 안에 스와라지의 달성'을 목표로 내건 비협력운동은 성공하지 못했으나 사상 처음으로 수많은 대중이 참여한 반영투쟁은 식민정부와의 역학관계에 큰 변화를 초래했다. 오랫동안 잠복한 대중의 불만을 민족운동의 본류에 끌어들인 간디는 서구적 이념과 제도에 기반을 둔 엘리뜨와 친족, 카스트, 마을과 지방 등 식민화의 변방에 사는 대중을 연결했다. 이후 자발성이 결여된 대중의 메시아로서 간디의 이미지는 국민회의가 성장하면서 사라지고 정치의 영역이 확대되었다.

5

스포츠 민족주의

스포츠 제국주의와 크리켓

2001년 제작되어 상업적으로 큰 성공을 거둔 인도 영화 「세금」^{Lagaan}은 영국 지배자가 인도를 정복한 독특한 방식을 보여주며 영화관을 메운 남녀노소의 갈채를 받았다. 1893년 인도 농촌이 배경인 영화 속의 영국인 관리는 자신들과 크리켓^{cricket} 경기를 벌여서 인도 농민들이 이기면 가뭄으로 고통받는 그들의 세금을 깎아주고, 만약에 인도인이 패배하면 세금을 두배로 올리겠다고 협박한다. 선택의 여지가 없는 오합지졸의 농민들은 이방의 스포츠 크리켓과 지배자의 게임의 법칙을 배워서 승리를 거둔다.

서 승리를 거둔다.

영화는 픽션이지만 어느정도는 사실에 기초했다. 19세기 후반, 인도에서 영국 지배자들은 식민권력을 행사하고 지배를 받는 인도인의 충성심을 확보하려고 남성성의 가치를 내재한 영국의 스포츠를 이용했기 때문이다. 약 2세기에 걸쳐 인도를 지배한 영국이 소개한 스포츠는 크리켓, 폴로, 골프, 사냥 등 다양했다. 영국이 인도에 소개한 이들 스포츠는 단순히 게임이 아니라 제국의 가치를 전달하고 그 존속을 추구한 정치적 전략의 하나였다.

영국이 인도에서 가장 장려한 스포츠는 크리켓이었다. 크리켓은 그저 그런 운동경기가 아니라 영국 상류층의 완전한 윤리적·도덕적 가치로 미화된 신사들의 게임이었다. 크리켓은 빅토리아시대의 순수성과 청교도적 가치와 영국인다움을 상징하면서 상류층의 사회화를 추구하는 수단이었다. 영국 사립학교에서도 용기와 결단력, 판단과 기민성 등 남성성과 도덕성을 고취하려는 목적으로 크리켓을 장려했다.

크리켓이 강조하는 스포츠맨십은 선수들의 용기와 기질을 주요한 요소로 삼았다. 이는 영국인의 이미지를 이해하거나 증명할 수 없는 계층을 배제한다는 의미를 내포했다. 그러나 엘리뜨 형성과 사회화의 수단이던 크리켓은 산업혁명을 거치면서 영국에서 도덕적 규율의 대상이 된 낮은 계층에 개방되었다. 곧 하층에게 운동선수가 될 수 있는 길과 그것을 통해 사회적 상층으로 이동할 수 있는 가능성을 열어놓았다.

18세기에 인도에 도입된 크리켓은 영국군 장교와 식민관료, 사업가 등 백인들이 레저와 휴식으로 즐기며 인도인을 오랫동안 배제했다.[66] 영국의 전초기지 캘커타에도 크리켓 클럽이 생겼으나 인도인의 참여는 허용되지 않았다. 영국 지배자들은 크리켓을 힘과 신체가 우수하고 도덕적으로 뛰어난 영국 인종들이 즐기는 게임으로 여겼으나 인도에서 영국의 영토정복이 마무리되고, 식민통치가 확고해지자 ‘그들만의 게임’ 크리켓을 식민화의 대상인 인도 상류층에게 개방했다.

　　　　　스포츠 민족주의

특히 1857년 세포이 항쟁의 거센 파도를 경험한 영국은 '힘'에 의한 식민지배의 위험성을 감지하고 문화적 지배에 관심을 두었다. 인도인에게 자기를 통제하는 힘과 충성심을 배양하여 영국 지배자의 우월성을 확인하고 남성적인 덕목과 행동을 미화하여 영국 문화를 우위에 두었다. 지배자들은 영국을 닮으려는 인도 상층에게 크리켓을 통해 페어플레이와 스포츠맨십, 심판에 대한 절대복종을 가르쳤다. 이후 크리켓은 게으르고 무력하며 "사지가 가느다란" 여성적이고 나약한 인도인을 훈육하고 규율하여 지배자 영국인의 '바람직한 몸'을 닮게 하는 식민정부의 비공식적 수단이 되었다. 열대지방의 나약한 인도인에게 남성다운 영국의 이상형을 이식하고, 용맹성과 신체적 강건함 등 새로운 양식의 공적 행동을 표준화했다.

크리켓은 피지배자에게 제국에 대한 충성심을 양성하는 효율적인 수단으로 여겨졌다. 케임브리지 대학교의 역사가 트레벨리안^{G. M. Trevelyan}은 "프랑스 귀족이 농민과 크리켓을 했다면 1789년에 불에 타죽지 않았을 것"이라고 지배자와 피지배자를 결속하는 크리켓의 정치적 중요성을 언급했다.[67] 팀에 대한 복종심, 규칙과 심판 판정에 대한 준수, 경기장에서 강한 감정의 통제와 복종은 식민통치와 제국의 질서에 대한 복종을 은유했다.

또다른 역사가 헤들람^{Cecil Headlam}은 이렇게 기술했다. "먼저 사냥꾼과 선교사, 상인을 보내고, 그 다음에는 군인과 정치인을 보낸다. 그런 뒤에 크리켓 선수들을 보낸다. 그것이 영국 식민화의 역사이다. 이러한 문명화의 영향 중 가장 마지막 것이 가장 덜 해로울 것이다. (…) 크리켓은 지배자와 피지배자를 단합하게 할 것이다. 크리켓은 또한 도덕적 훈련과 자기억제와 담력을 가르친다."[68]

'인도 크리켓의 아버지'라고 불리며 인도에서 크리켓을 준공식적 정책과 문명화의 도구로 바꾼 영국인 지배자는 1890년 인도 서부 봄베이 주지사로 부임한 해리스^{1890~94}였다.[69] 영국 통치와 특권을 유지하는 수

단으로 크리켓을 이용한 그는 다른 제국주의자처럼 인도인이 나약하고
게으르며 무능하다고 여겼다. 1878년 영국-오스트레일리아의 크리켓
매치를 성사한 바 있는 해리스는 그런 인도인의 단점을 보완하고 교정
할 수 있는 수단으로 크리켓을 인도인에게 소개했다.

　비공식적으로 크리켓 전파에 공헌한 또다른 계층은 기독교 선교사
들이었다. 성서를 들고 전국을 여행하며 복음을 전한 그들은 성서보다
는 크리켓과 축구를 가르치면서 인도인의 관심을 끌었다. 기독교 선교
사들이 크리켓과 축구를 전파한 대상은 대개 도시에 거주하는 상층 인
도인이었다. 더운 인도에서 스포츠는 대체로 환영받지 못했으나 일부
상층은 크리켓을 적극적으로 배우며 이국적인 서구에 다가갔다.

　제국의 문화에 편입하고픈 욕망을 가장 먼저 표출한 집단은 서부지

방의 조로아스터교도 파르시parsi였다. 1848년 봄베이에서 가장 먼저 크리켓 팀을 결성하고 영국인 팀과 시합을 벌인 서구화한 파르시는 집단 구성원들을 신체적으로 강건하게 한다는 명목을 내세워 파르시 재산가들로부터 재정을 적극적으로 지원받았다. "영국과 인도의 문화적 양식을 잇는 다리"라는 평을 받은 파르시 팀은 글래드스턴과 리폰 등 영국 지배자의 이름을 팀의 이름으로 사용했다.

1866년에는 봄베이에 힌두교도 크리켓 클럽이 들어섰다. 이후 크리켓 팀은 카스트와 지역, 종교적 아이덴티티를 따라 구성되었다. 봄베이의 무슬림 크리켓 클럽은 앞의 두 종교집단보다 늦은 1883년에야 창단되었다. 19세기 후반에는 소규모 집단들도 팀을 만들어 서로 크리켓 경기를 벌였다.

초기의 인도인 크리켓선수들은 영국인으로부터 조롱과 비웃음을 받았다. 영국 지배자가 신사의 게임이라고 이름한 크리켓을 배운 인도인은 도시의 상층이었으나 백인들은 그들이 우스꽝스럽다고 내려다보고 경멸했다. 캘커타의 인도인 선수들은 대개 상층이자 지식인이었으나 백인 지배자의 오만한 시선을 피할 수는 없었다. 영국인들은 인도 선수의 옷차림과 운동기술이 조악하다고 낮게 평가했다.

파르시, 힌두, 무슬림 등 여러 집단은 자기들의 종교적 결속력을 과시하기 위해 크리켓 팀을 만들었다. 크리켓은 근대성의 상징으로도 여겨졌다. 교육열이 높고 경제적으로 번성한 파르시 집단이 그랬듯이 팀워크와 집단의 정체성을 배양하고 장려하는 수단으로 팀을 창설하고 후원했다. 방망이 대신에 우산을 사용하고 글러브 대신에 모자를 이용했던 인도 선수들은 점차 영국식 운동복을 입고 기술을 습득하며 영국의 문화적 가치와 행동을 닮아갔다.

인도에서 가장 먼저 팀을 구성한 파르시 팀은 1877년 봄베이에서 영국인 팀과 역사적인 첫 대결을 벌였다. 1886년에는 힌두로 구성된 크리켓 팀이 유럽인 팀과 경기를 가졌다. 첫 인도인 크리켓 팀인 파르시 클럽이 1880년에 영국에 원정경기를 갔고, 1888~89년에는 영국 팀이 인도에 원정을 왔다. 1907년부터 파르시와 유럽인, 힌두 세 팀이 토너먼트를 벌이는 대회가 매년 열렸다. 5년 뒤에는 무슬림 팀이 경기에 합류했고, 1937년에는 이들 집단에 속하지 않은 집단의 선수들이 '기타 팀'의 일원으로 토너먼트에 참여하여 인도 독립 직전인 1946년까지 대회를 가졌다.

지배자와 피지배자를 결속한다는 영국의 목표는 한동안 실현되는 듯이 보였다. 20세기에 들어오자 식민화와 문화제국주의의 사명을 띤 크리켓의 위상은 더욱 분명해졌다. 1902~3년 영국 팀의 인도 원정경기는 에드워드 7세의 대관식과 같은 날을 잡았다. 커즌 인도 총독이 델리에서 개최한 성대한 대관식은 영국이 인도를 통치해야 할 당위성을 알리면서 크리켓을 정치적으로 이용했다.

광대한 영토와 인구를 가진 인도에서 소수에 불과하며 물리적 한계를 인지한 지배자는 크리켓을 힌두와 무슬림, 파르시 등 다양한 종교집단을 효과적으로 다루는 통치술의 하나로 여겼다. 곧 경기를 통해 합법적으로 그들의 심리적 억압과 공격성을 해소하고, 여러 종교집단 간의 적대감이나 식민정부에 대한 폭동과 혁명의 가능성을 사전에 막는 안전밸브로 간주했다. 인도의 여러 집단을 지도하고 훈육하여 다원적 사회에서 사이좋게, 때로 견제하며 사는 방식을 가르치는 가부장적 지배자의 효과적 수단이었던 크리켓은 인도 사회의 분화를 심화하고 여러 집단의 갈등을 조장했다.

크리켓을 적극적으로 후원한 이들은 인도 왕^{raja}들이었다. 유명한 크리켓 선수들 중에는 왕족이 많았다. 인도에서 영국 식민통치의 지주로 평가될 정도로 영국을 적극적으로 지지한 이들은 크리켓이 강조하는 충성심과 왕실 전통과 특권의 확대라는 견지에서 크리켓을 장려했다. 크리켓은 가부장적 빅토리아 세계와 제국의 문화에 들어가는 수단인 동시에 자신들이 다스리는 왕국의 백성에게 왕실의 존엄과 장대함을 돌보이게 하는 효과적인 도구였다.

크리켓은 지배자와 대영제국과의 연계성을 확보하고 그들의 비위를 맞추는 데도 유용했다. 인도인으로 영국 팀의 대표선수로 활약한 나와나가르 왕국의 지배자 란지트싱지^{Ranjitsinhji:1872~1933}는 크리켓을 제국과 자신의 왕국을 결속하는 강력한 수단이라고 여겼다. 영국 스포츠의 가치를 내면화한 그는 "우리 조상은 게으르도록 키워졌다. 나태와 사치를 가장 신성한 의무로 여길 정도로. 영국 학교에서 나는 노블리스 오블리제를 배웠다"고 주장하여 일부 인도인의 반감을 샀다.[70]

이처럼 크리켓을 배운 인도 엘리뜨들은 스포츠를 통해 빅토리아시대의 문화와 제국의 가치인 스포츠맨십을 받아들였다.[71] 영국에 대한 충성심을 표출하고 인도의 낮은 계층의 충성심을 고무하는 데도 더없이 효과적인 크리켓을 통해 일부 엘리뜨들은 용맹성과 남성성을 과시했다. 식민지배자의 문화를 공유하기 위해 크리켓을 수용하며 빅토리아시대의 규준과 가치에 노출된 그들은 지배자와 제국의 질서에 순응했다.

스포츠 민족주의와 크리켓

인도 민족주의의 태동은 스포츠에서도 시작되었다. 동화의 수단으로 크리켓을 배운 인도인들은 지배자의 문화를 단순하게 모방하는 단계를 넘어 (경기장에서나마) 백인 지배자를 이기고 싶은 욕망을 드러냈다. 인도 크리켓 선수들은 19세기 말부터 영국이 부과한 스포츠를 통해 지배자의 가치와 행동을 모방하는 도중에 그 가치에 내재한 불평등과 전복의 가능성에 주목했다.

경기장에서 지배자를 패배시키려는 인도 선수들의 강한 의지의 실천은 스포츠의 속성이 지배자와 피지배자 간의 합법적인 대결의 장소를 열어주기 때문에 가능했다. 정치적으로는 영국에 패배하여 그 지배를 받지만, 경기장에서는 지배자를 이기고 승리의 노래를 부를 수도 있었다. 크리켓 경기에서 배트로 볼을 강하게 때리는 순간은 식민통치에 대한 강한 '때리기'를 은유했다.

크리켓을 배우며 지배자와의 '다름 속에서 닮음'을 추구한 인도인은 이제 '닮음 속에서 다름'을 주장했다. 바바가 말한 양가감정이자 혼종처럼 크리켓을 통해 영국 지배자의 가치를 수용한 그들은 그 안에 내재한 전복적인 힘을 인식했다.[72] 백인을 닮아가는 혼합적 정체성에서 적을 이길 수 있는 저항의 공간이 탄생한 것이다. '우리'가 아닌 '그들' 영국인은 운동장에서 합법적인 적으로 공격할 수 있었다.

힌두, 무슬림, 파르시와 같은 종교집단과 펀자브 주와 벵골 주 등 지역의 정체성에 근거하여 창설된 여러 크리켓 팀은 서로 경쟁하면서 자기집단의 힘과 결속력을 과시했다. 지배자의 의도가 피지배자와 엇갈린 지점이 바로 여기였다. 크리켓이 일러주는 팀스피릿과 팀워크는 멀리 있는 영국에 대한 충성보다 가상의 '적'과 싸우는 자기집단의 정체성을 배양하는 데 효과적이었다. 스포츠에 내재한 영국의 가치를 배운 인도인은 스포츠를 통해 남성적인 자아를 확인하고 자결권을 주장했다.

스포츠는 지배자와 피지배자를 연결하는 수단이었으나 둘 사이에 틈을 내며 은근한 전복의 역할도 수행했다. 지배자와 피지배자의 엇갈림은 뚜렷한 구분이 쉽지 않지만, 스포츠를 통한 아래로부터의 저항은 지배자의 가치를 모방하고 습득한 뒤에 나타난 것은 분명했다. 기존의 유럽중심주의적 해석은 스포츠를 통한 수용과 동화를 강조했으나 인도의 주인공들은 크리켓을 수용한 데 그치지 않고 정치적 갈등의 대안적 투쟁공간으로 만들었다.

영국과 인도가 만나는 경계지점에 서 있고, 지배자에 대한 충성과 저항의 양가적 감정을 가진 선수들은 지배자도 피지배자도 아니지만 동시에 지배자이자 피지배자였다. 예를 들면, 영국이 '폭풍 속의 방파제'라고 명명하고 식민통치의 지주라고 여긴 협력자로서 크리켓을 적극적으로 배우고 후원한 인도의 여러 왕들은 유망한 인도인 선수들을 지원하여 (경기장에서나마) 영국의 지배에 도전하는 수단으로 삼았다.

영국 지배자가, 여성적이고 나약하다고 경멸한 인도인은 적어도 스포츠에서는 지배자와 대적이 가능했다. 그러한 확인은 민족주의적 정서로 구체화되었다. 스포츠에서의 승리는 정치적으로 패배하여 정복된 인도인이 나약하지 않다고 반증하고 '적'인 영국과 대적할 수 있는 호전적 성향과 강건한 신체를 가졌음을 부각하는 데 효과적인 수단이었다. 19세기 말, 벵골 출신 민족주의자 비베카난다는 "축구를 잘하는 것이 힌두교 성서를 읽는 것보다 중요하다"고 스포츠 민족주의를 언급했다.

인도인은 영국의 스포츠가 가르치는 이상형에서 모순과 반식민주의의 잠재성을 읽었다. 곧 신체적 우월성과 감정의 통제라는 도덕적 입장이 포함된 크리켓의 가치는 그 도덕적 표준에 부합하지 않는 이른바 '스포츠맨답지 않은' 지배자를 비판할 수 있게 만들었다. 인도인은 빅토리아시대 선수들에게 입력된 영웅적 이상형과 스포츠맨십, 페어플레이정신과, 수단과 방법을 가리지 않고 게임을 이기고픈 인간의 속물적 욕망이 스포츠 크리켓에 결합되었음을 간파했다. 다시 말하면, '스포츠맨답지 않고' '페어플레이하지 않는' 지배자를 비판할 수 있었다.

1881년, 봄베이지방의 한 인도인은 백인들만 운동할 수 있는 대운동장에서 인도인도 크리켓 경기를 할 수 있도록 허용하라고 봄베이 정부에게 청원했다. 그는 청원서에다 페어플레이정신과 스포츠맨십을 언급하고, 공정함이 원칙인 스포츠에서 피지배자를 차별하는 정책은 스포츠정신에 위배된다고 지적했다. 봄베이 정부는 그 부당함을 시정할 수밖에 없었다. 1916년, 인도 힌두 크리켓 팀과 유럽 크리켓 팀의 경기에서도 심판을 맡은 인도인 주심이 스포츠맨십을 내세워 스포츠맨답지 않은 행동을 한 영국인 선수를 퇴장시키는 '사건'이 일어났다.

영국 지배자에 대한 이러한 인도인의 도전은 스포츠맨십과 페어플레이정신 등 스포츠에 내재한 가치로 합법화될 수가 있었다. 경기장에서 감정을 억제하는 가치—곧 운동규칙을 준수하고 심판에게 절대복종하는—도 지배자에게 피지배자가 합법적으로 도전할 수 있는 인도인의 무기로 이용되었다.

파르시, 무슬림, 힌두 등의 여러 종교집단은 크리켓 팀을 운영하고 게임이 가르치는 집단에 대한 충성심을 배양하고 정체성을 고양하면서 점차 그들이 영국 지배자와 다른 '우리'라는 사실을 인식했다. 19세기 말 영국 팀이 인도에 원정경기를 오자 영국이라는 국가와 대적하게 될 '인도'라는 상상의 공동체를 전제로 인도 팀이 구성되었다. '인도 팀'에 누구를 포함할 것인가의 문제는 전국적인 선발방식으로 귀결되었고, 그렇게 구성된 '인도^{All India} 팀'은 1885년 전국적인 기반으로 창설된 인도 국민회의와 함께 많은 사람들에게 '우리'라는 연대감과 소속감을 심어주었다.

초기 '인도 팀'에는 인도에 거주하는 백인 선수가 더 많았으나 점차 인도인 선수가 늘어나면서 영국과 벌이는 인도 팀의 크리켓 경기는 '인도'를 하나의 국가로 의식하는 민족주의에 감염되었다. 이제 경기는 인도−영국 국가간의 경쟁으로 여겨졌다. 20세기에 들어서자 크리켓이라는 스포츠는 민족주의자들의 자기표현의 수단이 되었다. 인도인은 공격성을 합법적으로 억제하는 비폭력적인 스포츠를 이용하여 공격성과 남성성에 근거한 식민주의를 은근히 폄하했다.

'인도 크리켓' 팀에 선발된 인도인 선수들은 지배국 영국이 아니라 '인도라는 상상의 공동체'에게 충성을 표출하고 승리를 바쳤다. 경기를 지켜보는 인도 관중도 인도인 선수들을 백인 지배자와 대등한 입장에서 싸우는 '우리 편'으로 인식하여 애국심을 투사했다. 그렇게 크리켓은 인도 대중의 억압된 감정과 애국적 정서를 동원하면서 민족운동과 깊이 연계되었다.

1906년, 봄베이에서 열린 힌두(교도) 팀과 영국 팀의 크리켓 경기는 영국의 예상을 깨고 힌두 팀이 승리하는 뜻밖의 결과를 낳았다. 물리적으로 패배하여 정복당한 인도가 지배자의 '무기'인 크리켓으로 백인 지배자를 이겼다는 '기쁜 소식'은 철도와 전신을 타고 조용히 인도 전역으로 퍼져나갔다. "우리가 이겼다!" 경기가 열린 봄베이에서 멀리 떨어진 서북지방 라호르에서 나오는 일간지 『트리뷴』The Tribune은 '인도'의 승전보를 전하면서, 그날의 승리를 한해 전인 1905년 러일전쟁에서 아시아의 작은 나라 일본이 유럽의 대제국 러시아를 이긴 세계사적인 사건에 비유했다. 일본의 승전보처럼 인도 팀의 승리는 영국의 지배를 받는 인도인에게 승리(독립)에 대한 희망을 고취했다.[73]

1911년, 캘커타에서 인도인으로 구성된 축구 팀이 영국군으로 이루어진 영국 팀을 이기고 인도축구협회의 기장을 차지했을 때도 민족주의 정서는 한껏 부풀었다. 캘커타에 거주하는 백인들은 인도인의 열광적인 축하행사가 두려워서 외출을 자제할 정도였다. 체격이 뛰어난 영국인, 남성성과 힘, 제국을 상징하는 영국 군인들을 이겼다는 사실은 정치적으로 패배한 인도의 현재를 잠시나마 덮어두고 패배하지 않은 인도의 미래에 대한 상상력에 날개를 달았다.[74]

1921년, 마하트마 간디가 주도하는 비협력운동이 맹위를 떨치며 진행되자 영국은 웨일즈 왕자(훗날 에드워드 8세)를 인도에 보내 사태를 진정시키려고 시도했다. 간디가 이끄는 국민회의와 민족주의 진영은 왕자의 방문을 거부한다고 선언했으나 왕자의 인도 방문은 예정대로 추진되었고 결국 환영받지 못했다.[75] 식민정부는 왕자의 방문일정에 맞춰 크리켓의 고장 봄베이에서 크리켓 경기를 개최하여 운동장에 모인 인도 관중을 환영인파로 위장하려는 술수를 기획했다.

영국의 의도를 간파한 국민회의와 민족주의자들은 크리켓 경기 개최를 반대한다고 선언했다. 왕자가 봄베이 항에 도착한 날 도시의 밤거리는 성난 군중이 가로등을 박살내어 암흑천지가 되었다. 조국에 대한 절망이 조국에 대한 사랑으로 발전한 것이다. 다음날 정부의 의도와 달리 크리켓 경기는 초라하게 개최되었고, 대영제국의 왕위계승자는 서둘러 경기장을 빠져나갔다.

영국인보다 경기를 더 잘한다고 인도의 영웅으로 추앙받던 란지트싱지가 언론으로부터 비판을 받은 것도 이 무렵이었다. 1920년대 일부 언론은 그를 인도에서 영국 통치를 비호하는 아첨꾼으로 묘사했고 인도에서 근절되어야 할 대상으로까지 여겨졌다. 국민회의의 역할과 영향력이 증대되자 위협을 느낀 란지트싱지가 왕국의 세습적인 권리와 전제정치를 옹호하는 입장을 취했기 때문이었다. 최근에 나온 연구에 의하면, 란지트싱지도 이때부터 운동의 용어를 써서 제국을 비판했으나 곧 사망하는 바람에 주목받지 못했다.[76]

크리켓 경기는 인도와 영국 간의 '총을 쏘지 않는 전쟁'이 되었다. 식민화의 수단으로 실시한 스포츠가 지배자와 피지배자 사이에 틈을 내고 민족주의 정서를 고양하는 수단이 된 것이다. 크리켓이 대중의 인기를 얻자 1920년대부터 본격화된 간디의 대중적 민족주의도 크리켓을 이용했다. '능력 있는 인도 선수' '인도 크리켓 팀'이라는 용어의 빈번한 사용은 인도라는 상상의 공동체가 사유되고 구체화되는 데 기여했다.

'인도'가 하나의 국가로 인식되면서 민족운동의 구심체인 국민회의는 종교집단에 근거한 경기가 통일적인 민족국가의 성장을 침해한다고 여겼다. 1934년, 전인도 크리켓 토너먼트는 힌두, 무슬림, 파르시와 같은 종교집단의 대결이 아니라 지역간의 경기로 바뀌었다. 1930년대부터 전인도 라디오All India Radio가 중계방송을 시작하자 크리켓을 통한 스포츠 민족주의는 '우리'와 '인도'라는 동질성을 전국에 전파하고 수많은 청취자를 편입하며 한층 더 진화했다.

국민국가 인도와 크리켓

1947년 영국이 인도에서 철수했으나 크리켓은 그대로 남았다. 크리켓을 추방하고 카바디[Khabadi]와 같은 전통적 경기를 즐기자는 주장이 제기되었으나 해방 60주년을 맞은 지금도 인도에서 크리켓은 인도인의 사랑과 상상력을 사로잡으며 인도의 국기[國技]로 사랑받고 있다.

"크리켓은 영국인이 우연히 발견한 인도의 게임이다"라는 주장이 나온 것처럼 크리켓은 영국의 스포츠라기보다 인도의 게임이 되었다.[77] 크리켓에 대한 인도인의 열광은 대단하다. 크리켓 선수들은 스타로서 영웅 대접을 받고, 때로 신처럼 숭배된다. 골목마다 크리켓을 벌이는 소년과 젊은이들을 볼 수 있고, 경기장을 찾는 관중과 중계방송을 시청하는 인구는 엄청나다. "6개월은 크리켓을 보고 나머지 6개월은 그것을 이야기하며 지낸다"는 말이 있듯이 크리켓은 인도인의 일상이 되었다. 올림픽과 각종 국제경기에서 저조한 성적을 기록하는 인도지만 크리켓은 '선진국'에 가깝다.

크리켓은 독립 후에도 인도의 민족주의가 심화되는 데 기여했다. 인도 정부는 다원적 사회의 분파적 요소와 다양한 집단을 공통의 정체성으로 결집하려고 크리켓을 민족주의를 고취하는 수단으로 장려했다. 규칙을 준수하고 공정성을 가르치는 크리켓은 국민국가 건설의 효과적인 프로젝트로 작동한 동질성과 연대감을 동원하는 데 효과적이었다.

1960년대에 등장한 TV는 크리켓과 민족주의를 단단하게 접합한 매개였다. TV의 등장은 영국적 성격이 잔존한 크리켓을 인도의 스포츠로 바꾸는 데 결정적 역할을 했다. 신을 '보는 것'[darsan]을 신과 영적으로 합일하는 수단으로 여기며 영웅을 숭배하는 인도 문명은 크리켓 선수들을 운동장과 TV에서 보고 스타로 만들면서 인도 민족주의를 심화했다.

크리켓은 특히 전 지배자 영국과의 '한판'과, 1947년 헤어진 파키스탄과의 정치적 갈등의 대안적 공간과 상징적 경쟁 장소를 제공했다. 인도와 파키스탄은 카슈미르지역을 걸고 3차례 지상에서 열전을 치렀고, 그보다 훨씬 많은 '크리켓 대전'을 치르며 경쟁을 지속했다. 오늘날에도 크리켓은 인도 연방의 힘을 확인하는 수단으로서 선수와 관중, 라디오와 TV를 보고 듣는 시청자와 청취자들을 결집하여 집단적 정서를 배양하며 연대감을 과시하고 있다.

    스포츠 민족주의

3

장

우리들의 (재)발견

역사의 발견

역사 없는 인도

"역사를 만드는 것은 누구나 할 수 있다. 그러나 역사를 기록하는 것은 위대한 사람만이 할 수 있다." 영국 작가 오스카 와일드의 말대로 역사를 기록한 '위대한 국가' 영국은 역사를 기록하지 않은 인도를 멸시했다. 영국 지배자들은 "인도에는 역사가 없다"고 선언하며 역사가 있는 영국의 통치를 당연시했다. 과거를 떨쳐버리고 미래로 가기 위해 역사를 기록한다고 여긴 그들은 역사기록이 부재한 인도에 역사를 소개하는 '사명'을 다짐했다.

19세기, 영국의 압제로부터 해방을 열망한 일부 인도인은 "인도에는 역사가 있다!"고 주장하며 영국 지배자에게 도전했다. 영국 시인 엘리어트가 "역사는 예속, 역사는 자유"라고 노래한 것을 뱅골의 민족주의자 뱅킴 찬드라 차테르지는 "역사는 자유와의 연애"라고 불렀다. 영국이 정체된 사회로 규정한 인도에서 '자유와의 연애'를 꿈꾼 일단의 민족주의자들은 역사를 발견하고 창조하며 그것을 국가의 해방에 연결했다.

그리하여 역사가 제국주의와 민족주의 간에 투쟁의 수단이 되었다. 시계를 가지고 직선적이고 추정 가능한 시간의 개념을 인도에 소개한 영국 지배자들은 통치를 정당화하기 위해 역사를 후진적 동양과 발전한 서양, 정체된 동양과 역동적인 서양을 구분하는 주요한 수단으로 삼았다. 세계를 호령하는 영국의 자신감은 인도를 세계사의 주류에 들지 못하는 변방의 역사로 규정했다. 그 구분을 따르면, 세계 질서의 최하위에 자리한 인도는 역사를 사유하는 생명력과 역동성을 가진 영국의 문명과 달리 역사가 없는 하위문명이었다.

『역사철학강의』를 쓴 헤겔도 "인도에는 역사가 없다"고 적었고, 변증법적 역사발전을 주장한 맑스도 인도에는 "역사가 없다. 적어도 알려진 역사는 없다"고 인도의 무역사성을 강조했다. 맑스는 인도가 "시간의 이빨 속에서 식물처럼 성장"했고 역사라고 부르는 것은 "저항하지 않고 변하지 않는 수동적인 사회에 제국을 세운 계속적인 침입자의 기록"일 뿐이라고 낮게 평가했다.

'역사가 없는 인도'를 근대 문명으로 인도하는 사명은 역사를 가진 역동적인 영국의 책무였다. 영국은 그 책무를 정당화하려고 인도의 역사를 영국에 유리하도록 구성했다. 영국 동인도회사의 관리 제임스 밀 James Mill 은 경멸적인 관점으로 『영국령 인도의 역사』를 저술하여 역사가 부재한 인도를 확인했다.[1] 그는 인도인이 역사적 민감성과 합리성이 결여되었다며 인도를 정체된 사회로 규정했다. 식민정부의 법무장관을 지낸 토마스 매콜리는 제임스 밀의 『인도사』를 『로마제국 멸망사』를

　　　　　　　　　　　　　　　　　역사의 발견

쓴 "기번^{Gibborn} 이후 영어로 기술된 최대의 역사적 업적"이라고 극찬했다.[2]

구비전통의 인도, 인도 역사

헤겔과 맑스가 인도에 역사가 없다고 단언한 것은 인도에 역사자료가 빈곤하기 때문이었다. 인도인은 기록을 남기지 않았고, 인도에는 특히 정치적 사건에 대한 기록이 드물었다. 고대 그리스가 투키디데스와 헤로도토스를, 중국이 사마천이라는 걸출한 역사가를 남긴 것과 달리 인도는 역사적 전통이 부재하고 기록의 생산에 무관심했다. 인도는 불경이 나올 때까지 역사적 기록이 전혀 없었다. 인도 역사에 분명한 연대기를 제공한 사건은 알렉산더의 인도 원정이었다.

연대를 추정할 수 있는 인도의 역사적 기록은 마우리아 왕조 아소카왕의 석주와 마애에 새겨진 문자로 19세기 중반에 영국인이 발견하고 해독했다. 『베다』 등 방대한 힌두 경전과 「라마야나」와 같은 대서사시는 모두 구전되었다. 오늘날 인도 고대사는 기록하기를 즐기는 그리스인과, 법현과 현장 등 중국의 구법승들이 남긴 기록과, 인더스 문명의 유적과 같은 고고학적 발견에 크게 의존하고 있다.

기록하는 이슬람 세력이 등장한 1200년대부터 인도에도 초보적 역사인식이 나타났으나 그것은 시간의 순서로 사건을 서술한 단순한 연대기에 지나지 않았다.[3] 인도 인구의 다수인 힌두들은 여전히 역사적 사유와 연계된 기록을 만들지 않았다. 역사는 왕의 선전물이나 구원에 이르는 개인의 법과 의무를 가르치는 정도로만 간주되었다.

11세기 초, 인도를 17차례 침입하고 엄청난 재물을 약탈한 가즈니 왕조의 마흐무드를 따라 인도에 온 이슬람 학자 알비루니는 "힌두들은 역사적인 것에 관심을 두지 않는다. 왕들의 계승관계를 연대에 따라 연결하는 데 부주의하다. 정보를 달라고 채근하면, 당황해서 무엇을 말해야 할지 몰라 이런저런 이야기들만 늘어놓는다"고 적었다.[4] 그러나 17차례에 걸친 마흐무드의 침입과 대약탈의 기록도 인도에는 남아 있지 않다.

그렇다고 인도를 무역사적 사회로 볼 수는 없다. 시간을 역사의 동력으로 보거나 계량화하는 것은 서구의 개념이었다. 영국이 오기 전, 인도의 지식인 브라만은 시간이 '심판의 날'을 향해 일직선으로 진행하는 것이 아니라 주기적으로 움직인다고 보았다. 주기적 시간개념은 서구와 달리 역사에 목적과 방향성을 전제하지 않았다. 브라만은 43억2천만년인 대주기(마하유가)를 네 주기로 나누고 그 마지막이며 현재인 칼리유가를 43만2천년으로 여겼다. 가장 최악의 시기인 칼리유가가 완전히 파괴된 뒤 다시 새 주기가 시작된다고 보는 광대하고 불가피한 시간의 개념은 인간의 의지와 활동을 무력하게 만들면서 기록을 하찮게 만드는 데 일조했다.[5]

브라만을 포함한 힌두들은 구원을 집합적 행동이 아닌 개인적 노력의 결과라고 여겼다. 그들에게 지식은 세속적인 것이 아니라 시간과 장소, 사람으로부터 초월한 '무엇'이었다. 고대의 힌두교 경전은 두가지 형태로 지식을 언급했다. 의식과 의례, 종교적 텍스트를 배우는 낮은 지식과 깨달음을 통한 지식, 곧 윤회의 사슬에서 해탈하는 진리를 높은 지식으로 구분하는 그들에게 지식은 구원에 이르는 개인적인 깨달음과 연계되었다.

진리는 구루guru라고 불리는 스승을 통해 산스크리트로 전해졌는데, 주로 브라만이 이러한 지식을 주고받았다. "태양이 없으면 깜깜하듯이 스승의 설명이 없으면 공부는 모호하다"고 여긴 그들은 구루의 축복과 경험을 통해 진리에 도달한다고 여겼고, 지식은 스승과 제자 간의 입을 통해 전해졌다. 진리는 책을 통해 보는 것이 아니라 귀를 통해 듣는 것이었다. 아이들은 진리를 '들으려고' 집을 떠나 스승의 집으로 갔다.

　　　　　　　　　　　　　역사의 발견

　인도에 기록이나 책이 적은 이유는 종교에 관한 지식과 신성한 진리의 탐구에는 스승을 필요로 하기에 문자로 적거나 책으로 만들 수 없다고 믿은 때문이었다. 진리란 눈으로 '보는 것'이 아니라 귀로 '듣는 것'이었다. 고대 인도에서 깨달음과 연계된 지식의 원천인 경전은 슈루티sruti라고 불렸는데, 이는 "들었다" "정보를 얻었다"는 뜻이고, 또다른 경전인 슈무리티smuriti는 "들어서 이해"한다는 의미를 가졌다.

　근대가 될 때까지 지식은 도시와 마을에서 멀리 떨어진 스승의 집에서 기거하며 전수되었다. 엄격한 수업과 금욕적 환경에서 경전을 암송하는 교육은 시간이 오래 걸렸고, 스승의 지속적인 관심과 지도가 중요했다. 스승과 제자 간의 입을 통한 경전의 반복적인 암송은 분석하고 비판하며 탐구하는 정신을 양성하는 데 역기능적이었다. 인도에 비판적인 역사서술이 부재한 것은 그 결과였다.

　영국의 비판대로 인도인은 사회변화와 개혁에 둔감하고 과거에 대한 비판적 인식과 사회비평이 부족한 것이 사실이었다. '많은 플라톤'을 배출했으나 아리스토텔레스와 같은 정치철학자가 부재한 인도에서 역사서술의 전통은 성장하기 어려웠다. 살인으로 방어되는 위험한 지식의 통제를 다룬 움베르또 에꼬의 『장미의 이름』처럼 인도의 지배자들도 자신의 권위가 침해될 잠재력을 가진 기록을 장려하지 않았다. 지식의 생산을 독점한 계층도 기록의 비밀스러운 성격을 강조하면서 기록 생산에 태만했다.

　역사가 '현재'에 교훈을 준다거나 선을 달성하려고 투쟁한 이들의 집합적 기억이라는 서구의 정의를 따른다면, 세속적인 현재만큼 내세에 관심을 두는 인도에서 역사의 부재는 당연했다. 인도는 수천년 동안 이민족의 침입을 받고 정복되는 비극을 반복하여 겪었다. 박트리아, 스키타이, 페르시아, 투르크, 흉노족이 북부를 침입했고, 다양한 무슬림 세력이 침입하고 정복했다. 포르투갈과 영국도 무력을 바탕으로 인도에 갔고, 결국 권력을 행사했다.

인도에는 그 침입자들에 관한 기록이 남아 있지 않다. 외부세계에 대한 무관심과 무거운 침묵은 인도인의 생존방식이었다. 한 시대의 영광을 뒤로 하고 사라져간 다른 문명과 달리 인도는 정복되고 파괴되었으나 굴욕을 침묵으로 견디고 ‘살아남은 자’를 통해 과거를 이었다. 기록을 남기지 않고 침묵을 선택한 인도는 ‘현재’에 교훈이 되기보다 무거운 짐으로 기능하는 과거를 기억하지 않으려고 기록하지 않았을지도 모른다.

기록이 드문 인도에는 신화와 전설이 많다. 서구에서 신화는 무의식적 역사가 만든, 어린이와 야만인을 위한 비합리적인 동화로 간주되었고, 영국은 신화가 무역사적이며 열등한 사회의식을 대표한다고 비판했다. 그 정의를 따르면, 역사적인 사회야말로 성숙한 인간의 자의식의 표본이었고, 역사적 기록이 아니라 신화와 전설을 남긴 인도인은 야만인이었다. 영국은 신화와 전설의 무역사적 사회를 역사적 영국이 지배하는 것이 타당하다고 주장했다.

넓은 영토와 엄청난 인구를 지배하게 된 영국은 언어와 문화, 인종이 다양한 인도를 보다 잘 통치하려고 인도를 연구했다. 그러나 인도의 과거를 알려주는 기록은 산스크리트로 구전되다가 문자화된 힌두 경전뿐이었다. 식민정부의 관리 윌리엄 존스는 산스크리트 경전을 연구하여 인도 사회를 이해하고 역사를 구성했다. 그는 인도유럽어를 쓰는 유럽인과 같은 조상을 가진 인도인이 오랫동안 지적 논쟁과 기술개혁이 없어서 고대에 머물렀다고 판단했다. 고대에 정체되어 머문 인도는 변화와 역사성이 부족한 무시간적 공간이었다.

영국이 힌두 경전을 바탕으로 구성한 역사는 인구 5퍼센트 미만인 브라만의 전통으로 인도를 파악하여 다수의 삶과 문화를 배제하고 역사 상황의 일부만 이해했다. 그럼에도 인도 역사는 사회변화와 경제 발전이 없는 사회, 물질의 추구와 발전에 부적절한 종교의 땅으로 박제되었다. 힌두 경전에서 드러난 힌두교와 카스트제도는 헤겔이 말한 ‘불변

 역사의 발견

의 인도'를 예증했다. 종교에 찌든 인도는 물질문명을 이룬 영국에게
안성맞춤의 타자였다.

민족주의와 역사 만들기

역사적 기록이 부족하다는 사실이 사회의 열등함을 의미하는 것은
아니었다. 그러나 역사가 발전과 후진, 진보적 영국과 정체된 인도를 나
누는 기준이 되자 영국 지배자를 이기고 싶은 인도 민족주의자들은 영
국의 역사인식을 내면화하고 역사라는 무기에 주목했다. 역사와 국가
에 대한 기록이 문자로 씌어진 것만 의미한다면, 인도의 구비전통은 영
국과 대결하려는 인도 민족주의자들에게 곤혹스러움을 초래했다.

역사가 영국 제국주의에 봉사한 것처럼 인도 민족주의자들도 역사
를 제국에 반대하는 운동의 이념적 무기로 활용했다. 그들은 『인도사』
를 쓴 제임스 밀의 인도 역사에 대한 오만과 편견을 반박하면서 사상
처음으로 역사를 인도의 집단적 자아를 언급하는 수단으로 삼았다. 악
인과 싸우려고 악인과 같아지는 방식을 선택한 셈이었다.

영국은 우리에게 오랫동안 자유주의 교육이라는 축복을 주었습니다. 우
리의 정신은 서구문화의 관대한 영향 속에서 성장했습니다. 우리는 이 모
든 은혜를 진심으로 고맙게 여깁니다. 그러나 우리의 지적 영역이 발달할
수록 우리의 개인적인 열망과 국가적인 열망도 예민해지고 고무된다는 사
실을 잊지 마십시오. (…) 유럽의 역사, 특히 영국의 정치제도와 역사를 배
운 것이 (…) 수세기 동안 잠들었던 우리의 애국적 본능에 불을 지폈다는 것
을 기억하십시오.[6]

19세기 후반, 인도에는 역사라고 부를 현상이 등장했다. 어떤 민족

주의자의 위와 같은 고백처럼, 영어와 서구 교육을 통해 유럽사를 공부한 지식인들은 인도가 역사서술에 태만했다는 점에 동의하고 '역사적으로 생각'하고 역사를 서술하는 데 관심을 두었다. 인도인에게 인도의 역사를 제공하려고 시도한 그들은 식민주의가 근거한 역사의 전제를 받아들이고, 그 용어로 인도를 '하나의 세계'로 여기기 시작했다. 브라만의 시간개념 칼리유가의 신화는 곧 사라졌다.

역사는 먼저 벵골지방에서 애국주의를 확인하는 기반이 되었다. 벵골은 식민화가 가장 빠르게 진행되고 그래서 민족주의가 가장 먼저 싹튼 땅이었다. 지배자가 가르친 영어와 서구 가치를 바탕으로 많은 권리를 요구한 벵골의 지식인들은 "여우에게서 교활함을, 개에게서 아부와 오만을, 양에게서 비겁함을, 원숭이에게서 모방성을 배웠다"고 영국의 모멸을 받으면서도 서구의 역사서술과 합리주의적 역사를 받아들였다.

캘커타 대학교의 첫 졸업생으로 식민정부에서 높은 관리를 역임하며 민족주의 성향의 소설을 쓴 뱅킴 찬드라 차테르지는 1880년 가장 먼저 서구 방식의 역사인식을 언급했다. 그는 서구 문명이 '아는 것이 힘'이라는 견지에서 힘을 추구하고 힘을 숭배한 반면에 힌두의 역사는 '아는 것이 구원'이라고 믿고 힘에 대해 무지하여 결국 이방인에게 정복되었다고 말했다.

그는 힌두교의 탈속주의와 숙명론이 국가와 같은 공동체와 사람들의 행동을 인도하는 역사에 냉담하게 만들었고, 예전에 살다간 위대한 인물을 기억하기보다 신을 칭송하는 일에 집중하는 힌두의 성향이 역사를 약화시켰다고 주장했다. 차테르지는 "한 국가의 영광을 다른 나라가 말할 수 있는가"라고 물으며 제임스 밀이 인도의 역사를 서술한 것을 비판했다. 그는 로마제국의 영광을 로마 사가들이 썼듯이 인도의 역사는 인도인이 기술해야 한다고 목소리를 높였다.

   역사의 발견

벵골은 자체의 역사를 가져야 한다. 그렇지 않으면 벵골에는 희망이 없다. 누가 역사를 쓸 것인가? 당신이 역사를 써야 한다. 내가 역사를 써야 한다. 우리들이 역사를 써야 한다.[7]

차테르지는 인도에서 가장 먼저 역사소설을 썼다. 벵골지방의 역사적 인물을 다룬 『아난드 마스』Anand Math는 인도 민족주의에 큰 영향을 준 역사소설로 1770년 무슬림 통치에 대한 힌두의 산야시 반란을 다루었다. 차테르지는 역사소설을 쓰면서 원하는 효과를 얻으려고 자신의 상상력을 가미했다. 이때 나온 차테르지와 다른 작가들의 소설은 인도의 영웅주의와 용맹성을 예증하는 역사적인 인물을 다루었으나 실제 행적보다 미화하고 과장했다.

19세기 말에 등장한 벵골어, 마라티어, 힌디어 등 여러 지방의 언어로 쓰인 수많은 역사소설도 영국이 오기 전에 존재한 역사적 인물이 주인공이었다. 소설은 현재 영국의 지배를 받는 인도의 종속성을 부정하는 내용을 담았다. 무슬림에 대한 반감은 제임스 밀의 『인도사』에서 영향을 받았다. 밀은 인도사의 시대구분을 힌두의 고대, 무슬림의 중세, 영국의 근대로 하고, 무슬림을 고대 힌두교의 영광을 파괴한 침략자로 서술했다.

경제학자 더트도 제임스 밀의 구분대로 무슬림에 용감하게 저항한 마라타 부족과 라지푸트를 다룬 역사소설을 썼다. 영웅담인 이러한 역사소설과 전기들은 베스트셀러로 인기를 끌었다. 이때 역사에 올려진 대표적인 인도 영웅은 마라타 왕국의 시조 시바지, 벵골의 프라타파디티야, 델리의 힌두 지배자 프리티비 라지, 라지푸트들 등 무슬림의 침입과 통치에 저항한 인물들이었다.

마라타 왕국과 시바지의 영웅화 작업은 봄베이지방 민족주의 지도자 틸라크가 앞장섰다. 시바지와 같은 고향 출신인 틸라크는 『케사리』Kesari(사자)라는 공격적인 이름의 신문을 통해 마라타의 과거와 시바지를 인도 최고의 영웅으로 구성했다. 행동 철학으로 일컬어지는 『바가 바드기타』의 주석서를 내 인도인의 역동성을 고무한 그는 1908년 '힌두가 아닌 무슬림과 기독교인이 그대 집안에 들어왔으니 밖에서 문을 잠그고 그들을 불태우자!'라는 선동적인 발언으로 투옥되었다.

> 벵골의 자식들은 국가적 유산을 체계적으로 박탈당했다. (우리가) 역사에서 배우는 교훈은 마라타인, 펀자브인, 라지푸트 등 용감한 종족에 관한 것뿐이다. (⋯) 벵골인은 영웅적인 전통을 물려받았다고 자랑하지 못한다. (⋯) 마라타인이 얼마나 시바지를 자랑하는가? (⋯) 그들이 시바지가 번성을 누리던 시절을 영웅적으로 증명했듯이 우리는 프라타파디티야의 통치 기간을 그렇게 만들자. 벵골의 소년들이 마라타의 형제처럼 고개를 높이 쳐들 수 있도록 (⋯).[8]

벵골의 맹렬여성 샤를라 데비는 무굴제국과 싸운 벵골의 왕 프라타파디티야를 벵골의 영웅으로 만들었다. 샤를라 데비는 프라타프의 행적을 담은 소설을 출간하고 그를 기리는 축제도 만들었다. 나중에 노벨상을 받은 샤를라의 친척 타고르가 아버지를 죽인 프라타프의 영웅화에 이의를 제기하자 데비는 그를 도덕적 이상형으로 칭송하는 것이 아니라 이방에서 온 무굴에게 도전하고 벵골의 독립을 선언한 '용감하고 남성적인' 힌두로 부각하는 것이라고 주장했다.

이렇듯 이 시대 민족주의자들이 추구한 역사는 존재한 사실을 밝히는 것이 아니라 인도의 장점을 재발견하고 필요하면 창조하는 작업이었다. 홉스범Eric Hobsbawm이 말한 '전통의 창조'와 흡사했다. 역사가 없는 곳에는 신화와 전설, 서사시가 동원되었다. 민족주의가 발흥한 1880년대 이렇게 만들어진 역사는 학교 교과목에 포함되었다. 영웅주의를 배양하는 역사적 이야기들을 학교에서 가르치면서 민족과 국가를 단위로 사유하는 사람들은 더욱 늘어났다.

역사를 정복과 통치를 정당화하는 수단으로 쓴 제국주의자와 역사를 식민통치의 전복과 애국주의를 강화하는 수단으로 여긴 민족주의자들은 모두 고대사를 강조하면서 서구 오리엔탈리즘을 수용했다. 영국은 자기의 진보성과 근대성을 돋보이려고 인도의 불변성과 고대성을 강조했다. 고대를 인도의 황금시대로 간주하고 현재의 인도를 그 영광된 과거에서 타락한 결과로 서술하여 현재 영국의 지배를 합리화했다. 고대를 찬양할수록 무력한 현재는 도드라져 보였다.

인도 민족주의자들은 힌두 문화와 정치적 이상이 오래되었다고 주장하기 위해 고대를 강조했다. 그들에겐 불행한 현재를 위무할 찬란한 과거가 필요했다. 이슬람이 통치한 중세와 영국이 통치하는 근대에서 멀리 떨어진 고대는 이방의 족쇄에서 자유로운 시대였다. 고대 굽타시대는 힌두문화의 원형으로서 이상적 사회로 간주되고, 유럽인과 같은 인종으로 여겨진 아리아인의 베다시대는 '모든 것을 다 가진' 영광스러운 과거로 칭송되었다.

에드워드 싸이드는 오리엔탈리즘에 대한 대응이 민족주의라고 전망했으나 인도 민족주의자들은 '인도'라는 통합적 인식을 발전시키기 위해 과거의 영웅과 고대 황금시대라고 하는 오리엔탈리스트의 구성과 정의를 받아들였다. 그들의 역사를 받아서 산스크리트를 인도 문명의 기초라고 여기고 그와 다른 무슬림을 인도의 과거에서 배제했다. 다음 절에서 보이듯이 19세기 인도라고 상상된 국가를 구성한 역사는 무슬림을 인도의 타락을 가져온 장본인으로 배척하면서 발전했다.

간디와 곡선의 역사

인도는 수억의 인구가 사는 거대한 땅이었다. 지배자의 가치를 내면화하고 그와 싸우면서 닮아가는 식민주의의 상흔은 서구 교육을 받은 도시 지식인에게 한정되었다. 그 땅에는 역사와 역동성과 상관없는 다수의 사람들이 살고 있었다. 일단의 민족주의자들은 식민주의와 서구화의 변방에 자리한, 식민화하지 않은 정신을 상징하는 그들 다수를 위해 서구 방식의 역사를 거부하고 신화와 전설이 우월하다고 확신했다.

'영국이라는 명제의 살아 있는 반대명제' 간디는 제국주의 역사와 그를 닮아가면서 투쟁하는 민족주의자의 역사인식을 반대했다. 간디는 그들이 서구와 경쟁하고, 인도인을 교육시키기 위해 역사를 이용하는 것에 찬성하지 않았다. 간디에게 역사는 수많은 왕과 정기적으로 싸우는 전쟁의 역사이며 빼앗기고 다시 빼앗아 세운 도시의 역사였다. 역사가 인류의 진리를 추구하지 않고 남성의 진리를 추구한다고 이해한 간디에게 민족주의자의 역사는 인도의 남성성을 선전하기 위한 수단으로 보였다.

인도 민족주의자들은 "이 해로운 나약함을 버리고 일어서라, 네 적의 응징자여!"라고 싸움을 망설이는 아르주나Arjuna를 촉구한 대서사시 「마하바라트」의 주인공 크리슈나 신을 무기를 들고 국가를 이끈 역사적 인물로 만들었다.[9] 크샤트리아 출신인 크리슈나의 기질은 무슬림의 침입으로 사라진, 고대 아리아인이 소유한 훌륭한 자질로 여겨졌다. 그러나 간디는 "크리슈나가 역사적 인물인가의 여부는 내게 상관없다"고 그러한 역사에 반대하면서, 신화도 역사처럼 역동성을 가진다고 말했다.

자유에 대한 간디의 관점은 뱅킴 찬드라 차테르지와 달랐다. "우리의 역사를 가져야 한다"고 외친 차테르지와 달리 간디는 "역사가 없는 국가가 행복하다"고 믿었다.[10] 그는 강한 인도를 증명하려고 근대 서구를 과거에 투사하여 찬란한 역사와 영웅을 창조한 민족주의자와 달리 역사보다는 보통사람이 공유하고 접근이 가능한 신화와 전설에 관심을 두었다. 그는 역사가 없는 보통사람이 영국 지배자에게 '친밀하지 않은

적'이라는 사실을 알고 있었다.

간디에게 대중은 식민주의에서 파생된 이념과 전략의 외부에 존재하는, '주인을 닮고 싶어하지 않고 주인이 되고 싶어하지 않는 하인'이었다. 간디가 역사의 외벽에 존재하는 여성과 낮은 계층, 심지어 사회의 최하층인 불가촉천민을 반영투쟁에 동원한 것은 그 때문이었다. 그는 역사를 인도 남성성과 영웅을 창조하는 데 이용하는 것에 반대하고 단식과 물레 돌리기와 같은 프로그램으로 정치를 여성화하려고 시도했다. 급진적 사상가 오로빈도는 그런 간디를 "우리는 여성의 나라로 발전하는 것을 원치 않는다"고 비판했다.

간디의 영웅에 대한 관점은 영국과 인도 민족주의자와 달랐다. "보통사람은 이미 독립적으로 살고 있고, 진정한 자치를 누리고 있다"고 말한 간디는 강하고 힘센 지도자가 아니라 역사에 굴복하지 않은 보통사람을 영웅이라고 여겼다. 인도 사회를 서구 모방으로 만드는 역사에 반대한 간디는 과거와 현재를 뚜렷하게 구분하지 않는 보통사람의 시간개념을 이해했다. 그는 원시사회에서 근대사회로, 미성숙 단계에서 정치적 성숙 단계로 나아가는 일직선적 서구의 세계관을 믿지 않았다.

간디는 자신이 영웅으로 여기는 보통사람을 민족운동에 동원했다. 정당한 수단과 방법을 통한 스와라지를 주장한 그의 운동은 '정글의 법칙'과 폭력적 저항에 익숙하지 않은 '보통사람들', 용기가 부족하고 두려움이 많은 농민의 참여를 염두에 두었다.[11] 힘과 역동성을 가진 강자가 이기는 게임의 법칙을 뒤집은 '반역사적인 간디'를 이해한 네루는 인도인에게 "가슴을 펴고 머리를 똑바로 쳐들도록" 용기와 인간다움을 고취한 간디를 칭송했다.

간디의 암살을 음모한 힌두 민족주의 지도자 사바르카르^{Vinayak Savarkar}는 호전적인 틸라크처럼 마라타의 브라만이었다. 그는 국가를 무력하게 만드는 단식과 '내적 목소리'에 대한 복종의 개념을 정치무대에 올린 간디의 비폭력을 인도 역사에 대한 모욕으로 간주했다. 그는 1909년,

1857년의 반영항쟁을 '인도 최초의 독립전쟁'이라고 불러 국민국가에 근거한 역사인식을 드러냈다.

1948년 간디를 암살한 고드세^{Nathuram Godse}도 틸라크와 사바르카르와 동향의 같은 브라만이었다. 그는 간디를 진리와 비폭력의 이름으로 나라에 재앙을 가져온 폭력적 평화주의자라고 여겼다. 일직선적인 역사의식을 가진 고드세는 재판과정에서 마라타의 영웅 시바지, 무슬림과 싸운 용맹한 라나 프라타프 싱, 전투적 시크교 지도자 구루 고빈드 싱이 성취한 해방이 인도 국민의 가슴에 오래 남을 것이며, 힌두를 거세한 간디는 역사에 공헌한 바가 없다고 진술했다.[12]

영국이 떠나고 간디가 사라진 뒤 인도 지도자들은 서구가 그렇듯이 역사를 집합적 자아를 표현하는 수단이자 애국주의를 확인하는 도구로 여겼다. 역사적 인식과 역사적 기록의 부족이 인도의 약점이라고 여긴 제국주의 사가와 민족주의 사가들처럼 해방 후 인도 지도자들은 신화와 전설을 부정하고 역사적 사실을 신뢰하고 기록하면서 진보를 향해 일직선으로 나아갔다.

　　　　　　　역사의 발견

우리 힌두, 우리 인도

우리는 힌두

누가 인도를 통치하는가? (…) 인도인의 가슴을 단단히 옥죄고 있는 것은 정치나 외교가 아니다. 영국 군대가 가진 번쩍이는 총이나 무서운 대포도 아니다. (…) 그 힘은 그리스도이다. 영국령 인도를 통치하는 것은 그리스도이지 영국 정부가 아니다. 영국은 이 광대한 제국을 정복하고 장악하려고 그 힘 센 예언자의 삶과 성격에 엄청난 도덕적 힘을 실어서 보냈다.

케셉 찬드라 센이 경계한 것처럼, 19세기 힌두교 개혁운동과 부흥운동은 힌두교를 기독교와 이슬람교처럼 강하고 남성적인 종교로 만들려는 움직임이었다. 각 지방에 존재하는 힌두교의 다양한 소*전통을 무시하고 전인도적이고 고전적이며 브라만적인 대*전통을 추구한 운동은 다양한 종파를 하나의 종교로 간주하고 그 부정적인 외피를 벗겨내어 셈족의 종교와 대등하게 설 수 있는 합리적이고 일관된 힌두교를 만들려고 시도했다.

그들이 염두에 둔 힌두교는 영국 지배자의 종교 기독교와 인도를 오랫동안 지배한 이슬람처럼 교회와 같은 조직, 성서와 유일신, 공격적 선교활동을 가진 종교였다. 인도의 미래가 강하고 공격적인 지배자의 종교와 대적할 수 있는 힌두교에 있다고 믿은 그들은 남성적인 힌두교의 근거를 영광스러운 과거―고대에 두고 오리엔탈리스트의 연구결과를 구체적인 증거로 제시하며 잃어버린 힌두교의 남성성을 회복하려고 여러 힌두 관습에 대한 개혁을 시도했다.

'근대 인도의 아버지'라고 불리는 람 모훈 로이가 1828년에 유일신 '브라마'를 숭배한다는 의미로 만든 브라마 사마지(협회)는 일요일에 예배를 보는 서구식 힌두교 조직이었다. 영어와 산스크리트에 능통한 벵골 브라만 로이는 기독교 바이블과 이슬람 꾸란처럼 힌두교를 베다와 우파니샤드와 같은 힌두교 경전으로 해석하는 한편, 인도의 전통적인 일원론을 일신교라고 주장했다.[13] 그 소식을 들은 영국의 공리주의자 벤담은 "로이는 3천5백만의 (힌두)신을 버리고 종교 분야에서 우리의 이성을 받아들였다"고 기뻐했다.

로이와 브라마 사마지는 영국 지배자들이 사티와 여아의 결혼 등 힌두 관습을 비난하자 서양의 이성과 기독교의 인도주의적 사상이 원래 힌두교에도 존재했으나 미신과 타락으로 사라졌다면서 사회와 관습을 개혁하면 원래의 특질을 되찾을 것이라고 주장했다. 로이는 수많은 신의 숭배, 각종 제례와 의식, 여신숭배와 같은 힌두의 관습이 경전이 인정하지 않는 찌꺼기라고 말하고 힌두의 남성성을 개발하려고 노력했다.[14]

또다른 힌두 단체 아리아 사마지는 브라만 승려 다야난다가 1875년 벵골지방에서 창설한 조직으로 무슬림과 시크(교도) 등 '싸울' 대상이 많은 펀자브를 중심으로 활동했다. "베다시대로 돌아가자!"고 주장하며 '신의 책'『베다』에 힌두교 성서로서의 권위를 부여한 아리아 사마지는 조직의 영감과 언어를 기독교에서 차용했다.[15] 기독교도처럼 일요일에 모여 예배를 본 아리아 사마지는 다신교와 여신숭배를 반대했다. 또 베다시대 이후에 축적된 힌두의 각종 제례와 의식, 우상숭배와 동물 희생도 미신이이라고 배척했다.

베다가 인도의 역사와 철학, 힌두교의 모든 것이라고 여긴 다야난다는 서양과 대결할 수 있는 '흠' 없고 '힘' 있는 힌두교를 만들려고 노력했다. 강하고 남성다운 인도가 그 특성을 상실한 것은 무슬림의 침입과 통치 때문이며, 잃어버린 옛날의 특성을 되찾는 것에 미래가 있다고 여겼다. 아리아 사마지가 적극적으로 전개한 암소보호운동은 신성한 암소보다 사람들에게 영양을 제공하는 암소에게 촛점이 맞춰졌다. 암소를 잘 길러 우유를 먹으면 신체가 건강해진다는 논리였다. 가장 먼저 무슬림의 암소 도살을 금지하는 청원과 반대운동을 전개한 아리아 사마지의 호전적인 암소보호운동은 종종 '힘'을 행사하는 폭동으로 발전했다.

19세기 후반, 가장 공격적으로 힌두교를 설파한 사람은 벵골 출신 승려 비베카난다^{Swami Vivekananda:1863~1902}였다. 법조인이 되려다가 힌두 성자 라마크리슈나를 만난 뒤 출가한 그는 주홍색 승복을 입은 승려들의 단체 '라마크리슈나 미션'을 창설하고 힌두교 전파와 사회봉사에 나섰다. 스승 라마크리슈나의 이름을 딴 라마크리슈나 미션은 단체의 이름이 알려주듯 인도의 전통적 승가조직과 서구 기독교조직이 혼합된 새로운 종교조직이었다. 라마크리슈나 미션은 신에게 봉사하는 최선의 길이 인류에게 봉사하는 것이라며 기근과 홍수, 역병이 발생할 때마다 구호대를 제공하고 학교와 병원도 운영했다.

1893년 미국 시카고에서 열린 제1차 세계종교회의의^{The Chicago Parliament of}

에서 힌두교를 세계에 알린 비베카난다는 4년간 미국과 영국 등지에서 힌두교와 힌두 문화를 강의했다.[16] 현재의 타락한 힌두교를 개탄한 비베카난다는 특히 크리슈나 신의 연인 라다를 따르는 힌두 종파를, 전국을 여성처럼 나약하게 만든다고 비난하고 "제게 남성성을 주시고 제 여성성을 가져가십시오. 저를 남성으로 만드십시오"라고 빌었다. '시바는 나의 신, 나의 자아'라고 읊조린 그는 시바 신처럼 강한 힌두교와 남성적 인도를 열망했다.

봄베이지방에 생긴 프라타나 사마지와 마드라스에서 활동한 베다 사마지도 힌두교의 미신과 각종 의례를 비난하고 초월적 신에 대한 믿음을 설파했다. 영국이 비난하는 카스트제도와 최하층 불가촉천민에 대한 상층카스트의 편견과 차별도 신랄하게 비판했다. 베다 사마지는 특히 힌두 사원이 많은 남부지방에 잔존한 데바다시제도, 곧 '신의 종'이라고 불리며 힌두 사원에서 봉사하는 여성들을 매춘제도로 파악하고 '문명사회의 해독'인 그 제도를 폐지하라고 주장했다.

1897년, 봄베이에서 힌두교 부흥운동을 주도한 틸라크의 추종자들은 영국 관리들을 살해하면서 힘과 폭력을 민족운동에 연계했다. 역병이 창궐하여 2만여명이 목숨을 잃자 영국 관리가 강력하게 방제조치를 취하는 과정에서 사원이 파괴되고 재산이 약탈되는 사고가 발생했다. 틸라크는 "아무리 온순한 사람들도 이러한 테러에 굴복하지는 않을 것"이라고 선동적인 사설을 신문에 게재하여 폭력을 부추겼다.

역시 봄베이지방에서 힌두교 부흥운동을 이끈 라나데도 1897년 "무엇을 부흥할 것인가?"라고 자문하고 "우리는 언제나 아이처럼 남기를 바랐다. 이방인의 지배를 받으며 (…) 우리는 아이들이다. 그러나 신의 아들이다"라고 대답하여 강한 힌두교를 칭송했다. 라나데는 영국 지배자가 힌두 사회의 타락을 상징한다고 여긴 아동결혼의 금지, 홀어미의 재가 허용, 우상금지를 추진했다.

이렇듯 힌두교 개혁운동은 영국이 비판한 사회관습의 개혁을 지지했다. "결혼과 더불어 아내의 절반은 남편의 소유라고 인정된다. 그러나 실제는 열등한 동물보다 나쁜 대우를 받고 있다"고 개탄한 브라마 사마지의 람 모훈 로이는 가장 먼저 사티를 비난하고 그 폐지를 주장했다. 그에게 사티는 힌두교의 성서가 인정하지 않는 낡은 관습이었다.[17] 사티의 폐지를 고려했으나 인도인의 반발을 염려해서 주저한 영국은 람 모훈 로이와 같은 지도자의 지지를 바탕으로 사티를 폐지했다.

1856년, 홀어미의 재가를 허용하는 법안이 통과될 때, 가장 열심히 운동한 사람도 벵골의 비디야사가르^{Ishwar Chandra Vidyasagar:1820~91}였다. 그는 보수층의 강한 반대를 무릅쓰고 홀어미의 재가를 주장했다. 브라마 사마지와 아리아 사마지도 이 운동을 지지했다. 브라마 사마지의 지도자 케섭 찬드라 센은 여아의 결혼을 힌두 성서의 타락이라고 비판했다. 1892년, 여자아이의 결혼을 금지하는 결혼승낙연령법 통과에는 비베카난다와 아리아 사마지도 지지했다.

우리가 아닌 것에 대한 증오

S: 이제 무슬림 세력은 정말 멸망했습니다. 그러나 힌두 통치는 아직 이루어지지 않았습니다. 영국이 아직도 캘커타를 지배하고 있거든요.

He: 지금은 힌두 통치가 이루어지지 않을 겁니다…….

S: 힌두 통치가 이루어지지 않으면 누가 통치한다는 말인가요? 무슬림 왕이 다시 돌아오나요?

He: 아니오, 영국이 통치할 겁니다.

S: (모국을 상징하는 여신상을 향해 눈물을 흘리며) 오, 어머니! 저는 당신을 해방시키지 못했어요. 당신을 다시 이교도의 손에 빠지게 했어요. 당신의 이 (못난) 아들을 용서하십시오. 오, 어머니! 왜 저는 전쟁터에서 죽지 않았을까요?

오늘날 브라만 교육의 모습

He: 슬퍼 마시오. 그대는 부를 가졌지만 폭력과 강도질을 해서 얻었기 때문에 마음이 흐려진 겁니다. 악의 나무에서 순수의 열매가 자랄 수는 없는 거지요. 그런 식으로 당신의 나라를 해방시킬 수는 없지요. 지금 일어나고 있는 일이 최선입니다. 만약 지금 영국이 통치하지 않으면 우리의 영원한 신앙을 부흥시킬 가망은 없습니다. 이 현자가 아는 걸 당신에게 말해주리다. 진정한 종교란 3억3천만의 신을 숭배하는 데서 찾을 순 없어요. 그건 진리를 흐리게 하는 저속하고 타락한 종교지요. (…) 힌두들이 현명해지고 고결하며 강하게 될 때까지 영국의 세력은 결코 무너지지 않을 겁니다. (…)

뱅킴 찬드라 차테르지가 뱅골어로 쓴 『아난드 마스』(환희의 수도원)의 위 대목은 미신적인 힌두교를 개혁하고 부흥하는 것에 인도의 미래와

우리 힌두, 우리 인도

구원이 있다고 믿은 인도 지식인의 의식이 반영되었다.[18] 종교를 저속하고 타락하게 만든 힌두들이 영국의 통치를 받는 것은 당연하며 힌두교를 기독교에 대응할 수 있는 고결하고 강한 종교로 바꾸지 않으면 영국으로부터의 독립은 기약할 수 없다고 판단했다.

뱅킴 찬드라가 차창으로 스쳐지나가는 평화로운 들판을 내다보다 영감을 얻어 노래한 『아난드 마스』의 주제 시 「반데 마타람」Vande Mataram 은 소설에서 무슬림과 싸우는 산탄 부족의 투쟁구호로 사용되었다. 마타람은 벵골인의 여신과 고향 벵골을 상징했다. 점차 힌두 여신은 강하고 씩씩한 아이들을 낳아 훌륭하게 기르는 어머니, 모국을 의미했고 그 어머니를 이방의 족쇄로부터 해방하는 것이 자식들의 의무이자 목표라고 여겨지면서 민족주의 정서와 연결되었다.

1905년, 반영운동의 일환으로 벵골의 영웅 프라타파디티야를 추모하는 축제가 열렸을 때 처음으로 정치적 구호로 사용된 '반데 마타람'은 이후 애국운동과 반영투쟁의 중심이 되었고, 타고르가 곡을 붙인 「반데 마타람」은 호전적인 힌두 단체와 영국으로부터의 독립을 추구하는 민족주의자들의 애창곡이 되어 인도의 애국가와 비슷한 위상을 얻었다. 순국자들도 이 노래를 부르며 교수대에 올랐다. 1906년에는 '반데 마타람'이란 두 단어를 새긴 깃발이 게양되어 국기의 기능을 떠맡았다. 조긴드라나드 사르카르가 쓴 「반데 마타람」이란 같은 이름의 다음 시도 스와데시 운동이 한창일 때 널리 불리며 많은 힌두를 결속하고 민족주의를 고취했다.

일어나라, 오! 누이들이여!
용감한 아내들과 어머니들이여!
그대의 아이들에게 가르치라,
젖을 물리면서
영웅의 전설을!

그리하여 자부심으로 피가 끓도록.[19]

인도 민족주의의 발흥과 성장에 큰 영향을 준 『아난드 마스』는 힌두들이 무슬림 통치에 항쟁한 1770년 산야시 부족의 반란을 다루었다. 무슬림 통치에서의 해방을 다룬 『아난드 마스』가 영국으로부터의 독립을 은유하면서, 무슬림은 강한 영국을 대신하여 매를 맞는 희생양이 되었다. 이후 등장한 많은 문학작품과 역사소설도 힌두를 야만적으로 억압하고 자신들의 권력과 영광을 추구한 무슬림시대를 암흑기로 간주했다. 사람들을 결속하는 수단으로서 종교는 특히 적대적인 종교가 있을 때 효과적이었다.

이 나라의 쇠퇴와 불운은 이방인(야바나)이 벵골 땅에 들어서는 순간에 시작되었다. 포학한 이방의 통치는 이 나라를 황폐하게 만들었다. 폭풍이 정원을 파괴하고 난장판을 만들어놓듯이 압제적이며 파렴치한 이방인의 통치는 우리가 태어난 이 땅, 벵골지방의 행복과 행운을 말살했다. 끝없는 억압에 시달리면서 벵골인은 무력해지고 소심해졌다. 벵골인의 종교는 왜곡되었다.[20]

무슬림에 대한 적대감을 그린 뱅킴 찬드라의 또다른 소설 『라즈싱하』(메와르의 왕)도 힌두의 결집을 도모하는 데 유용했다. 소설에 등장하는 무굴제국의 황제 아우랑제브는 힌두를 미워하기 위해 태어난 사악한 인물로, 이슬람을 신봉하지 않는 힌두에게 지즈야(인두세)를 거두고 유명한 힌두 사원을 파괴했으며 신성한 암소를 살해하고 강제로 힌두의 이슬람교로의 개종을 추진한 사악한 지도자로 묘사되었다.

무슬림의 본질은 폭력과 공격성이고 힌두는 그 희생자였다. 아요디야에 있던 라마 사원을 무굴 황제가 파괴하고 그 자리에 모스크를 세웠다는 힌두 집단의 주장에 근거한 논쟁은 20세기 후반까지 힌두―무슬림의 최대 쟁점이 되었다.[21] 이 무렵 힌디어로 애국적 시를 쓴 프라타프 나라얀[1856~94]은 무슬림으로부터 받은 과거의 굴욕을 보복하고 잃어버린 용기를 되찾아서 전사와 같은 힌두의 정체성을 갖자고 주장하여 갈등을 부추겼다.

봄베이지방의 틸라크는 1893년 힌두의 코끼리 신 가네샤 축제를 부활하여 반무슬림 정서를 확산했다. 거대한 가네샤 신상을 공공장소에 마련한 틸라크는 10일 동안 체력시범과 거리행진을 벌여 수많은 힌두의 집합적 숭배를 과시하며 우상숭배를 배격하는 무슬림을 눈앞에서 자극했다. 그는 무슬림을 물리친 마라타의 영웅 시바지를 기리는 축제도 개최하여 힌두의 결속을 추구했다.

마라타 왕국이 무슬림 지배에 항거하여 벌인 구호는 '젖소와 농촌을 지키자'였다. 젖소는 이슬람교와 대비되는 마라타인의 종교 힌두교를 상징했고, 농촌은 자신들이 사는 고향에 대한 사랑, 곧 민족주의를 의미했다. 시바지와 마라타인이 무슬림과 이슬람으로부터 독립을 추구하며 사용한 자치라는 뜻의 '스와라지'[swaraj]는, "스와라지는 내 천부인권이다. 이제부터 나는 그것을 가질 것이다"라고 선언한 틸라크에 이어 인도 민족운동의 주요 슬로건이 되었다.

뱅킴 찬드라가 찾아낸 라즈싱하와 틸라크가 발견한 시바지처럼 인도 여러 지방에서 숭배된 영웅들은 지리적 경계를 넘어서 곧 '우리들'의 영웅이 되었다. 벵골의 프라파타디티야, 마라타의 시바지, 서부지방의 라지푸트, 북부지방의 시크들의 영웅은 모두 무슬림에게 저항한 공통점을 가졌다. 그들의 투쟁사는 해당지역을 넘어 인도 전역으로 퍼졌고 인도의 역사로 전환되면서 용감한 그들은 우리 힌두, 우리 인도의 영웅이 되었다. 영국 작가 E. M. 포스터의 『인도로 가는 길』에도 이러한 과정이 주인공 아지즈 박사와 필딩의 대화를 통해 묘사되었다.[22]

필딩: 나라얀 고드볼레라는 이름을 가진 내 조수를 기다리고 있어요.

아지즈: 오, 데칸 출신의 브라만이오!

필딩: 그도 역시 과거로 돌아가길 원한다오. 물론 알람기르(무슬림 통치
　　　자의 이름)시대는 아니지만.

아지즈: 저도 알고 있어요. 데칸 출신의 브라만들이 뭐라고 하는지. 영국
　　　이 인도를 그들에게서 빼앗고 정복했다는 거예요. 무굴이 아니라
　　　자기들에게서 (…) 그들은 심지어 뇌물을 주고 그 사실을 역사책
　　　에 올렸답니다. (…)

베네딕트 앤더슨은 소설을 민족주의적 상상의 문학적 표현으로 보
았으나 인도에서는 고전문학이 소설보다 민족주의 확산에 기여했다.
『바가바드기타』는 이 무렵 힌두 민족주의의 고전이 되었다. 데칸지방
의 마라타인 민족주의자 틸라크는 『바가바드 기타』의 주석을 통해 아
리아인의 우수성과 그 계승자로서 '인도'라는 국가를 주창했다. 강한
인도, 행동하는 인도를 표방하며 힌두교를 세계에 소개한 승려 비베카
난다와 대표적인 민족운동 지도자 간디도 『바가바드 기타』의 주석서를
펴내 힌두를 인도와 연계했다.

힌두교의 발견

인도가 발견되었다. 19세기 말 서구 교육을 받은 일단의 인도인이
발견한 인도는 『바가바드 기타』를 가진 힌두들의 땅이었다. 힌두는 실
제 존재하는 다양한 수천의 종파를 하나의 집단으로 간주한 자의적 정
의였으나 서로 다르게 살아온 벵골인과 마라타인은 힌두라는 하나의
이름으로 묶여 '다수의 힘'을 과시하게 되었다. 전국에 흩어진 힌두들
을 하나로 묶으면 엄청난 세력이었고, 영국 지배자에게 도전할 만한 충
분한 다수였다.

　우리 힌두, 우리 인도

강한 인도를 위해 하나로 상상된 힌두 집단은 총인구의 80퍼센트였다. 그들은 전체인구에서 무슬림과 기독교도, 시크나 불교도, 자이나교 신도처럼 자신의 종교를 분명하게 언급한 사람을 제외한 인구를 의미했다. 1881년, 펀자브의 센서스 책임자는 "자기의 믿음을 정의할 수 없거나 이미 인정된 종교가 아닌 이름으로 기술한 사람들을 (…) 모두 힌두로 분류한다"고 정의했다. 곧 '전체인구−(무슬림+기독교도+불교도+자이나교도+시크교도)=힌두'였다.

'힌두'라는 이름을 먼저 사용한 사람은 무슬림이었다. 그들은 자신들과 구분하여 인도(옛 이름 힌드)에 사는, 이슬람을 믿지 않는 이들을 힌두라고 불렀다. 무슬림의 타자인 힌두, 곧 '전체인구−무슬림=힌두'였다. 이 무렵에 구성된 힌두라고 불리는 하나의 집단은 베네딕트 앤더슨이 말한 '상상의 공동체'이자 무슬림과 보낸 천년의 세월을 묻어버린 어네스트 르낭의 '망각의 공동체'였다.

이제 힌두는 삶의 의미와 방식이 다른 전국의 모든 사람들을 끌어안는 단어였다. 무신론자와 무슬림 성자의 무덤을 찾는 사이비 힌두, 여우를 숭배하거나 성황당과 동구 밖의 고목을 믿는 자들을 포함했다. 쇠고기를 먹거나 죽은 사람을 화장하지 않고 매장하는 사람, 카스트에 들지 못하는 불가촉천민과 부족민도 모두 힌두가 되었다. 기독교나 이슬람처럼 종교의 창시자와 예언자가 없는 힌두교는 십계와 같은 계율이나 성경이 없으므로 오히려 모두를 하나의 집단으로 모을 수 있었다.

힌두교의 통일적 성격을 강조하려고 베다의 전통을 따르는 브라만의 철학적 믿음이 전면에 세워졌다. 영국 통치 초기부터 역사의 새벽에 말을 타고 모험을 감행한 아리아인의 언어 산스크리트를 이해하는 브라만들은 '아는 것이 힘'임을 실천하며 영국 지배자에게 협조했다. 영국은 통치의 편의를 위해 브라만의 조언을 받아들여, 그들의 성서 『마누 법전』을 힌두법전으로 삼았다. 이후 브라만의 법이 힌두라고 불리는 모든 사람들의 일상을 지배했다.

브라만은 총인구의 5퍼센트도 되지 않는 소수 계층(1931년 현재 4.7퍼센트)이었고, 각 지방에 거주하는 모든 브라만을 동일한 집단으로 볼 수도 없었다. 다만 그들은 산스크리트를 이해하고 그 언어로 쓰인 힌두 경전을 기억했다. 힌두라고 불린 대다수 인구는 산스크리트를 이해하지 못하고 힌두 경전을 몰랐으나 브라만과 함께 힌두로 불렸다. 경전에 근거를 둔 힌두교 대전통에 대한 강조는 다른 신을 숭배하는 전국의 다양한 집단을 인정하지 않았으나 그들은 모두 힌두였다.

통일된 힌두 집단이 나아갈 원칙은 뱅킴 찬드라 차테르지의 글에서 드러났다. 그는 무슬림이 자기들의 종교를 폭력적으로 신봉하고 권력에 대한 야망이 컸다고 파악하고 이제 힌두도 "이러한 원칙을 섭취하여 (…) 무함마드시대의 아랍처럼 (…) 강하게 될 것이다"라고 전망했다. 그들은 힌두가 호전성을 소유하면 식민통치가 무너질 것이라고 믿었다. 1880년대 말부터 계속된 힌두-무슬림의 폭동은 억압받는 '우리 종교'라는 양측의 의식에 좌절감과 분노가 더해져 한층 격렬했다.

1890년대 초까지 계속된 암소보호운동은 힘과 폭력이 연루된 전투적인 투쟁이었다. 신성한 암소의 도살은 무슬림에게 위협받는 힌두라는 이미지로 많은 사람들을 결속했다. '암소보호회'를 조직한 아리아 사마지는 무슬림의 호전성을 지목하고 식민정부에 무슬림의 '암소 도살'을 금지해달라고 청원했다. 힌두-무슬림의 갈등이 가장 극심하던 1893년에는 전국적으로 45차례의 폭동이 발생하여 100여명이 희생되었다.

민속적인 힌두교와 다양한 소전통을 넘어 힌두교의 통일성과 단일함을 강조하면서 힌두의 전국적인 일체감이 형성되었다.[23] 철도를 비롯한 교통망의 증진과 확대, 전신전화와 같은 커뮤니케이션의 증진, 영국의 행정과 경제구조의 통합도 힌두들의 '우리 힌두'라는 공감대와 자의식을 확대하는 발판이 되었다.

인도라는 상상의 공동체

무슬림은 힌두의 타자로 간주되었다. 인류학자 버나드 콘이 말한 '집단의 대상화'였다. 1876년, 벵골지방에서 개최된 힌두 축제에서 일단의 힌두들은 자신들의 정체성을 아리아인이라고 주장하고 '아리아인의 나라'Aryavarta를 바라트, 곧 인도와 동일시했다. 아리아인이 아니면서 아리아인의 나라에 살고 있는 무슬림은 힌두의 타자였다. 1873년, 벵골지방에서 간행된 한 잡지에 게재된 다음의 글도 힌두가 아닌 무슬림을 인도인이 아니라고 규정했다.

같은 땅에 거주한다는 사실이 같은 국가에 소속되는 것을 의미하지는 않는다. (…) 힌두는 이 땅의 옛 거주자였고 수천년 동안 이곳에서 살아왔다. 또한 그들은 인구의 다수를 차지하는 사람들이다. 그들이 비록 국가로서 패배했다고 하더라도 이곳은 힌두들의 땅이지 약탈자들의 나라가 아니다. 오직 힌두만 '모국 인도'Bharat Mata의 합법적인 자식인 것이다. 힌두가 가지고 있던 부와 존엄성, 재산과 왕국의 위상, 그리고 토지를 빼앗은 자가 누구이든간에 'national'이라는 형용사를 사용할 수 있는 유일한 권리는 오직 힌두에게만 있다.[24]

'힌두스탄은 우리의 것이다!'
'힌두스탄에 거주하는 사람은 힌두이다!'
상상의 공동체 인도는 인구의 약 20퍼센트인 무슬림을 배제하고 힌두교와 그 종교를 믿는 사람들—힌두들—이 사는 나라로 여겨졌다. 게젤샤프트를 형성하기 위해 새로운 게마인샤프트가 탄생한 셈이었다.[25] 천태만상의 힌두를 결속한 '힌디,Hindi 힌두,Hindu 힌두스탄Hindustan'이라는 세 낱말은 인도라는 국가에 대한 인식을 널리 그리고 멀리 확산했다.[26]

힌디(언어), 힌두(국민), 힌두스탄(영토)으로 연결된 인도는 네루가 자신의 저서 『인도의 발견』에서 언급한, 이방인에게 침략당하고 정복되었으나 전통의 본질을 잃지 않고 자유를 향해 씩씩하게 나아간 그 인도였다. 네루[1889~1964]는 인도를 오랜 문화적 배경과 삶에 대한 공통의 관점을 가진 힌두스탄이라고 정의하여 사실상 무슬림을 힌두스탄과 인도에서 제외했다.[27]

인도는 그렇게 독립을 이루기 훨씬 전에 태어난 상상의 국가였다. 허나 1885년에 탄생된, 'national'이라는 형용사를 쓴 인도 국민회의[Indian National Congress]는 힌두의 정체성을 표방하지 않고 세속적인 입장을 견지하며 무슬림 참석자들을 포함했다. 초기 국민회의에 상정된 안건은 경제와 정치 문제에 국한하여 힌두-무슬림의 사회적 갈등을 피했다. 그러나 20세기가 되자 인도 주류 민족운동은 다수 힌두의 결속력에 크게 의존하면서, 19세기 말 '상상의 무슬림 공동체'를 발견하여 발족된 무슬림연맹과 갈라져 분단의 인도를 향해 달려갔다.

카스트의 재발견

식민통치와 인구조사

오늘날 잘 알려진 카스트제도는 19세기 영국의 식민통치가 인도에서 재발견한 사회제도였다. 영국이 통치의 편의를 위해 실시한 '인도조사'Survey of India 와 같은 계량화한 각종 보고서와 실태조사, 1871년부터 10년마다 치러진 인구센서스는 광대한 인도의 다양한 층과 켜의 사람들을 범주로 구분하고 계량화하여 에드워드 싸이드가 말한 '통치할 수 있는 부분'으로 만들었다.

이때 재발견된 가장 중요한 구분은 카스트였다. 1868년, 식민정부는 수억의 인도인을 상세하게 구분하고 정리하여 『인도의 인종들』이란

신분제를 언급한 고대 경전 『리그베다』

8권 분량의 책을 출간했다. 고대의 관습과 관행이 현재까지 잔존하여, 이른바 '살아 있는 박물관'으로 여겨진 인도는 이후 식민정부의 그러한 분류를 받아들여 자기가 연루된 집단에 새로운 이름을 붙이고 종전과 다른 방식으로 집단의식과 소속감을 양성하고 정체성을 표현했다.

영국이 측정할 수 있는 계층으로 체계화하여 통치에 활용할 유용한 지식으로 생산할 때까지 카스트는 세분화되거나 분명하게 구분되지 않았다. 고대 경전 『리그베다』에는 브라만과 크샤트리아, 바이샤와 수드라 4계급으로 나뉜, 색깔이라는 의미의 바르나^{varna}로 신분제가 언급되었다. 그보다 한참 뒤 그리스의 역사가 아리안은 브라만을 의미하는 벌거벗은 현자, 농부, 목동, 장인, 군인, 관리인, 왕실관료 등 7개의 계급으로 서술하여 구전에 의한 바르나제도와 달랐다.

1498년, 인도항로를 통해 캘리컷에 도착한 바스코 다가마의 뒤를 따라 인도 서해안에 세력을 잡은 포르투갈인은 자신들이 발견한 사회제도를 카스트라고 불렀고, 오늘날까지 그렇게 알려졌다. 16세기 초, 남

카스트의 재발견

부지방의 비자야나가르 왕국을 방문한 바르보사라는 외국인은 그곳에 3개의 계층이 있으며 그들은 다른 계층과 구분되는 나름의 법칙과 관습을 가지고 있다고 적었다. 그는 브라만과 왕이 포함된 계급은 언급했으나 다른 계급에 대해서는 침묵했다.

16세기 말, 무굴의 아크바르시대에도 4개의 계급이 기록되었으나 조세징수나 지방정부와 연계하여 설명되었을 뿐 다른 언급은 없었다. 영국이 지배하는 18세기에도 인도인의 신분은 엄격하게 구분되기보다 유동적이었다. 특히 낮은 계층의 하인과 노동자, 이른바 하층의 구분이 모호했다. 영국은 여러 지역에서 다르게 작동되는 카스트를 하나의 제도로 표준화했다. 이처럼 카스트는 분명하게 구획되거나 인도 사회를 장악한 제도가 아니었다.

19세기 전반에도 영국은 카스트를 중요하게 여기지 않았다. 주로 정복과 동맹 등 군사적 문제에만 관심을 집중하던 영국은 1857년 인도인의 대항쟁을 겪으면서 인도를 더 잘 통치하려면 인도인을 더 잘 이해해야 한다는 필요성을 절감하고 인도 사회에 관심을 두기 시작했다. 인종조사 Ethnological Survey 담당관은 "토착인을 더 잘 알수록 그들이 무엇을 하고, 무엇을 하지 않을 것인가를 덜 말하게 될 것"이라고 적어 인종조사의 정치적 유용성을 언급했다.[28]

10년마다 실시된 인구센서스는 제국의 이념과 식민통치를 확고하게 다지기 위해 필요한 인도에 관한 경험적 지식을 채집하는 주요 수단이었다. 인구조사는 영국이 인도에서 필요한 군대 충원, 범죄자 분류, 농업정책 실시, 법률적용과 사회질서 유지에 관한 지식을 제공했다. 문제는 인구를 어떻게 분류하고 조사할 것인가, 하는 것이었다. 카스트가 사회의 기본 형태라고 여겨지면서 인구조사는 카스트를 중심으로 실시되었다. 이후 카스트는 인도 사회를 이해하는 주요한 지표가 되었다.

카스트의 재발견

영국은 카스트제도를 브라만을 중심으로 파악했다. '알 수 없는 인도'를 인도유럽어계 산스크리트 경전에 근거한 브라만의 전통으로 이해한 영국은 사회의 엘리뜨라고 여긴 브라만의 협조를 바탕으로 통치를 이어갔다. 인도에서 근무한 영국 고등문관은 겨우 천명 남짓이었다. 그 소수의 지배자와 수억의 인구를 연결하는 매개계층 역할을 떠맡은 브라만은 적극적으로 영어를 배우고 서구 교육을 받아 그것을 바탕으로 관리, 법조인, 필경사, 재무관, 세리로 일했다.[29]

1871년에 실시된 첫 인구조사의 기준은 고대 경전에 나오는 바르나였다. 4성제도로 알려진 바르나제도를 따라 모든 인구는 브라만, 크샤트리아, 바이샤로 구분되고 나머지 인구는 수드라로 분류되었다. 베다를 가르치고 제사와 의식을 집행하는 브라만, 사람을 보호하고 베다를 배우는 크샤트리아, 소를 기르고 땅을 갈며 상업을 영위하고 돈을 다루는 바이샤, 위 세 계급에 봉사하는 임무를 가진 수드라로 구분한 브라만의 『마누 법전』을 그대로 따른 것이다.

그러나 2억에 가까운 인구를 4개의 범주로 단순하게 분류할 수는 없었다. 같은 이름의 카스트에는 수많은 하위카스트들이 존재했다. 일찍이 1834년, 아소카 석주의 비문을 해독한 프린세프는 바라나시지역에만 107개의 서로 다른 브라만이 있다고 구분했다. 수드라들도 그 안에 상하귀천의 구별이 상이한 여러 집단으로 구성되었다. 『리그베다』에 언급된 카스트가 세월이 흐르고 세상이 복잡해지면서 서로 갈리고 나뉘어 수천개의 작은 집단이 된 것이다.

1881년 센서스에서는 인구를 브라만, 라지푸트(크샤트리아), 기타 카스트 등 3개로 분류했다. 다른 카스트와 구분이 뚜렷하지 않고 소속감이 적다고 여긴 바이샤를 '기타 카스트'에 포함시켰다. 센서스는 인구 10만 이상의 크기를 가진 '기타^{other} 카스트' 가 207개로 약 1억4천3백만명이라고 밝혔다. 총인구 1억6천7백만명 중 압도적 다수가 '기타 카스트'였다. 조사방법의 차이로 카스트 수는 1871년 3200여개에서 1881년 19,000여개로 크게 늘었다.

카스트는 점차 브라만과 크샤트리아의 기준을 따라 변모했다.[30] 인구조사가 상층카스트를 중심으로 실시되자 하층카스트들은 카스트를 정치운동의 기반으로 삼았다. 센서스 담당관도 "힌두 사회가 부과한 것보다 상위 카스트를 주장"하는 경향을 기록했다. 인구조사와 각종 보고서에 자신이 브라만이나 크샤트리아와 같은 높은 위상임을 주장하는 하층카스트들은 그것을 증명하려고 의도적으로 상층카스트의 경건한 생활과 오염에 대한 금기를 실천했다. 이처럼 하층이 산스크리트를 쓰는 상층카스트의 도덕과 기준을 모방하는 경향을 브라만 출신 인류학자 스리니바스는 '산스크리트화'^{Sanskritization} 라고 불렀다.[31]

사실 카스트제도는 일반적인 인식과 달리 엄격하게 규정되지 않고 유동적이고 신축적이었다. 무굴제국을 위협하며 서부지방에서 세력을 구축한 마라타 왕국의 시조 시바지는 카스트제도 안에서 수평적 상승이동하는 근대적 현상의 선례를 남겼다. 본래 수드라 출신인 시바지는 권력을 잡은 뒤 인구의 다수를 차지하는 수드라 농민과 소수 브라만과 자신을 구별하려고 군인계층 크샤트리아의 위상을 주장했다.[32] 시바지는 브라만의 지지와 족보를 인정받으려고 크샤트리아에 맞는 상무적 태도와 행동을 취하고 친척들에게 같은 행동을 요구했다. 그들은 상층카스트처럼 성스러운 실을 몸에 걸치고 음식의 금기와 여성을 은둔시키는 관습을 실천하며 크샤트리아화를 추진했다.

19세기 후반, 마라타의 수드라 집단을 이끈 풀레^{Jotirao Phule}는 '진리추구회'를 조직하여 낮은 마라타족이 본래 크샤트리아였다고 주장하면서 브라만을 공격했다.[33] 영어와 서구의 가치를 배운 그는 마라타를 정복한 아리아 계통의 브라만들이 자기들의 찬탈행위를 감추려고 카스트제도를 만들어 사회적 특권과 종교적 권위를 누렸으며, 거기에 무지한 영국이 브라만의 경전과 법률에 더 많은 권위를 부여하여 브라만의 위상을 강화했다고 비판했다.

반브라만 운동의 단초를 연 마라타의 풀레는 카스트제도를 반대하는 수사를 사용하면서도 카스트의 논리를 부정하지 않았다. 이 무렵 호전적 민족주의자로 명성을 쌓은 마라타의 브라만 틸라크는 풀레의 반브라만 운동을 반대했다. 이후 민족운동은 서구 교육을 받고 전문직에 종사하는 브라만 엘리뜨들과 깊이 연계되었다. 1919년에 결성된 반브라만 운동이 국민회의 반대편에 좌표를 설정한 것은 그 때문이었다.

상위의 카스트를 주장하는 하층카스트가 늘어나면서 카스트의 정체성이 강화되고 제도는 한층 계층화되었다. 계량화하고 사회적 위계를 매기는 인구조사는 낮은 카스트의 경쟁을 자극했다. 19세기 후반에 등장하여 소속감을 높이며 서로 경쟁한 수많은 카스트협회는 소속된 카스트 구성원의 정치·경제적 이익을 위해 교육과 관직진출을 후원했다. 그렇게 하여 카스트간의 상호 의존성이 도드라지던 카스트제도는 점차 경쟁과 배타성이 특징이 되었다.

경제적으로 안정된 하층카스트들은 자신들의 개량되고 증진된 현재의 상황과 생활을 반영하여 기존의 카스트에서 자신을 분리하여 새로운 이름을 붙이고 높은 카스트를 주장했다. 그러나 카스트제도를 거부하는 것이 아니라 카스트와 힌두교를 인정하고 브라만 이데올로기의 지표 안에서 운동을 벌였다는 점에서 힌두교에 대한 항의운동의 성격을 드러냈다. 곧 제도 안에서 자기 위상의 변화를 추구하는 데 머물렀다.

불가촉천민과 카스트제도

카스트의 정체성을 확인하는 과정을 통해 사회적 상승이동을 추구한 집단에는 4개 카스트의 밖^{out-caste}에 존재하며 카스트를 가진 힌두로부

　　　　　　　　　카스트의 재발견

터 접촉을 기피당하여 불가촉천민不可觸賤民이라고 불리는 최하층이 있었다. 부정의 원천이자 사회적 금기대상인 불가촉천민은 우리나라의 백정, 일본의 부락민, 남아프리카의 흑인, 나찌 치하의 유태인처럼 사회적 접촉과 삶의 기회를 제한받는 특수 집단이었다.

불가촉천민은 고대 『우파니샤드』에 나오는 '찬달라'라는 천민이자 2세기 자나카Janaka가 언급한, 마을 밖에 격리되어 세습적인 직업에 종사하는 집단의 후예였다. 그들은 아마도 마누가 언급한, 동구 밖에서 따로 거주하며 대낮에는 마을에 들어올 수 없었던 사람들이고, 11세기 무슬림 여행가 알 비루니가 기록한, 마을 밖에 분리되어 살며 더러운 일에 종사하는 집단의 자손임에 분명했다.

카스트의 위계는 브라만을 중심으로 순수와 오염, 곧 부정타지 않은 청정성의 여부에 따라 상대적 서열이 매겨졌다. 불가촉천민은 정복자에게 사로잡힌 노예나 사회에 적응하지 못한 낙오자들의 후예로 대개 죽음이나 배설과 관계되는 부정한 일에 종사하거나 전염병으로 죽은 시체를 취급하여 오염원으로 여겨졌다. 상층카스트들은 먹을 것이 부족하여, 소고기를 먹지 않는 음식의 금기를 지키지 못한 그들을 오염원으로 여겨 접촉을 기피했다. 그래서 불가촉천민이 되었다.

남부지방의 불가촉천민 집단 나다르는 일찍이 1820년대부터 스스로를 크샤트리아라고 주장했다. 마라타의 시바지처럼 나다르 남성들은 브라만이나 크샤트리아가 하는 성스러운 실을 걸쳤고, 여성들은 블라우스를 입으며 위상의 변화를 추진했다. 19세기 말에 이르러 상층카스트로 힌두 사원을 참배하게 된 나다르는 지속적으로 집단의 발전을 꾀했다. 나다르 출신의 카마라즈 나다르는 나중에 마드라스 주 수상과 국민회의 총재가 될 정도로 성공했다.

크샤트리아 나야르가 지배권을 행사한 말라바르지방에서는 에즈하바, 티야 들과 같은 불가촉천민 집단이 스스로를 나야르와 동등한 위상이라고 주장하며 크샤트리아처럼 '순수한' 행동규범을 만들고 새 정체성을 추구했다. 그들은 그들만의 사원을 세우고 지역의 수호신을 숭배하며 힌두 사회와 차별성을 추구했으나 브라만의 가치와 기준을 따름으로써 카스트를 인정하는 모순에 빠졌다. 이들은 1930년대 간디와 국민회의와 연결되면서 자신들이 힌두 집단이라고 다시 정의했다.

사회적 상승이동을 추구한 불가촉천민들은 때로 과거를 다시 쓰거나 새로운 카스트를 만들고 보다 명예로운 이름을 붙였다. 1901년 마드라스의 불가촉천민 집단 샤난은 크샤트리아라고 주장한 나다르를 모방하여 자신들도 나다르라고 내세우며 기존의 나다르 집단과 경쟁했다. 벵골지방의 불가촉천민 카이바르타는 마히샤로 이름을 변경하고 높은 카스트라고 주장했다. 벵골의 일부 무슬림은 조상이 외국에서 왔다고 주장하며 벵골태생의 무슬림보다 높은 위상을 선언했다.

인구조사를 이용하여 존중받는 계층의 사다리에 오른 대표적인 불가촉천민 집단은 마드라스 주의 팔리였다. 인구조사가 실시된 초기부터 자신들이 바이샤 계층 바니아라고 이름을 바꿔 부르며 위상을 높여 부른 팔리 집단은 광범위한 조직의 지지를 받으며 그 위상을 달성하려고 오랫동안 노력을 경주했다. 1921년 인구조사에서 천한 직업의 이름인 팔리를 제외시키는 데 성공한 팔리 집단은 1931년 센서스에서 드디어 바니아라는 완전한 상층카스트로 탈바꿈했다.

중부지방에서 가죽수공업에 종사한 불가촉천민 차마르도 자신들의 오랜 생활방식을 버리고 소를 숭상하고 육식을 거부하면서 브라만의 전통을 따르고 실천하며 높은 위상을 주장했다. 근대 교육을 받은 람차란[1888~1938]은 종전과 다른 방식으로 차마르의 위상을 증진하려고 추진했다. 차마르가 불가촉천민이 아니라 원주민[adi-hindu]이라고 선언하며 새로운 역사와 인종이론을 이용한 람차란은 그들이 북부 아리아인의 지배를 받은 남부지방 원주민의 후손으로 본래 힌두였다고 주장했다. 차마르는 1925년 스스로를 독립된 힌두 집단으로 선언했다.

특히 상층카스트의 인구비율이 적은 마드라스 주에서 그러한 움직임이 거셌다. 인구조사를 담당한 영국인 책임자도 그 주장을 수긍했다. 그는 『마누 법전』에 해설된 카스트제도는 남부의 드라비다 인종에게 낯선 제도이며 북부의 브라만이 만든 카스트가 소개되기 이전의 마드라스인은 부족민으로 나뉘었다고 여겼다. 남부에서는 카스트의 구분이 직업과 관련이 없고, 카스트와 직업의 관계는 드라비다인의 아이디어가 아니라고 기록하여 남부 하층민을 격려했다.

브라만의 독점에 대한 브라만이 아닌 계층의 자기확인으로서 반브라만 운동은 마드라스지방에서 전개되었다. 인구의 3퍼센트밖에 안되는 브라만들이 영어와 서구 교육을 바탕으로 관직과 전문직을 독점하자 비브라만은 그들의 독점을 비판하고 사제라는 그들의 주장을 반박했다. 그들은 북부에서 멀리 떨어진 지리적 특성을 염두에 두고 자신들이 원드라비다인이라고 주장했다. 그 운동은 과거의 부당함을 시정한다는 의미로 1916년 '정의당'Justice party을 결성하여 정치적 운동으로 이어졌다. 그러나 그들은 억압받는 최하층이 아니라 농촌에서 토지를 소유하고 강력한 세력을 가진 지배적인 카스트, 수드라들이었다.

1920~30년대 자신들을 원주민 힌두라고 인식한 많은 하층민도 세습적인 낮은 위상을 상징하는 오염된 직업을 버리고 새로운 행동양식을 규정하고 실천하며 상층카스트의 이상형을 모방한 점에서 다른 카스트 집단의 움직임과 다르지 않았다. 평등과 권리를 주장하면서도 카스트제도를 전면적으로 공격하거나 도전하지 않은 점도 같았다. 제도 안에서 수평적 상승이동에만 관심을 두었을 뿐, 위상과 직업에 근거하여 연대와 주장을 펴는 계급운동은 아니었다.

암베드카르와 불가촉천민 운동

인구조사를 바탕으로 하층카스트에 대한 정부 차원의 특별대우가

시작되었다. 1885년, 마드라스 주 정부가 불가촉천민에게 특별한 시설을 제공한 것이 그 기원이었다. 1920년 중반부터 간디가 불가촉천민의 위상을 증진하는 운동을 열성적으로 벌인 덕분에 이들에 대한 개선작업이 보다 눈에 띠게 추진되었다. 앞에서 언급한, 각 지방에서 전개된 불가촉천민의 움직임이 전국적 모임으로 발전한 것은 1926년의 일이었다.

이 시대 불가촉천민의 위상을 증진하려고 노력한 대표적 인물은 마라타지방 마하르 출신의 암베드카르[1891~1956]였다.[34] 마하르는 청소를 하거나 죽은 동물의 가죽을 벗기는 천한 일에 종사하는 불가촉천민으로 1931년 봄베이 주 불가촉천민의 68.9퍼센트를 차지했다. 암베드카르는 다행히 좋은 후원자를 만나서 미국에 유학하여 컬럼비아 대학에서 경제학 박사학위를 취득했다. 그는 런던 대학교에서도 이학박사 학위를 받았고, 독일의 본 대학에서도 수학하여 비상한 능력을 드러냈다.

카스트의 재발견

그러나 유학을 마치고 금의환향한 암베드카르를 기다리는 것은 차별과 냉대였다. 개인적 능력을 인정하거나 칭찬하는 사람들은 없었다. 취직을 해도 불가촉천민과의 접촉으로 오염될 것을 두려워한 동료들의 반대로 책상을 사무실이 아닌 복도에 내어놓고 근무하는 굴욕을 참아야 했다. 그런 상황을 견디지 못해 여러 직업을 전전한 그는 자연스럽게 불가촉천민을 위한 투쟁의 길로 접어들었다.

그는 먼저 불가촉천민을 달리트^{Dalit}(억압받는 사람)라고 불러서 계층의 사회·정치적 정체성을 인식했다. 암베드카르는 우상을 믿지 않았으나 불가촉천민이 다른 카스트처럼 힌두 사원에 들어갈 수 있는 권리를 얻기 위해 투쟁했다. "불가촉제가 살면 힌두교가 죽는다"고 말한 간디도 상징적인 그 운동을 지지했다. 간디는 불가촉천민에게 '하리잔'^{Harijan}(신의 자식)이라는 역설적인 이름을 지어주고 그들을 고무했다.[35] 그리고 1932년부터 같은 이름의 주간지를 발행하여 불가촉제를 폐지하려고 노력했다. 힘겨운 싸움 끝에 결국 남부 탄조르의 브리데쉬와라 힌두 사원이 사상 처음으로 불가촉천민에게 참배를 허용했다.

불가촉천민이 힌두 사원을 참배할 권리를 명목상 확보한 암베드카르는 간디의 독립운동을 도우며 불가촉천민의 위상을 높이려고 분투했다. 암베드카르는 의회를 '힘의 사원'이라 여기고 불가촉천민이 의회에서 세력을 가질 수 있도록, 무슬림처럼 불가촉천민에게 '독립선거구'를 달라고 정부에 요구했다. 그는 인도 사회에서 무슬림에 이어 제2의 소수집단인 불가촉천민이 무슬림보다 사회적 위상이 현저하게 낮다고 주장했다. 1932년, 인도 사회의 통합을 우려한 영국 지배자는 그들의 요구를 받아들였다.

반대로 인도의 분열을 우려한 간디는 불가촉천민이 독립적인 정치집단이 되는 것을 꺼렸다. 이미 무슬림이 독자적인 정치세력이 된 마당에 불가촉천민에게 독립성을 인정한다면 곧 기독교와 시크교, 수천개의 카스트 집단이 같은 요구를 할 것이고, 그렇게 되면 인도 사회는 분

열하여 영국에게 대항할 힘이 분산될 것이라고 여겼다. 간디는 불가촉
천민이 힌두 사회의 구성원이라고 주장하며 그들의 독립성을 인정하는
법안을 철회하라고 단식투쟁을 시작했다.

　　나는 인도의 단결을 위해서라면 당신의 귀중한 목숨을 걸 만한 가치가
있다고 생각합니다. 우리의 아픈 가슴은 사랑과 존경심을 가지고 당신의
숭고한 고행을 따를 것입니다.

시인 타고르는 감옥에서 단식을 결행하는 간디에게 격려의 편지를
보내고, 하리잔을 차별하지 말자고 사람들을 설득했다. 간디가 단식하
자 많은 힌두 사원들이 불가촉천민의 참배를 허용하겠다고 발표했다.
우물과 저수지, 기타 공공장소도 그들의 이용을 허용하겠다는 선언이
이어졌다.

"마하트마는 왔다가지만 불가촉천민은 영원히 불가촉천민"이라고
말한 암베드카르는 한동안 버텼으나 목숨을 걸고 악법에 반대하는 마
하트마의 단식투쟁에 항복했다. 그는 '인도'라는 상상의 공동체에 대한
충성과 그 국가 안에서 낮은 위상에 대해 갈등했으나 국가를 먼저 생각
하고 달리트의 독립선거구를 포기했다. 정부도 법안을 취소했다. 감옥
에서 나온 간디는 전국을 돌아다니며 하리잔 운동을 전개했다. 갈등 없
는 사회를 기대하는 그는 불가촉천민을 힌두 세계로 끌어들이려고 노
력했다.[36]

다른 불가촉천민 출신 지도자 작지반 람이 1935년 전국적인 불가촉
천민연맹을 결성하자 암베드카르는 선수를 치고 독립된 정당인 '독립
노동당'을 만들었다. 1935년, 식민정부는 불가촉천민에게 중앙 의회와
주 의회에 일정 비율의 자리를 보장했고, 이듬해에는 특별한 카스트로
지정했다. 1937년, 봄베이 주 지방선거에서 국민회의에 맞선 독립노동
당은 불가촉천민에게 할당된 18석 중 16석을 차지했다.[37] 암베드카르

타고르와 간디. 타고르는 "인도의 단결을 위해서라면
당신의 귀중한 목숨을 걸 만한 가치가 있다"면서 간디를 격려했다.

는 불가촉천민이 국민회의와 무슬림연맹에 이어 제3의 세력이라고 주
장했으나 영국은 장차 시행할 연방제에서 그들의 독립된 위상을 인정
하지 않았다.

카스트와 민주주의

1947년 독립한 인도 정부는 차별받는 집단에게 '자기 목소리'를 낼
수 있는 제도를 마련했다. 제헌위원장으로 헌법을 기초한 암베드카르
는 불가촉천민제 폐지를 헌법에 명문화했으나 불가촉천민에 대한 국가
의 보호와 특혜만은 인정했다. 흑인에게 특별대우를 인정하는 미국처
럼 관직과 의회, 교육기관의 일정한 비율을 불가촉천민에게 특별히 배
정하여 그들의 위상과 복지를 증진하는 조치였다.

　오랫동안 차별받으며 지낸 그들에게 특별대우를 보장한 헌법 14조 2항은 모든 국민이 법 앞에 평등하며 "카스트, 종교, 출생을 근거로 차별받지 않는다"고 언급하고도 다른 한편으로 "국가가 사회적으로, 교육적으로 후진한 계층, 또는 지정된 카스트나 지정된 부족민의 증진을 위해 특별한 조치를 마련하는 것을 금지하지 않는다"고 규정하여 사회적 약자에 대한 긍정적 차별을 허용했다.

　헌법에 이름이 지정되어 지정 카스트Scheduled Castes: SC라고 불린 그들은 후진지역에 거주하는 지정 부족Scheduled Tribe: ST과 함께 특별대우를 받게 되었다. 인위적 평등을 노리는 특별임용제를 통해 일부 SC와 ST는 의사와 엔지니어가 되고 연방정부의 장관과 의원으로 위상을 올렸다. 1990년대 불가촉천민 출신 대통령 나라얀, 여성으로 최대 주 지방 우타르프라데시 수상을 지낸 마야와티의 등장은 카스트제도의 혁명적 변화를 실증했다.

　그러나 개천에서 용을 키우는 '마이더스의 손'과 같은 특별제도가 불가촉천민에게 밝은 미래만을 약속한 것은 아니었다. 법적 개선으로 정치적 권리는 인정받아도 사회에서 위상의 변화를 얻지 못한 암베드카르는 1956년 죽기 두달 전에 50만이 넘는 불가촉천민을 이끌고 불교로 개종했다. 카스트를 파괴하는 유일한 대안이 개종이라고 여긴 그는 힌두교에 대한 프로테스탄트이자 인도 전통인 불교를 선택했다.[38] 그 뒤를 이어 400만명의 불가촉천민이 불교로 개종했다.

　1991년 센서스에 따르면, SC는 인구의 17퍼센트이고 ST는 11퍼센트였다. 사회적 상승이동을 법적으로 보장하지만 특혜를 이용할 수 있는 불가촉천민은 아직 경제력을 가진 소수에 불과한 형편이다. 더구나 인구의 다수인 약 2,400개의 후진계층들이 불가촉천민과 부족민에게 주는 권리와 대등한 대우를 요구하여 문제가 복잡해졌다. 정부는 기타후진계층Other Backward Class: OBC으로 지정된 그들에게 ST와 유사한 특혜를 부여했다.

1990년, 정부는 연방정부의 공직 49퍼센트(27퍼센트는 후진계층)를 지정제도^{reservation}를 활용하여 임용한다고 발표했다. 이러한 발표는 상층 카스트의 반발로 큰 논란을 야기했으나 최고재판소의 판결로 확정되었다. 문제는 OBC가 경제적으로 후진한 계층이 아니라 녹색혁명으로 부를 축적한 경제적으로 유복한 농민과 중산층이라는 점인데, 민주주의를 실천하는 인도에서 인구의 다수인 OBC는 정치적 표밭을 매개로 정부로부터 지정제도를 인정받고 혜택을 누리고 있다.

1990년대 기타후진계층과 SC에 지정된 각 주 지방의 특별임용 비율은 타밀나두 69퍼센트, 카르나타카 73퍼센트, 비하르가 80퍼센트에 달했다. 그리하여 카스트는 약해지기보다 더욱 강해졌다. 하층카스트와 SC는 특혜를 누릴 수 있어서 카스트의 정체성을 더욱 인식하고, 기존의 사회적 기득권과 우월성을 고수하려는 상층카스트들은 특혜제도를 비판하며 '우리'를 의식한다. '카스트 없는 새로운 사회'를 열망하며 도입한 제도가 역설적으로 카스트제도를 강화하고 있는 것이다.

인도 무슬림과 파키스탄운동

우리는 인도 무슬림

19세기 후반, 인도의 무슬림은 자신들이 인도의 구성원이 아니라는 사실을 발견했다. 영국 지배자들은 무슬림의 이러한 자기발견에 도덕적 지원과 구체적 자료를 제공했다. 인도의 무슬림을 별도의 집단으로 분리하여 통치함으로써 정치적 이익을 추구하려는 의도가 숨어 있었다.

영국 지배자는 기독교처럼 유일신을 숭배하고 일관된 조직과 믿음 체계를 가진 이슬람을 선호했다. 기독교를 믿는 영국인과 이슬람을 믿는 무슬림은 공격성과 직선적 세계관을 공유했고, 선교를 강조하는 공통점을 가졌다. 양측은 인도를 정복하고 통치한 점에서도 공범이었다. 구약성서의 '나는 징벌하는 야훼'에서 보이는 셈족의 종교—기독교와 이슬람교—는 미신적인 힌두교, 수많은 신을 숭배하는 힌두교와 본질적으로 다르다고 여겼다.

『인도 무살만』Indian Musalman을 쓴 식민정부 고위관리 윌리엄 헌터는 "영국의 신민臣民이 과연 여왕에게 반란할 것인가?"라면서 영국의 신민으로서의 인도 무슬림을 신뢰하고, 그들과 제휴하고 그들의 충성심을 이용해야 한다고 제안했다.[39]

18세기, 영국의 인도 정복에 최대 걸림돌이던 마이소르 왕국의 무슬림 지배자 티푸 술탄이 영웅으로 흠모된 것도 같은 맥락이었다. 1901년, 영국 교과서에 등장한 티푸 술탄은 영국인처럼 피부가 희고 신체가 강건하며 전쟁터에서는 용감하지만 평시에는 관용적이며 공명정대한 인물이었다. 그는 "희고 불그레한 피부에 키가 크고 강건하며, 강하고 역동적이며 대담한 기수騎手이자 노련한 검술가 (…) 무슬림으로 관대하며 힌두들에게도 친절한" 지도자였다.[40]

무슬림을 힌두와 다르다고 간주하여 그들을 인도의 역사에서 분리한 것도 영국이었다. 영국 지배자들은 인도에서 새로 발견된 역사적 유물과 유적을 '힌두'와 '무슬림'의 유적으로 구분하여, 그때까지 그러한 구분 없이 유적을 관리한 인도 여러 왕들과 다른 입장을 드러냈다. 앞에서 살펴본 것처럼, 인도 역사를 고대=힌두시대, 중세=무슬림시대, 근대=영국시대로 나눈 사람도 영국 지배자였다. 통치의 편의를 위해서였다.

영국 지배자들은 "무슬림은 단순하지만 자신만만하고 오만하며 자기들이 다른 사람보다 우월하다고 생각"한다거나 "낮은 계층의 무슬림은 거만하다. 그러나 무슬림 젠틀맨은 잘 성장한 완벽한 인간의 모델"이라고 영국신사처럼 매너가 좋은 무슬림을 칭송하여 무슬림이 아닌 다른 인구—힌두—들을 자극했다.[41]

이번 장의 앞 절에서 본 것처럼, 인도를 정복하고 '무자비하게' 통치한 무슬림을 존경할 수 있는 용맹한 전사이자 남성적인 종족이라고 칭송하고 힌두들을 나약하고 여성적이라고 경멸하자, 19세기 후반부터 힌두들은 무슬림을 인도의 정치적 자유와 고대의 영광을 빼앗고 탄압한 이방의 정복자로 여기고 적대감을 드러냈다.

"어떻게 무슬림 통치가 우리를 보호합니까? 우리는 종교와 카스트, 가문의 명예를 잃었습니다. 그리고 이제 우리의 목숨까지 잃게 되었습니다. 이 방탕한 돼지들을 내쫓지 않고서 어떻게 힌두교가 부흥할 수 있다는 것입니까?" 인도의 역사를 써야 한다고 주장한 뱅킴 찬드라 차테르지는 무슬림 통치에 저항한 힌두의 반란을 다룬 소설 『아난드 마스』를 발표하여 무슬림에 대한 힌두의 적대감을 고무했다.

라다챠른 고스와미^{Radhacharn Goswami}가 1879년에 힌디어로 발표한 희곡 「인도는 이방인의 정권」도 무슬림의 통치를 여성을 겁탈하고 신성한 암소를 도살하며 힌두 사원을 더럽힌 혼란스러운 시대로 그렸다. 무슬림은 무고한 아이들을 죽이고 강도짓을 했으며 번영하던 인도의 '연꽃 정원을 짓밟은 미친 코끼리'였다. 갠지스 강에서 목욕하거나 순례하는 것을 금지한 무슬림 지배자도 새삼 기억되었다. 이슬람으로의 개종을 거부한 힌두를 탄압하거나 죽인 그들은 전쟁을 좋아하고 독선적이었다. 라마 신의 출생지에 세워진 사원을 파괴하고 거기에 모스크를 세운 무슬림 지배자도 언급되었다. 인도는 무슬림의 출현으로 실낙원이 되었고, 힌두들은 그 희생자였다. 잔인한 무슬림 통치를 그토록 오랫동안 받은 힌두들이 나약한 것은 당연하다는 주장도 나왔다.

가장 먼저 무슬림의 존재를 알려주어 힌두의 적대감과 분단의 씨를 뿌린 사람은 영국인이었다. 19세기 초, 뱅골지방에서 활동한 영국의 헤버^{Bishop Heber}는 "우리 영국은 인도를 점령하지 않았다. 그들이 (무슬림에게) 점령당한 사실을 발견해주었을 뿐이다. 예전에 인도를 지배한 무슬림은 우리와 마찬가지로 인도인과 혈통이나 종교가 전혀 달랐다. 그리

고 그들은 우리보다 훨씬 더 억압적"이었다고 기술했다.[42]

1857년 항쟁 때 합세했던 힌두와 무슬림은 이후 적대적 관계로 바뀌었다. 인도 민족주의자들은 힌두라고 가정되는 구성원의 결속을 공고하게 다지려고 무슬림을 배제했다. 인도에 동화되지 않은 '타인'이자 폭력성과 공격성이 다분하다고 여겨진 그들은 영국을 대신하여 매를 맞는, 푸꼬가 말한 '일탈자'가 되었다. 어네스트 르낭^{Ernest Renan}이 "잊는 것이 국가를 세우는 결정적 요소"라고 말한 것처럼 힌두들은 무슬림을 잊음으로써 '우리'를 인식했고, 무슬림도 과거를 잊으면서 '인도 무슬림'이 되었다.

무슬림의 근대화

사실 11세기부터 시작된 힌두와 무슬림의 동거는 상이한 믿음과 종교적 실천에도 불구하고 19세기 초까지 평화로웠다. 수많은 신과 우상을 숭배하는 힌두와 유일신 알라와 꾸란의 가르침을 따르고 우상을 섬기지 않는 무슬림은 잘 공존했다. 형제애와 평등을 믿는 무슬림과 불평등한 카스트를 가진 힌두 들은 서로 달랐으나 함께 사는 법을 익히고 한 마을에서 경계 없이 섞여 살았다.

이슬람 인구는 전체 인구의 약 20퍼센트를 차지했지만, 아랍과 페르시아, 터키와 아프간에서 온 '진짜 이방인'은 무슬림 인구의 5퍼센트가 채 안되었고 나머지는 무슬림으로 개종한 낮은 카스트의 힌두들이었다. 이슬람교 신비주의 수피의 영향을 받아 개종한 대다수 무슬림은 종전처럼 힌두와 소전통을 공유하며 살았다. 이슬람 수피의 소박한 신앙생활과 종교적 윤리, 명상과 수련방법은 다분히 힌두적인 성격으로, 양측은 관습과 문화를 상당부분 공유했다.

무슬림은 19세기가 되자 힌두들이 그랬듯이 쇄신운동과 개혁운동을 벌이며 힌두와 다른 새로운 정체성을 추구했다. 이슬람교에서 힌두적인 요소를 제거하고 중세 인도에 정착한 이후의 이슬람을 거부하고 초기 아랍의 청교도적인 이슬람으로 돌아가자는 정화운동이 펼쳐졌다. 무슬림이 공동으로 행동을 취하는 과정에서 이슬람개혁운동은 점차 정치적 회합으로 바뀌었다.

무슬림들은, 힌두들이 가장 억압적이며 광신적인 통치자로 낙인 찍은 아우랑제브 황제를 이슬람제국을 수호한 용맹한 무슬림 통치자로 추앙하여 힌두와 이념적 투쟁을 벌였다. 뱅킴 찬드라가 역사소설 『라즈싱하』Rajsingha에서 그린 아우랑제브는 '힌두를 미워하기 위해 태어난' 인물이었다. 무슬림은 소설에 그려진, 힌두에게서 인두세를 거두고 힌두 사원을 파괴하고 이슬람으로 개종을 강제한 아우랑제브 황제를 이슬람을 살리기 위한 독재였을 뿐이라고 변호했다.

무슬림은 힌두와는 열심히 투쟁했으나 서구 세계의 도전에는 무력감을 가졌다. 800여년 동안 인도의 지배자로 군림한 과거의 기억에만 매달린 채 영국이 지배한 뒤 변화하는 세상에 막차를 탄 무슬림은 영국의 통치에 빠르게 적응하는 힌두 집단에게 상대적 박탈감과 두려움을 느끼기 시작했다. 다수의 무슬림은 서구 교육을 받지 않은, 덜 세련되고 종교적 정서에 크게 동요되는 집단이었다.

영어를 배우고 서구 교육을 받은 힌두 엘리뜨들은 1870년대부터 실시된 지방자치제와 의회대표제를 활용하여 식민체제의 말단과 지방자치단체를 장악했다. 의회대표제 도입으로 자치단체 선거가 실시되자 무슬림은 자신들이 소수이며 열세라는 사실을 절감했다. 일부 무슬림 지도자는 침체에서 벗어나려면 서구가 지배하는 세계와 인도 무슬림의 화해를 모색하고 힌두와 다른 정체성을 추구해야 한다고 여겼다.

벵골지방의 무슬림 지도자 알라티프Abd Alatif:1828~93는 1863년 '모함메드문학과학회'를 만들어 강의와 토론을 시작했다. 그는 근대교육을 받아 후진성을 벗어나자고 무슬림에게 설파하면서 이슬람은 근대의 종교가 아니라 근대적인 종교라며 이슬람의 내재적 낙후성을 부정했다. 알라티프는 무슬림이 평화롭게 살면서 보호받을 수 있는 영국의 식민통치가 유용하다고 주장했다.[43]

근대의 대표적 무슬림 지도자 사이드 아메드 칸[Syed Ahmed Khan:1817~98]은 서구 사상과 인도의 이슬람 전통을 연결했다. 그는 유대[Judaic] 유산과 그리스의 지적 전통을 공유한 이슬람교가 기독교와 닮았고, 이성과 계시가 두 종교의 기반이므로 무슬림도 서구 사상과 타협할 수 있다고 말했다. 또한 무슬림의 영적 지배자 칼리프의 정당성을 부정하는 발언으로 중동지방 무슬림과의 연계성을 약화하고 공통의 이익을 가진 인도 무슬림의 정체성을 그려내는 작업을 벌였다.

영국이 도입한 서구 교육을 받지 않으면 무슬림이 낙후한 집단이 될 것이라고 전망한 그는 젊은 무슬림에게 서구 교육을 받고 공공분야에서 합법적인 위상을 가져야 한다고 역설했다. 아메드 칸은 힌두와의 "경쟁은 칼이 아니라 펜을 가지고 이루어질 것"이며 무슬림은 교육을 받고 이익집단을 결성하여 자기증진을 꾀해야 한다고 주장했다. 그는 영국에 다녀온 뒤 캠브리지 대학을 모방한 앵글로-오리엔탈 대학을 알리가르에 설립하여 힌두 엘리뜨에 대응할 무슬림 엘리뜨를 양성했다. 앵글로-오리엔탈 무슬림 대학은 수많은 무슬림 지도자를 배출했고, 나중에 파키스탄운동의 지적 기반이 되었다.

정치와 종교를 분리해서 영국의 통치를 받아들여 친영적인 색채를 유지하며 서구의 과학과 교육을 수용하는 데 솔선한 그는 이슬람을 진보의 종교, 근대적인 종교라고 주장하면서 다양한 무슬림을 하나의 집단, '상상의 무슬림'으로 통합했다.

그러나 무슬림은 하나의 집단이 아니었다. 일부는 아랍인, 투르크인, 페르시아인, 아프간의 후예였다. 이방 출신들도 인도에 산 지 천년이 넘은 사람들과 백년밖에 살지 않은 사람들로 다양했다. 어떤 무슬림은 우르두어를 썼고 일부는 오드[Oudh]어와 같은 지역어를 썼다. 말라바르지방의 모플라 농민과 델리와 오드의 무굴 귀족의 후예는 공통점이 없었다. 오늘날의 파키스탄에 사는 무슬림과 방글라데시에 거주한 무슬림 농민도 상이했다. 무슬림은 같은 종교를 가진 다른 지방의 무슬림보다 고향에 거주하는 힌두와 공통점이 훨씬 더 많았다.

그럼에도 무슬림은 인도의 구성원이 아닌 '인도 무슬림'으로 구분되었다. 1885년, 서북지방 라호르에 설립된 이슬람방어회는 호전적인 힌두교의 도전에 용감하게 응전하는 무슬림의 입장을 표명했다. 무슬림은 지역과 계급, 도농과 언어, 인종의 차이를 넘어 상상의 공동체 무슬림 집단이 되었고, 이후 힌두와 무슬림의 정치적 이분법이 자리를 굳혔다. '힌두스탄에 거주하는 사람은 힌두!'라는 힌두들의 구호에 대해 사이드 아메드 칸은 "인도에는 다른 국적을 가진 사람도 거주한다"고 외쳤다.

무슬림과 식민주의

영국은 무슬림이 집단의식을 갖도록 부추겼다. 마요 총독은 힌두 집단의 결속과 인도 민족주의의 확산을 경계하여 그들을 견제할 수 있는 세력인 무슬림을 중요한 정치적 집단과 식민통치의 동맹으로 인식했다. 첫 인구조사가 실시된 1871년, 마요 총독은 무슬림 인구가 많은 벵골 책임자 윌리엄 헌터에게 무슬림이 영국에게 반란할 가능성이 있느냐고 물었다. 영국이 수행하게 될 이슬람 세력 아프간과의 전쟁에 인도 무슬림의 지지가 필요함을 염두에 둔 질문이었다.

앞에서 본 것처럼, 헌터는 무슬림이 "여왕을 배반하지 않을 것"이며 종교로 인해 차별받는 그들을 식민정부가 지지해야 한다고 보고했다. 벵골의 무슬림이 가난하고 교육을 받지 못했으며, 관직과 전문직에서 배제되었다는 헌터의 판단은 이후 영국의 무슬림에 대한 일반적인 관점이 되었다. 영국은 무슬림을 상무적이라고 칭송하고 힌두를 나약하다고 폄하하며 양측의 분열을 조장하여 민족주의를 배태한 힌두들의 균형추로 이용했다. 1877년, 리튼 총독은 무슬림이 "현재 만족하며 어느때보다 충성하고 있다"고 본국에 보고했다.

영국은 무슬림을 수적 열세보다 정치적 중요성을 고려하여 후원했다. 낙후한 집단을 보호한다는 명목이었으나 무슬림의 후진성은 소작농민이 많은 벵골지방을 제외하면 근거가 희박했다. 무슬림의 공직비율은 1857년 64%에서 20세기 초 35%로 떨어졌지만, 여전히 전체 인구의 20퍼센트인 인구에 비하면 낮은 비율이 아니었다. 1866년, 서북지방과 오드에서는 행정직 44퍼센트, 법률직 46퍼센트를 인구 13퍼센트인 무슬림이 차지하여 힌두보다 우세한 입장이었다.

1900년, 북부의 UP[United Province] 주 정부는 다수의 언어 힌디어와 함께 무슬림 인구가 사용하는 우르두어를 하급법원의 행정언어로 채택하여 양측의 균형을 맞춘다고 발표했다. 그러나 사실은 달랐다. 1891년, 힌디어 신문은 24종으로 8천부를 발행하는 데 그쳤으나 무슬림의 언어 우르두어는 68종에 1만6천부를 발행했다. 무슬림은 열세가 아니었다. 무슬림이 다수 힌두에 대해 가진 두려움은 영국의 편파적 후원을 받으며 방어적으로 '우리'를 결성하도록 인도했다.[44]

무슬림은 1906년, 무슬림 인구의 4배인 힌두의 영향력을 제어하고 힌두의 대표인 국민회의에 대응하기 위하여 전인도를 연결하는 무슬림연맹[Muslim League]을 결성하고 정치적 이익을 추구했다. 영국은 인도 민족주의와 반영운동의 구심체인 국민회의에 대응할 수 있도록 무슬림의 정치결사인 무슬림연맹을 후원했다.

국민회의 초창기에는 힌두─무슬림의 관계가 나쁘지 않았다. 1885년, 봄베이에서 열린 국민회의 첫 모임에 참가한 무슬림은 총 참석자의 18퍼센트에 달했고, 1887년에는 무슬림 판사 바드루딘 티야부가 총재를 역임했다. 그러나 무슬림은 호전적인 힌두 민족주의와 다투면서 국민회의에서 존재의 의미를 잃었다. 1885~93년까지 국민회의에 참석한 무슬림은 연평균 50명이었지만 암소보호 문제로 힌두–무슬림의 폭동이 절정을 이룬 1893년 이후에는 그 수가 연 7명으로 크게 줄었다.[45] 사이드 아메드 칸은 "국민회의는 무기 없이 내란을 하고 있다. 우리도 내란을 하고 있으나 무기 없이 하는 전쟁은 아니다. 우리는 무기를 가지고 전쟁을 하고 싶다"고 언급하여 국민회의에 대한 적대감을 노골화했다.

1905년, 커즌 총독은 벵골의 영토를 분할해서 무슬림이 다수인 동부 벵골을 독립된 주로 개편하여 힌두에 비해 낙후한 무슬림에게 많은 혜택이 돌아가도록 배려했다. 민족주의의 본산 벵골의 힌두들을 견제하려는 목적임을 인식한 벵골인들은 영국 상품에 대한 불매운동을 벌이며 반영운동을 시작했고 이는 전국으로 퍼졌다. 이때 무슬림 지도자들은 벵골분할을 찬성하여 다른 노선을 드러냈고, 분개한 힌두들의 적대적 행위를 경험하면서 더욱 힌두 집단과 거리를 두었다.

곧이어 '분할통치'의 묘수를 깨달은 영국은 '우리 무슬림'으로만 구성된, 무슬림의 분리선거구를 인정했다. 1906년, 민토 총독을 찾아간 35명의 자발적 무슬림 대표들은 인구의 수가 아니라 제국의 방어에 기여하는 무슬림의 정치적 중요성을 판단하여 무슬림에게 정당한 몫을 달라고 요구했다. 마키아벨리의 전략을 배운 총독은 무슬림이 영국 통치에 부가적 이익을 줄 종교집단이라고 판단하고 그 요구를 받아들였다. 소수집단인 무슬림의 분리선거구로는 무슬림 인구가 많은 서북지방과 동벵골을 염두에 두었다.[46] 벵골 시인 타고르는 영국 지배자에게 이렇게 외쳤다. "신이 부여한 결속을 끊으려는가? 그렇게 강력한가, 그대는?"

제1차 세계대전은 인도 무슬림의 영적 지도자 칼리프가 있는 터키의 참전으로 무슬림들에게 긴장감을 불러일으켰다. 무슬림인 하이데라바드의 왕은 무슬림 군인들이 오토만 칼리프를 상대로 교전하는 영

 인도 무슬림과 파키스탄운동

인도의 무슬림

국을 위해 싸울 수 있도록 제1차 세계대전이 지하드가 아니라고 선언하여 영국의 은혜에 보답했다. 국민회의 지도자 틸라크는 그 틈을 타 무슬림 지도자들을 국민회의에 끌어들여, 1916년 러크나우협정으로 국민회의는 무슬림의 분리선거구를 인정했다.

그러나 양측의 밀월기간은 짧았다. 전쟁이 터키의 패배로 끝나고 칼리프가 폐지되면서 무슬림은 큰 상실감을 겪었고, 1919년 영국―아프간 전쟁에서 무슬림 군인을 동원하는 것을 음모라고 주장하는 무슬림 지도자가 등장했다. 더구나 1919년, 영국이 주 정부의 일부 각료직을 인도인에게 이양하고 입법의회에 인도인의 참여를 늘리자 무슬림은 의회민주제에서 자신들이 열세이며 소수라는 사실을 절감하고 고립감을 가지게 되었다.

그러한 좌절감과 두려움은 1921년 남부 말라바르지방의 모플라 농민 폭동으로 구체화되었다. 무슬림인 모플라 농민들은 힌두 상층카스트 지주들을 상대로 폭동을 일으켰는데, 거기에는 상당한 수준의 폭력이 수반되었다.[47] 반란을 진압한 경찰이 2,337명을 죽이고 45,000여 명을 투옥하는 강수를 둘 정도로 양측의 갈등은 골이 깊었다. 희생자 중 66명은 열차 칸에 갇혀서 질식사하는 비극의 주인공이 되었다.

무슬림은 1930년 소금행진에 이어 전국적으로 전개된 간디의 비협력운동에 불참하여 국민회의와의 갈등을 만천하에 드러냈다. 간디는 힌두와 무슬림, 국민회의와 무슬림연맹의 통합과 화해를 위해 노력했다. 그러나 그 둘의 관계는 점점 멀어졌다. 통합과 화해를 힌두의 관용과 포용력으로만 언급한 간디는 이슬람의 독자성을 인지하는 데 주저했고, 좋은 결과를 끌어내는 데 실패했다.

이 무렵 무슬림 시인 무함마드 이크발[Iqbal:1873~1938]은 무슬림의 자립과 독립을 내세우며 서북지방에 무슬림 국가를 세우자고 제안하여 무슬림 엘리뜨들의 열정을 부추겼다. 거기에 영국에서 공부하던 라마트 알리는 '파키스탄'이라는 단어를 만들어 인도 무슬림에게 하나의 국가를 상상하게 만들었다. 파키스탄의 P는 펀자브, A는 아프간, K는 카슈미르, S는 신드, '스탄'은 발루치스탄을 의미했는데, 무슬림 인구가 다수인 서북지방을 넘어 보다 넓은 무슬림 국가를 염두에 둔 표현이었다.

파키스탄을 향해

1930년대부터 무슬림연맹을 지휘한 변호사 출신 알리 진나[Ali Jinnah:1876~1948]는 1913년까지 국민회의에서 활약했고, 1916년 국민회의와 무슬림연맹이 손을 잡을 때 중재자로도 활약한 국민회의의 구성원이었다. 1917년, 인도를 방문한 영국의 인도부 장관은 그가 "젊고 매너가 완벽하며 인상적인 모습이었다"고 적었다. 진나는 국민회의가 인도 무슬림의 이익을 대변한다고 믿었으나 제1차 세계대전이 끝난 뒤 좌절감을

    인도 무슬림과 파키스탄운동

느끼고 무슬림으로 다시 태어났다.

1935년 도입된 인도통치법에 의거하여 1937년 실시된 지방선거에서 진나가 이끈 무슬림연맹은 네루가 지휘한 국민회의에 참패했다. 6개 주에서 승리를 거두고 주 정부를 구성한 국민회의와 달리 무슬림연맹은 무슬림이 다수인 서북지방에서 연립내각을 세우는 것으로 만족해야 했다. 그때부터 진나는 '두 국가론'과 '힌두 국가화'의 위험성을 설파하며 중간층과 상층을 넘어 대중에 이르기까지 무슬림연맹의 세력을 확대하는 데 총력을 기울였다. 무슬림들은 이후 일관되게 인도에는 적어도 '2개의 나라'가 있다고 주장했다.

알리 진나는 식민정부와 국민회의가 인도에 있는 두 정파라고 말한 네루의 말에 무슬림 정권이 세번째 정파라고 응수하며 대결구도로 나아갔다. 무슬림연맹이 국민회의의 합법적인 파트너라는 의미였다. 진나와 무슬림연맹은 영국이 떠난 후 인도에 힌두 정권이 탄생할 것이며, 그렇게 되면 힌두 국가 인도에서 자신들의 존재는 2급 시민이 될 것이라고 경계했다. 그것은 천년 동안 인도의 지배자로 군림한 무슬림에게 참기 어려운 모욕으로 여겨졌다.

1939년 식민정부가 인도인의 의사를 타진하지 않고 일방적으로 제2차 세계대전 참전을 선언하자 국민회의는 집권한 지방정부를 내놓으며 강력하게 항의했다. 이때 무슬림연맹이 '감사의 날'을 제정하여 국민회의 정권의 붕괴를 축하하는 바람에 사태는 더욱 악화되었다. 진나는 영국이 나중에 파키스탄을 지지할 것을 염두에 두고 식민정부의 참전선언에 찬성했다. 국민회의와 다른 노선을 드러낸 진나는 전쟁중에 영국과 싸운 국민회의와 달리 '대중 접촉'을 벌여 연맹의 존재를 알리는 데 성공했다.

1940년, 라호르에서 진나는 힌두 다수의 독재를 피해 무슬림 국가 파키스탄을 무슬림 인구가 다수인 서북지방에 세울 것이라고 제창했다. "주사위는 이미 던져졌다. 우리가 이해하는 통일된 인도는 영원히 등장하지 않을 것이다. 서북지방의 무슬림은 분리된 무슬림 국가나 무슬림 제국의 일부가 될 것이다." 진나의 주장은 5년 전에 나온, 식민정부 정보부 장교의 이러한 보고서를 빼닮았다.

> 힌두와 무슬림은 두개의 다른 종교철학과 사회관습, 문학에 속한다. (…) 그들은 영감을 각기 다른 역사자료에서 얻는다. 다른 서사시와 다른 영웅들, 다른 에피쏘드를 가지고 있다. 종종 한쪽의 영웅이 다른 쪽의 적이거나 그들의 승리와 패배가 겹쳐진다.
> 현재의 인위적인 통일성은 영국의 정복에서 비롯되고 그들의 총칼로 유지되었다. (…) 무슬림은 일반적으로 알려진 것처럼 소수집단이 아니다. 어떤 정의를 따르든 무슬림은 하나의 국가이다.[48]

진나는 힌두와 무슬림이 서로 다른 문화를 가졌다고 파악하고 독립적인 무슬림 문화는 독립적인 정치에서 가능하다고 주장했다. 그는 서북지방에 세워질 파키스탄은 무슬림에게 독특한 삶의 방식을 누릴 수 있게 만들 것이라고, 서구 민족주의의 용어로 무슬림 국가를 제창했다. 국민회의 지도자 네루는 '환상적'인 생각이라고 냉소하면서 진나의 제안을 무시했고, 무슬림을 지지한 영국의 관리들도 비현실적인 제안으로 여겼다.

종교적 범주를 발판으로 식민통치를 지속한 영국은 국민회의와 갈등할 때마다 무슬림을 지지했다. 1940년대 초반, 무슬림연맹의 세력이 확대되어 국민회의와 대등하게 된 데는 영국 지배자의 후원이 컸다. 1942년, 인도를 방문한 크립스Cripps는 장차 구성될 인도 연방제에서 무슬림의 특별한 위상을 인정함으로써 힌두-무슬림의 분열을 조장했다.[49] 진나는 영국 제국주의가 인도를 거세했다는 간디의 말을 인용하여 국민회의의 전체주의가 인도 무슬림을 무력하게 만들었다고 주장했다. 진나는 국민회의가 인도의 대표성을 가진다는 사실을 부정하고 무슬림연맹을 국가로서의 위상을 갖도록 이끌었다.

　제2차 세계대전이 끝나고 인도에서 영국의 철수가 임박하자 1946년부터 사태는 예측할 수 없는 방향으로 흘렀다. 두려움과 갖은 음모 속에서 무슬림과 힌두 집단은 상대를 공격했다. 하룻밤에 수백명씩 죽고 죽이는 양측의 '복수혈전'이 이어졌다. 간디의 눈물겨운 노력에도 불구하고 수단과 방법을 무시한 정치인의 야망과 권력에 대한 욕심은 분단을 불가피하게 만들었다. 1947년 초, 상황을 인식한 영국은 가능한 빨리 인도에서 철수할 것이라고 선언했다.

　물론 힌두-무슬림의 갈등이 영국이 인도에서 철수를 결정한 유일한 원인은 아니었다. 초대받지 못한 손님이 떠나갈 때 크게 환영을 받는 것처럼 전쟁이 끝난 뒤 국내외의 모든 상황이 영국의 퇴장을 압박하고 찬성했다. 반영 분위기가 널리 확산되고 농민의 반란과 노동운동이 거세졌다. 해군의 반란과 공직사회의 하극상도 목격되었다. 최소의 비용으로 최대의 이익을 창출하던 영국의 식민통치는 더이상 존속이 불가능해 보였다.

　1947년, 무슬림연맹은 무슬림 인구가 많은 서북지방 펀자브와 동부 벵골을 중심으로 파키스탄을 세워 인도에서 분리, 독립했다. 사랑으로 시작한 동거는 아니지만 천년을 같이 살던 양측의 파국은 쓰라렸다. 분단의 와중에 50명의 무구한 시민이 목숨을 잃었고, 수백만명이 이동했다. 파키스탄에 사는 힌두들은 인도로, 인도에 있는 무슬림들은 파키스탄으로 떠났다.

　약 1억의 무슬림 중 6천만명이 파키스탄으로 삶의 터전을 옮겼고, 나머지 무슬림은 인도에 남았다. 직접통치를 받지 않은 각 왕국은 인도와 파키스탄을 선택할 수 있었으나, 무슬림 인구가 다수인 북부 카슈미르 왕국의 힌두 왕이 인도 연방을 선택하여 이후 인도-파키스탄의 짧은 전쟁과 긴 갈등이 시작되었다. 그리고 1947년 8월 15일, 파키스탄에 사는 사람들은 더이상 인도인이 아니었다.

4

20세기, 홀로서기

20세기 여성들

아, 나는 잠들었는가, 깨어 있는가? 누구,

내가 누군지 말할 수 있는 자는 없느뇨?

—셰익스피어 『리어왕』

식민지와 여성의 해방은 20세기 주요 흐름의 하나였다. 20세기 초에는 세계 영토의 많은 부분이 제국주의의 압제 하에 있었으나 세기가 마감될 즈음에는 강대국에 예속된 식민지가 거의 없을 만큼 큰 변화가 일어났다. 생물학적 구분을 운명으로 받아들이며 집안에만 머물던 여성들도 운명을 넘어 스스로 역사를 만들고 역사 속에 그들의 자리를 차지했다. 인도 여성도 식민주의와 가부장제와 싸우며 20세기 험한 세상의 다리를 건넜다.

20세기의 인도는 크게 두 시기로 구분할 수 있을 것이다. 전반기는 인도가 영국으로부터 '상상의 인도'를 해방하려고 투쟁한 시기였다면, 후반기는 서로 다른 사람들을 하나로 결집하여 독립국에 부여된 운명을 성취하려고 분투한 시기였다. 인도 여성은 이러한 정치 환경 속에서 정치적 의식을 키우고 국가를 위해 봉사하며 독립운동에 참여했고, 독립 이후에는 다양한 국면의 여성운동을 전개하며 새로운 열망을 표출했다.

20세기 초, 인도 여성은 여러 겹으로 둘러친 장벽 속에 갇혀 있었다. 영국 식민통치의 피지배자로, 백인 남성과 인도 남성의 타자로, 가부장적 이데올로기의 희생자로, 3중의 대상화와 억압을 받은 인도 여성은 백인 여성의 오만한 시선에도 목도되는 자신을 바라보는 슬픈 처지였다. 그러나 세기를 마감할 즈음 인도 여성들은 굴레와 닫힌 문을 열고 밖으로, 하늘로, 멀리 그리고 높이 비상했다.

1910년, 민족주의자이며 페미니스트인 인도 여성 비카지 카마는 브뤼셀에서 열린 이집트 국민회의에 참석하여 이렇게 외쳤다. "여기에는 이집트 인구의 절반을 대표하는 사람만 참석했습니다. 나머지 절반은 어디에 있나요? 당신들의 누이와 어머니는 어디에 있지요? 당신들의 아내와 딸은 어디에 있습니까?"

20세기 인도 여성은 그 반쪽의 목소리와 관점을 회복하는 방향으로 움직여나갔다.

인도 여성과 독립운동

20세기를 맞이한 인도의 신여성은 전통과 근대 사이의 가파른 외줄을 타는 곡예사와 같았다. 2장에서 보이는 것처럼, 서구 교육을 받았으나 서구화하지 않고 인도 여성의 정체성을 유지하며, 인도의 전통적 여성성을 지키지만 '새로움'과 근대성을 지닌 완벽한 여성이어야 했다. "교육받은 여성의 집은 뭔가 다르다!" 빅토리아 스타일의 세련되고 정숙한 '숙녀'와 순종적 힌두 여성이 결합된 신여성에 대한 기대와 열망

은 여성에게 상당한 부담이었다.[1]

이 시대를 대표한 여성은 라마바이 라나데Ramabai Ranade:1862~1924였다. 식민
정부의 농무부 특별판사를 역임한 라나데의 부인 라마바이는 인도여성
협의회 회장을 오랫동안1907~20 역임한 선구적 여성운동가이자 사회개혁
가였다. 영어교육을 받고 근대적 사회활동을 벌인 라마바이는 힌두교
아내의 본보기였다. '힌두 아내'로 죽기를 소망하며 매일 밤 남편의 발
을 기름으로 마싸지한 라마바이는 '가장 아름다운 형태의 이상적 인도
아내'라는 극찬을 받았다.

인도 최초로 대학을 졸업한 여성 카담비니도 비슷하게 생활했다.
1886년, 캘커타 대학교에서 의학공부를 마치고 벵골지방 첫 여의사가
된 그는 의사와 아내, 어머니의 세가지 역할을 충실히 해냈다. 카담비
니는 1889년 인도 국민회의에 첫 여성 대표자로 참석할 정도로 사회적
활동을 활발하게 펼쳤으나 5명의 자녀와 남편을 위해 손수 음식을 만
들고 가사를 돌보았다. 왕진을 오가는 마차에서도 교양 있는 영국 여성
처럼 짬짬이 레이스를 짠 현모양처였다.

20세기 초, 교육받은 여성은 아직 소수였다. 1901~2년 각종 학교에
재학하는 여학생은 여전히 40만명이 되지 않았고, 그중 90퍼센트 이상
은 초등과정의 학생이었다. 학령기 여자 아동의 2퍼센트만 교육을 받
는 행운을 누릴 수 있었다. 여학생들은 주로 옷감 짜기, 자수, 뜨개질
등 여성적인 과목을 배웠다. 봄베이지방 여학생들은 위생과 요리, 재봉
과 원예, 가사관리를 공부했으나 여전히 소수에 지나지 않았다.[2]

여성 지도자를 양성하는 고등교육도 여성의 사회적 위상을 증진하
거나 사회활동을 장려하지 않았다. 밖에서 남성의 일을 빼앗을지도 모
를 '위험한' 과목인 과학과 수학은 가르치지 않고 여성의 정체성과 문
화적 순수성을 지킬 수 있도록 가정학을 강조했다.[3] 여성들은 사회적으
로 성공이 보장된 영어보다 모국어를 배우도록 장려되었다. 과학과 수
학이 여자대학의 교과에 포함된 것은 1920년대였다. 파지라투네사 조

하가 여성 최초로 다카 대학에서 수학을 전공하여 석사학위를 받아 화제가 된 것은 1927년이었다.

19세기에 실시된 사회개혁과 여성교육의 수혜자인 신여성들은 학교를 세워 후학을 키웠다. 이들 학교에서도 여성교육을 꺼리는 남성들의 거부를 최소화하려고 보수적인 커리큘럼을 채택했다. 여성교육은 여성의 사회참여처럼 사회적 반발을 야기하지 않으려고 주의했다. 1916년 일본의 여자대학교를 모델로 문을 연 인도 최초의 여자대학교 S.N.D.T.는 삶에서 여성이 수행하는 기능이 다르다고, 충실히 여성적인 교육의 노선을 따랐다.

앞에서 말한 것처럼 20세기 전반 인도인은 영국으로부터의 해방투쟁에 전력을 집중했다. 여성들도 '인도'라는 상상의 국가의 일원으로 영국의 지배에서 벗어나려고 독립을 찬성했다. 여성운동과 사회개혁이 진보적 여성에게만 호소력을 가진 데 비해 이방인 영국의 압제에서 국가를 해방시키는 문제는 카스트와 계급, 집단의 정체성을 넘어 모든 인도 여성의 지지를 받았다.

캘커타 대학 출신 벵골 여성 샤를라 데비는 20세기 초 인도 남성의 정신적 해방을 추구하며 민족주의에 불을 지폈다. 샤를라는 인도 남성이 영국 지배자에 대한 두려움과 열등의식을 감추고 있다고 파악하여, 내면화된 그들의 나약함을 지우려고 벵골의 젊은이들에게 신체를 단련하라고 촉구했다.[4] 그는 또한 역사와 신화를 이용하여 인도 남성에게도 본래 강한 남성성이 있음을 증명하려고 시도했다.

샤를라 데비가 인도 남성의 남성성을 고취한 1905년, 벵골지방 축제에서 처음 구호로 사용된 '반데 마타람'이 애국적 반영운동의 구호가 되자 어머니인 여성들의 사회참여도 당연하게 여겨졌다. 민족주의 성장과 함께 등장한 여신-모신은 영국에서 독립하여 들어설 상상의 인도, 곧 모국을 의미했다. 모신은 강하고 씩씩한 아이들을 낳아서 훌륭하게 기르는 어머니와 모국을 상징했고, 그 어머니를 이방의 족쇄-영국의 식민통치에서 해방하는 것이 자식들의 의무로 여겨졌다.

벵골지방에서 스와데시 운동이 한창일 때 쿠무디니 미트라는 "모국이 곤경에 처했을 때 여성은 무엇을 해야 하는가"라고 묻고는 "외국의 사치품을 거부하는 것"이라고 여성의 동참을 호소했다. 또다른 벵골 여성들은 민족운동에 기부할 돈을 마련하려고 매끼마다 한주먹의 쌀을 모으고 푼돈을 모으는 '작은 운동'을 벌여 '모국'을 위한 운동에 참여했다.

1920년대부터 인도 민족주의운동이 전 계층이 참여하는 대중운동으로 바뀌자 인도 여성도 모국의 해방운동에서 특별한 공간을 가지게 되었다. 여성을 비폭력운동의 화신으로 간주한 간디의 발언에 고무된 많은 여성들이 1921년의 비협력운동에 참여했다.[5] 그들은 격문과 구호가 적힌 피켓을 들거나 고의로 법률을 위반하여 체포되는 작전에 동원되었다. 물레를 돌리고 손으로 옷감을 짜는 카디운동도 여성이 집에서 국가운동에 동참할 수 있게 기획되었다.

"국가의 해방을 위한 투쟁에 여성과 남성의 구별이 왜 필요한가? 우리 남자형제들이 모국을 위한 투쟁에 가담한다면 우리 자매들도 마찬가지가 아니겠는가?"

익명의 인도 여성이 외친 것처럼 여성이 국민회의와 간디가 주도하는 민족운동에 가담하고 거리에 나옴으로써 영국 지배자는 인도 여성을 보호하는 것이 백인 지배자의 의무라고 으스대던 종래의 정당성을 상당히 상실했다. 반면에 국민회의와 간디는 여성의 참여로 여러 계층의 통합 명분과 반식민주의 투쟁의 정당성을 얻었다. 조국의 해방투쟁에 참여하여 모국의 독립을 외치면서 여성의 사회참여도 합법성을 획득했다.

좋은 집안 출신의 여성들과 고등교육을 받은 수천명의 여성들이 갑자기 집안의 은둔상태를 벗어나서 국민회의가 주도하는 데모행진에 참여하여 피켓을 들었다. 그들의 존재는 임무를 수행하는 경찰에게 불편함을 야기했다.[6]

　1930년에 작성된 식민정부의 공문서는 인도 여성이 민족운동에 참여하는 현상에 영국 지배자가 곤혹스러워했음을 알려준다. 같은 해 4월, 간디는 영국이 제조와 판매를 독점하는 소금법의 부당함을 알리고 그런 악법을 따르지 않는다는 의미로 소금을 제조하기 위해 바다로 행진했다. 수천명의 여성이 간디를 보려고 집을 나섰고, 그 수는 곧 만명을 넘어섰다. 간디가 해안에서 소금을 불법으로 제조하고 체포되자 수많은 여성들이 바닷물을 퍼 소금을 만들고 그걸 시장에 내다팔거나 사면서 제국주의에 도전했다. 1930~32년 봄베이에서만 수천명의 여성이 부당한 식민통치에 불복종하는 간디의 민족운동에 참여했다.

　1930년의 불복종운동은 인도 여성의 사회참여를 양적·질적으로 변화시켰다. 1920년대에는 국산품애용과 외국상품 불매운동을 주로 담당한 여성들은 식민정부의 주세酒稅 수입을 저지하는 금주운동에도 적극적이었다. 여성들은 술집 앞에서 시위를 벌이며 주인에게 문을 닫도록 압박했다. 거리에서 영국에, 인도에서 퇴장하라고 요구한 여성들은 때로 투옥되었다. 당황한 식민정부는 여성시위대를 남성처럼 가혹하게 처리하여 국내외의 논란을 자초했다.

　"여성을 모욕하는 어떤 정부도 정권을 지속할 수는 없다!"

　1938년에 발표된 라자 라오의 영문소설 「칸타푸라」를 보면, 간디 방식의 항의운동에 동참한 시골 여인들이 가족들을 잡아가는 제국경찰에게 "우리 남편을 돌려줘요!"라고 덤벼들자 경찰은 여성들의 적극적 행동에 대처할 바를 몰라서 당황해한다. 경찰의 고민은 식민정부의 고민이었다. 인도에서 영국 통치의 위기는 인구의 절반인 여성들이 거리에 나오면서 배가되었다.[7]

　여성시위대에 대한 경찰의 탄압과 폭력, 성희롱은 식민통치의 부당함을 드러내고 여성의 보호자를 자처해온 영국의 통치 이데올로기에 깊은 상처를 냈다. 여성들이 거세게 반발하고 경찰의 행동을 규탄하는 집회가 대규모로 도처에서 열리자 정부당국은 "여성시위대를 함부로 다루거나 수색해서는 안된다"면서 여성을 다룰 별도의 조처를 강구하라고 경찰에게 지시했다.

"참을성이 많고 묵묵히 희생하는" 여성이 남성보다 더 강하다고 인식한 간디는 "비폭력은 두려움에 안녕을 고하지 않으면 안된다"고 설명하면서 "여성적 성격의 비폭력적 저항이 식민통치의 '남성적인 공격성'과 연결된 '야성적 힘'보다 도덕적으로 우세하다"고 주장하여 여성의 참여를 유도했다. 여성이 참여한 비폭력적 불복종운동은 이처럼 인도 해방투쟁의 도덕적 우월성을 과시하면서 힘과 직선적인 용기에 근거한 영국 제국주의자의 의기를 꺾었다.

여성의 여성운동

모국의 해방운동에 동참한 여성들은 점차 여성의 고유한 문제를 인식했다. 인도 남성과 영국 지배자가 주도한 사회개혁의 수동적 대상이 아닌 주체로서의 자각이었다. 그들은 또한 남성이 추진하는 여성의 위상을 증진하는 문제에 대해 의문을 품었다.

여권을 찾는 운동은 1905년에 창립된 인도여성회의가 시발점이었다. 첫 회의에는 200명의 여성이 참석하여 남성과 다른 모임의 중요성을 인지하고, 조혼과 결혼지참금, 홀어미 문제와 여성교육을 논의했다. 회의는 여성인도협회 창립으로 이어졌고, 1925년에는 여성들만 참여한 인도여성국민회의가 탄생했다. 1927년에 설립된 전인도여성회의^{All} India Women's Conference는 가장 중요한 여성조직으로 여러 지역에 지부를 두고 활발하게 활동했다.

주로 자선사업과 계몽활동을 벌인 전인도여성회의는 해방운동의 구심체인 국민회의와 연계하여 여성운동을 인도했다. 교육받은 아내와

간디와 함께 소금 행진에 나선 사로지니 나이두.(맨 오른쪽)
그녀는 자신과 다른 카스트의 남자와 결혼하여 사회적 금기를 깬 선구적 근대여성이었다.

어머니의 배출을 염두에 둔 교육의 중요성을 인식하면서도 전인도여성회의는 의사와 법률가와 같은 여성 전문가와 정치와 사회에서 지도력을 발휘할 여성 지도자의 훈련에 많은 관심을 두었다. 여자아이의 결혼이 여성의 위상 증진에 가장 큰 장애요인이라고 파악한 전인도여성회의는 1929년 여자아이의 최저결혼연령을 기존의 12세에서 14세로 올리는 샤르다 법안^{Sharda Act} 통과에 주도적 역할을 했다.[8]

여성이 정치지도자로 등장한 것도 이 시기의 큰 변화였다. 나이두^{Sarojini Naidu}는 1912년 간디를 만난 뒤 정치에 정식으로 입문하여 국가적 지도자로 활동했다. 웅변술이 뛰어난 나이두는 1917년부터 여성의 선거권을 얻기 위해 동분서주했고, 1920년대에는 간디의 운동을 지지하여 전국을 돌며 비협력운동과 스와라지를 설파했다. 1925년 여성으로서 국민회의의 첫 총재가 된 나이두는 1930년 간디가 소금행진을 하고 체

20세기 여성들

포된 뒤에 불복종운동을 이끌면서 영국에 저항했고, 이듬해 열린 인도-영국 원탁회의에는 인도 여성대표로 참석했다.[9]

19세기 말 영국에 유학하여 영어로 시집을 출간하고 이름을 얻은 뒤 귀국한 나이두는 자신과 다른 카스트의 남자와 결혼하여 사회적 금기를 깬 선구적 근대여성이었다. 여성해방과 여성이 연루된 사회문제를 논의한 1904년 국민회의에 참석한 나이두는 라마바이 라나데를 만났다. 사회와 가정에 모두 충실하려고 애쓴 라나데와 달리 나이두는 독립운동에 헌신하려고 문학과 가정을 모두 버렸다. 여러번 투옥된 나이두는 독립을 이룬 뒤 최대 주 지방인 우타르프라데시의 주지사로 조국에 봉사했다.

20세기 전반, 인도 여성은 라나데와 나이두처럼 교육과 직업, 정치 등 다양한 영역에서 존재감을 드러냈다. 그러나 여성운동과 해방투쟁은 전계층이 아닌 교육받은 중상층 여성에 한정되었고 주로 능력 있는 여성의 개인적 성취로, 성공한 여성운동에 바탕을 두었다. 지역으로는 뱅골과 봄베이 지방의 여성들이 주요한 참여자였다. 이러한 구성원의 한계는 여성의 소외와 여성에 대한 남성의 보호를 정당화하면서 여성문제에 대한 의식을 널리 확산하는 데 걸림돌로 작용했다.

여성들은 '국가 독립'의 시대적 긴급성을 고려하여 젠더문제를 공식적으로 제기하지 못하고, 가정과 국가를 동일시하는 남성의 관점을 받아들였다. 투옥된 한 여성 운동가는 가사를 포기하고 감옥에 있는 사실을 슬퍼하면서 남편과 가사를 걱정하는 옥중편지를 남겼다. 여성들은 남성과 따로 시위행진을 벌였고, 국가에 대한 헌신과 희생을 상징하는 주황색과 흰색의 사리를 입어 그렇지 않은 남성과 구별했다. 시위대에게 음식을 나눠주거나 의료봉사와 같은 덜 중요한 분야가 해방운동에서 여성의 임무였다.

대다수 남성들은 여성의 사회참여에 부정적이었다. 국민회의도 여성의 역할을 남성의 보조적 위상에만 두었다. 인도 여성을 보호한다는 영국 지배자의 주장에 대한 반동으로 등장한 민족주의 진영의 여성에 대한 입장은 그대로 지속되었다. 여성의 사회참여를 인정하면서도 '여성은 사회사업, 남성은 정치'라는 이분법적 역할구분에 익숙한 그들은 국가의 독립이 달성되면 여성들이 기꺼이 가정으로 돌아갈 것이라고 믿었다. 여성의 해방운동과 사회참여를 격려한 간디도 희생적인 여신 '시타'를 기대했고 지휘부에 여성을 포함시키는 데 인색했다.

공적 세계에 편입되어 활발하게 운동한 여성들도 여성의 사회적 혜택과 권리를 증진하는 젠더운동보다 모국의 해방이라는 거국적 목표에 종속되었다. 그런 한계 속에서도 조국의 해방을 추구하는 국가적 수준의 독립운동과 밀접한 관련을 맺으며 활동한 여성들은 선동정치를 배우고 가정의 울타리를 넘어서 젠더문제의 지평을 확대하는 긍정적 결과를 얻었다. 여성의 권리를 의식하고 국가의 운명에서 여성이 차지할 공간과 목소리가 존재한다는 사실을 깨달은 것도 큰 수확이었다.

독립 후 여성의 자각과 자결

1947년 국가의 독립은 여성에게 민주사회에서 평등과 국가건설에 기여할 수 있는 여성의 새로운 가치가 인정될 것이라는 희망을 심어주었다. 독립하기 전 네루와 국민회의는 해방운동에 참여한 여성의 공로를 인정하여 독립하면 여성의 권리와 위상을 증진하는 데 진보적 입장을 취하겠다고 약속했다.

그러나 국가의 해방은 곧바로 여성의 해방으로 이어지지 않았다. 전후세계의 급박한 국제환경 속에서 국민국가 건설의 또다른 정치적 시급성에 직면한 네루 정부는 여성이 연루된 사회문제와 여성의 권리와 증진에 대한 문제를 국가가 해결해야 할 현안의 우선순위에서 뒤로 밀었다.

교육받은 일부 여성은 학계와 의료계, 정치계 등 여러 영역에서 전문가로 입성하여 새 시대의 주역으로 활약했지만, 대다수 보통 여성의 삶에는 별다른 변화가 일어나지 않았다. 공장과 플랜테이션, 광산과 농업 분야의 기계화가 진행되면서 기술과 자본이 부족한 여성은 미숙련 산업이나 남성들이 회피하는 낮은 등급의 직업 등 고용과 최저임금, 노동운동의 안전장치가 부족한 영역으로 밀려나 근대화와 산업화의 변방을 차지하게 되었다. 예를 들면, 1911년 여성 노동인구의 30%가 농업에 종사했으나 1991년에는 그 비율이 80%로 늘어났다.[10]

해방 후 10여 년이 지났으나 사정은 좋아지지 않았다. 여성의 삶이 개선은커녕 악화일로라고 자각한 60년대 농촌지역의 빈곤여성과 여성노동자들은 불만을 표출하며 남성들의 노동투쟁에 동조했다. 1970년대에는 여성문제를 자각한 일단의 여성들이 새로운 여성단체를 조직하고 중앙조직과 연관이 없는 자율적인 여성운동을 전개했다. 여성에 대한 폭력을 시정하고 여성의 삶을 증진하려는 이들 여성운동은 도시 중산층을 넘어 농촌과 산악지대의 낮은 카스트와 빈곤계층 여성들에게 확대되었다.

1970년대에 이르러 유엔[UN]은 처음으로 여성에게 관심을 가지고 1975년을 '국제여성의 해'로 선포하는 한편, 1975~85년을 '여성의 시대'로 규정했다. 이와 관련하여 인도에도 여성의 위상을 조사하는 위원회가 설립되고 여성의 문제가 화두로 떠올랐다. 인도 여성운동은 1970년대의 급격한 사회변화와도 관련되었다. 마오주의를 신봉하는 농민 무장단체[Naxallites]의 투쟁이 실패하고 1975~77년의 긴급조치시대를 건너면서 국민회의정권에 대한 신뢰가 떨어지고 중심이 허약해지는 현상이 도드라졌다.

이때 이슈로 떠오른 성폭력과 결혼지참금과 관련된 여성에 대한 폭력은 새로운 현상이 아니었으나 남성들이 문제를 태만하게 다루면서 여성이 나서게 되었다. 결혼지참금에 연루된 여성의 폭력을 비판하는 여성들의 첫 항의행진이 1979년에 열린 뒤 여성운동은 한층 활기를 띠었다. 1987년, 라자스탄에서 젊은 여성이 사티를 했다는 소식이 알려졌을 때도 여성들은 '냉혈적인 살인'에 항의하는 행진을 벌이고 관련문제를 다룰 새로운 조직을 만들며 적극적으로 대응했다. 여성운동이 사티 문제를 다룬 것은 처음이었다. 당황한 정부는 사티의 금지를 입법화하여 여성들의 불만에 신속하게 대처했다.[11]

이후 사회변화를 반영하듯 국가적 견지의 운동보다 보통여성들이 지방에서 특정한 형태의 억압에 저항하는 일상적 운동이 빈발했다. 이른바 '비영웅들'이 등장한 것이다. 그 대표적인 사례는 1970년대 북부 히말라야지방에서 풀뿌리여성들이 주도한 칩코chipko운동이었다. 나무를 껴안은 데서 이름이 붙은 칩코운동은 개발의 이름으로 파괴되는 귀중한 삼림자원을 보호하려는 비폭력적 환경운동이었다.

자연을 단기적인 이용의 대상으로 여기는 남성적 관점과 다른 칩코운동은 환경에 대한 인도 여성의 지혜와 생태보호에 대한 통찰력을 세계에 보여주었다. 칩코운동을 해외에 소개하여 에코페미니스트로서 명성을 얻은 반다나 시바는 서구 문화의 도래와 이익만 추구하는 식민통치의 결과로 촉발된 지구의 상업적 이용이 여성을 주변화하고 여성의 역할을 저평가하면서 환경파괴로 이어졌다고 지적하고, 여성이 타고난 자연의 보호자라고 주장했다.

칩코운동은 사회적인 부당함에 저항하는 다른 운동에 영감을 주었다. 대규모 댐건설이 진행되는 나르마다 강 유역의 댐건설 반대운동도 그 하나였다. 수몰지구 주민들의 생존권을 위협하는 댐건설 반대운동을 전개한 파트카르Medha Patkar를 비롯한 운동의 주요 참여자들은 모두 여성이었다. 특히 1980년대 중반부터 홀로 운동을 시작한 파트카르는 환경론자들의 지지를 받으며 주요한 인물이 되었다. 1991년에는 세계은행이 후원하는 댐공사를 중지시키고, 6년 뒤에는 댐의 높이를 6미터 낮추는 조정안을 끌어내 자연과 부족민의 삶을 보호하는 데 기여했다.

풀뿌리여성들이 주도한 일상적 저항운동의 또다른 사례는 1990년대의 금주운동이었다. 안드라지방의 한 마을에서 글을 배우던 문맹 여성들은 자신들이 가진 공통의 문제점을 인식하고 금주운동을 시작했다. 히말라야의 남성들이 벌목과 부존삼림자원을 팔아서 얻은 현금을 술로 탕진했듯이 노동자와 가난한 농민인 안드라지방 남성들도 적은 수입을 음주에 허비하고, 그들의 상당수는 가족에게 폭력을 행사하여 여성들에게 이중의 고통을 안겨주었다.

안드라 여성들은 힘을 한데 모아 여성단체와 연계하여 금주운동을 전개했다. 가난한 농민과 노동자, 부족민 여성들이 참여한 금주운동은 막대한 주세수입을 포기할 수 없는 정부당국과 마찰을 일으키고, 기득권을 가진 주류업체와 그들과 유착한 정치인들과의 대결을 야기했다. 일부 판매상들은 농촌지역의 주류 판매권을 주겠다고 제안하면서 그 이익금을 여성을 위해 쓰라고 일부 여성을 유인하며 운동권의 분열을 획책했다. 여성들은 성폭행, 체포와 구금의 협박도 받았으나 그 모든 것을 넘어서서 운동을 전개하여 성공을 거두었다.

동부지방 오리사의 금주운동은 보다 전투적이었다. 맨발의 부족여성들이 아이를 안고 피켓을 들고 시위행진을 벌이자 도시의 슬럼가 여성들이 합세했다. 그들은 몽둥이로 술병과 술독을 부수고 술집에 불을 지르거나 건물을 파괴하는 극단적 행동을 마다하지 않았다. 술주정뱅이들을 '라마의 기둥'이라고 부르는 전봇대에 매달아 공개적 망신을 주거나 술을 마시고 행패를 부리는 남성을 방에 가두고 굶기는 방식도 동원했다. 음주한 남성에게 벌금을 부과할 정도로 오리사 여성의 금주운동은 기세를 올리며 여성의 집합적 힘을 보여주었다.

1986년, 무슬림 여성 샤 바노의 소송사건은 인도 여성운동사의 분수령이었다. 그때까지 여성을 위한 모든 담론과 운동은 힌두 여성이 대상이었으나 사상 처음으로 무슬림 여성의 문제가 안건으로 떠올랐다. 46년간 남편과 별거하던 샤 바노[Shah Bano]가 변호사인 남편에게 생활비를 청구했다가 이혼을 당한 사건에 대한 하급법원의 판결이 남편에게 유리하게 결론이 나자 여성단체와 여성들은 거세게 항의했다. 대법원은 이혼 후에도 재혼하지 않은 모든 무슬림 여성의 남편에게 생활비를 지급하라고 판시하여 약자인 여성의 권리를 보호했다.[12]

여성의 역사에서 중요한 발전은 1990년대 마을위원회Panchayat와 시군 행정에 여성의 참여를 보장하면서 이루어졌다. 그 시작을 연 남부 카르나타카 주 정부는 1993년 선출직인 말단 자치단체와 이장직의 각 33퍼센트를 여성에게 할당했다. 여성에게 말단행정을 맡기는 정책은 곧 국가적으로 수용되었다. 1990년대 중반, 풀뿌리민주주의를 실천하는 여성의 절반이 최하층인 불가촉천민과 수드라 카스트 여성이었다. 상층 카스트 남성을 지휘하며 지역발전, 건강과 교육의 문제를 다루는 여성은 금주운동과 가정폭력에도 힘을 발휘하며 좋은 성과를 거두었다.

20세기 후반에는 이처럼, 능력 있는 소수 상층여성의 개별적 활동이 돋보인 전반기와 달리 하층여성들의 연대와 집합적 운동이 특징이었다. 물론 인디라 간디 총리와 유엔총회 의장을 역임한 라크시미 판디트처럼 남성과 대등한 능력을 과시한 여성도 적지 않았다. 기이하지만, 인도 사회는 성공한 여성을 힘센 여신으로 수용하는 전통이 있었다. 인디라 간디는 두르가 여신으로 불리며 아버지 네루보다 훌륭한 지도자로 평가받았다. 그러나 거의 다 상층인 이들 성공한 여성은 남성적 가치를 지니고 보수성을 탈피하지 못하는 한계에서 벗어나지 못했다.

오늘날 사회변화와 경제발전으로 많은 인도 여성이 어제의 억압을 벗어나 교육을 받고 새로운 꿈을 펼치고 있다. 그러나 아직 갈 길이 멀고 해결할 난제도 많다. 많은 여성이 억압적 전통을 가진 농촌에서 거주하는 현실에서 친족과 카스트 중심의 사회가 여성에게 강요하는 의무와 희생의 벽은 여전히 높고 견고하며, 남녀평등과 여성문제에 대한 사회적 인식도 일부 계층에 국한된다. 허나 지난 밀레니엄보다 20세기의 변화가 더 컸던 것처럼 전세계 여성인구의 20퍼센트를 차지하는 인도 여성은 인간의 존엄과 자유를 향한 항해를 계속할 것이다.

2

네루와 홀로서기

새 국가, 새 지도자

1947년 8월14일 밤, 인도 연방의 초대 총리로 내정된 자와하를랄 네루는 제헌의회에서 역사적인 연설을 시작했다. 흰 간디모자로 반들반들 윤나는 대머리를 가려서 한층 멋을 더한 네루의 가슴에는 붉은 장미한송이가 꽂혀 있었다. 연단 맨 앞줄에서는 서른살이 채 안된 네루의 무남독녀 인디라 간디가 조국의 새로운 장을 여는 아버지의 연설을 감격어린 표정으로 지켜보았다.

오래 전 우리는 운명과 만날 약속을 했습니다. 그리고 이제 우리의 약속을 웅대하게 이행할 수 있는 때가 왔습니다. 이제 자정을 알리는 종이 울리면 세계는 잠들어 있지만 인도는 자유와 삶을 향해 깨어 있을 것입니다. 인도가 떠맡은 임무는 고통받는 수많은 사람들에게 봉사하는 것입니다. 즉, 빈곤·무지·질병 그리고 기회의 불평등을 종식시키는 것을 의미합니다. 우리 시대의 가장 위대한 인물(간디를 지칭)이 지닌 야망은 모든 이의 눈에서 눈물을 지우는 것입니다. 눈물과 고통이 남아 있는 한 우리의 과업은 끝나지 않은 것입니다.

네루의 연설이 끝나고 얼마 지나지 않아 시계가 8월15일의 시작을 알리며 울렸다. 열두번의 종소리와 함께 델리 북쪽에 위치한 옛 무굴 왕궁의 탑에는 인도 국기인 삼색기가 높이 올라갔다. 그 감격적인 순간을 목격하려고 어둠을 헤치고 모여든 수십만명의 인파는 목이 터지도록 "인도 만세"를 외쳤다. 현장에 가지 못하고 방송으로 역사적인 순간을 듣던 4억의 인도인들도 하나가 되어 기쁨의 눈물을 흘렸다.

인도는 그렇게 길고 긴 식민통치의 터널을 벗어나 자유를 얻었다. 네루가 이날의 운명과 만날 약속을 한 지 약 18년 만의 일이었다. 1929년, 40세의 젊은 국민회의 총재 자와하를랄 네루는 북부지방 라호르의 냉기를 가르며 미래에 인도 국기가 될 삼색기를 게양한 뒤 분연히 선언했다. 인도 독립운동의 최종 목표는 자치가 아니라 '완전한 독립'이라는 것을.

마하트마 간디도 깜짝 놀랄 정도로 "영연방 내의 자치령과 제국주의로부터의 완전한 독립"이라는 급진적 발언을 한 이후 네루는 영국 지배자와의 타협과 흥정보다 그들과의 대결 국면으로 나아갔다. 그리고 마침내 1947년 8월15일, 인도는 네루가 천명한 대로 영국 자치령이 아니라 완전한 독립국으로 세계무대에 섰다.

그러나 독립을 축하하는 역사적 행사가 진행되는 그 어디에서도 꾸부정한 간디의 모습은 보이지 않았다. 기적을 빚어낸 '인도의 양심'으

     네루와 홀로서기

인도의 초대 총리 네루

로 불린 간디는 붉은 장미꽃을 단 네루가 경축사를 낭독하는 그 시간에
동부지방에 머물렀다. 77세의 나이든 간디는 타고르의 시 "네 부름을
따르는 자가 없으면 홀로 걸으라, 홀로 걸으라"를 암송하면서 힌두-무
슬림 폭동으로 처참해진 마을을 순방중이었다.

간디가 반평생 추구한 비폭력적 독립운동이 폭력과 파키스탄의 분
단으로 씁쓸하게 막을 내리고 있었다. 하지만 "나는 황야에서 웃고 있
다. 아무도 내 말을 듣지 않는다"는 간디의 고백처럼 1947년 8월의 세
상은 간디가 아니라 인도의 미래 네루 총리의 말에 귀를 기울였다. 이
제 간디의 시대는 가고 네루의 시대가 왔다는 명백한 징후였다. 절망이
아닌 희망의 기운이 인도에 감돌았다.

인도 연방공화국 초대 총리에 오른 네루는 이미 40년간 독립운동에
동참했고 아홉 차례에 걸쳐 도합 9년간의 투옥을 경험하며 식민통치의
험한 다리를 건넜다. 용감하지만 권력에 냉담한 성향을 가진 그는 미남

에 지성미까지 갖춘 세련된 정치인으로 젊은 세대와 인텔리 계층의 절대적 호응을 얻었다. 네루는 그러면서도 마하트마 간디에 못지않게 대중, 특히 농민의 열렬한 지지를 끌어냈다. 유복한 변호사 아버지가 물려준 안락한 필부의 생활을 뒤로 하고 고통과 위험으로 점철된 긴 투쟁의 길을 걸은 그의 앞에 이제 수천년 역사와 수억의 인구를 가진 광대한 인도의 운명이 기다리고 있었다.

도시 엘리뜨에서 대중의 지도자로

네루는 카슈미르 출신의 부유한 브라만가의 외아들로 태어났다. 인도에서 영국 제국주의가 전성기를 구가하던 1889년이었다. 변호사로 명성이 높은 네루의 아버지 모틸랄 네루는 갠지스 강이 지나가는 북부 도시 알라하바드에 거주했다. 네루는 힌두 성지로 이름난 그곳에서 유복한 소년기를 보냈다. 아버지는 '갈색 피부의 영국신사'였으나 어머니는 영어를 해득하지 못한 전통적인 인도 여성이었다. 이 시기의 네루는 영국화한 아버지에게서 유럽의 가치와 세계관을, 전통적인 어머니에게서 인도의 정신을 물려받았다.

아들을 성공한 영국신사로 만들려는 아버지의 뜻을 따라 17세에 영국으로 유학한 네루는 유명한 사립학교 해로우 고등학교를 거쳐 케임브리지 대학에서 공부했다. 그는 대학에 다니는 동안 버나드 쇼의 공상적 사회주의에 매료되었고, 러쎌과 케인스에게서도 영향을 받았다. 네루가 나중에 사회주의를 신봉하게 된 것은 이 시기의 경험과 무관하지 않았다. 1912년, 23세의 네루는 대개의 인도인 유학생처럼 변호사 자격증을 손에 쥐고 귀국선에 올랐다.

고국에 돌아온 네루는 아버지의 일을 도왔으나 법률과 관련된 직업에 별 매력을 느끼지 못했다. 그는 종종 인도 국민회의의 지역모임에

 네루와 홀로서기

참석하면서 법률보다는 정치에 더 큰 관심을 나타냈다. 1916년, 네루는 썩 내키지 않았으나 중매로 만난 카말라와 결혼식을 올렸다. 아버지의 영향력을 반영하듯 수주일간 계속된 결혼잔치는 지방의 거의 모든 사람이 초대를 받았을 정도로 성대하게 열렸다. 이듬해에 나중에 아버지를 이어 인도 총리를 지낸 인디라가 태어났다.

제1차 세계대전이 끝난 직후 네루는 안온한 누에고치 같은 아버지의 집을 떠나서 거칠고 험한 세상으로 나갔다. 1919년, 인도 북부지방 펀자브에서 영국군이 비무장 민간인을 무차별 학살한 사건이 계기였다. 간디의 방식으로 공원에서 평화롭게 모임을 갖던 농민들은 사전에 아무런 경고도 받지 못한 채 날아온 영국 군대의 총탄을 맞고 쓰러졌다.

수백명이 죽고 수천명이 부상당한 북부 암리차르 잘리안왈라바그의 사건은 인도 근대사는 물론, 네루의 생애에 '루비콘 강'이었다. 당시 여행중이던 네루는 일단의 영국 군인들이 "갈색놈들에게는 본때를 보여주어야 한다니까!"라면서 그 사건을 정당화하는 냉혹한 목소리를 들었다. 네루는 그날로 영국식 정의와 그 민주주의에 주었던 신뢰를 접어들이고 비무장 인도인에 대한 무차별 학살에 항의하기 위해 간디가 주도하는 운동에 뛰어들었다.

도시에서만 자란 젊은 '영국신사' 네루는 '우리나라 사람들은 정말 자유를 원하는 것일까?'라는 의문을 가지고 농촌을 방문했다. 1920년 뜨거운 여름, 그는 생애 처음으로 갠지스 평원에 사는 농민들의 곤궁한 삶을 목격했다. 그리고 네루는 "부끄러움과 슬픔을 느꼈다. 저 수많은 반 벌거숭이 아들과 딸 들을 무시하고 진행되는 도시인의 어쭙잖은 정치와 안락하고 여유로운 내 생활에 깊은 수치심이 들었다"고 적었다.

농촌 전체가 열정과 기이한 흥분에 불타고 있었다. 엄청난 수의 농민이 참여하는 모임이 입소문을 통해 금방 열렸다. 한 마을이 다음 마을에 연락하고 그 마을은 또 다음 마을에 연락했다. 이러한 방식으로 금세 모든 마을은 텅 비고 집회장소로 가는 남녀노소의 행렬이 시골길을 뒤덮었다. 보다 빠르게, 시따람-시따라아아아암의 외침이 공중을 뒤흔들고 여러 방향으로 퍼져나가서 또다른 마을에서 그 외침의 메아리가 되돌아오면 사람들은 물밀듯이 쏟아져나오고 있는 힘을 다해 집회장소로 달려갔다.

2장에서도 인용했지만, 갠지스 평원의 오드지방을 방문하고 농민을 '발견'한 네루는 이후 인도 민족운동에 적극적으로 가담하면서 농민의 소리를 귀담아 듣고 그들의 열악한 처지를 동정하며 그들을 위한 해결 방안을 생각하고 고민했다. 농민들은 세련된 양복을 벗어버리고 간디처럼 손으로 짠 거친 옷으로 갈아입은 네루를 지도자로 믿고 따랐다.

마하트마 간디와의 만남은 네루에게 깊고도 영속적인 영향을 남겼다. 간디를 만난 네루는 한때 출가를 고려하며 담배를 끊고(5년 후에 다시 피우지만) 육식을 멀리하고 힌두교 성서로 여겨지는 『바가바드기타』를 읽었다. 네루는 간디가 "수천만 인도 인구의 의식적·잠재의식적인 소망의 정수였다. (…) 그는 인도를 잘 알고 있었다. 인도의 아주 가벼운 진동에도 반응했고 어떤 상황이든 정확하게 본능적으로 측정했으며" "하층민, 억압받는 계층과 자신을 동일시했다"고 서술하여 민족운동의 지도자로서 간디에 대해 존중과 존경을 나타냈다.

그러나 영국에서 교육받은 합리주의자 네루에게는 '영혼의 소리' '진리의 힘' 등 모호한 표현을 쓰면서 단식과 비폭력 등 기이한 투쟁방식을 동원하는 간디가 이해하기 어려웠다. 네루는 간디와 달리 종교와 정치를 구분하여 종교를 인간의 사적 영역으로 밀어내고 싶어했다. 평생 힌두 사원을 방문하지 않은 그는 브라만은 물론 힌두라고 불리는 것도 싫어했다.

"경쟁의 세계에서는 이기느냐 지느냐밖에 없다"고 주장한 영국의 처칠이 '거지 옷을 입은 성자' '선동적인 승려'라고 지칭한 간디는 "종

    네루와 홀로서기

교와 분리된 정치는 무덤에 있는 시체와 같다”며 “종교와 인도의 정치
가 무관하다고 생각하는 사람은 종교와 정치를 모르는 인물”이라고 힐
난했다. 그런 간디를 네루는 자서전에서 “영국 정부뿐 아니라 인도 국
민은 물론 가까운 동지에게까지도 수수께끼였고 문젯거리였다”고 기
록하여 아쉬움을 감추지 못했다.

간디와 네루는 여러 측면에서 달랐다. 간디는 산업사회를 악으로 규
정하고 농촌에 기반을 둔 힌두 농민의 전통적인 생활방식을 찬성한 반
면에 네루는 1920년대 후반, 유럽과 소련을 여행하는 도중에 받아들인
사회주의를 지지했다. “빈곤과 실업 등 인도의 여러 문제를 해결하는
유일한 길은 사회주의”라고 믿으며 혁명적 사회개혁을 꿈꾸는 네루와
신탁이론(부자가 대중을 위해 돈을 신탁했다는 이론)을 주장하며 계급
투쟁을 부정한 간디는 서로 손을 잡기 어려울 정도로 상이했다. 간디는
급진적인 네루와 달리 점진적이고 평화로운 독립투쟁을 선호했다.

그러나 인도인들에게 다행스럽게도, 간디와 네루는 서로 상대가 지
닌 장점이 독립운동에 필요불가결하다는 점을 잘 알았다. 간디는 20~
30대 젊은 층의 우상인 네루를 통해 국민의회의 지지기반을 확대하고
다양한 계층을 통합하길 바랐다. 네루는 대중을 이끄는 간디의 카리스
마가 혁명적인 역할을 한다고 믿었다. 네루는 간디의 비폭력 운동을
“소극적이며 부정적인 방식이라기보다 능동적이고 역동적이며 대중의
지지를 끌어모으는 강력한 방식”이라고 옹호하고 계급간의 갈등도 평
화로운 방식으로 해결할 수 있다는 간디의 의견을 양해했다.

물론 때로 갈등도 일어났다. 1927년, 젊은 네루가 국민의회 연례회
의에서 ‘완전한 독립’을 결의하자 간디는 그 회의를 ‘학생들의 토론회’
수준이라고 격하하면서 네루에게 생각 없이 너무 빨리 나아간다고 그
의 급진주의에 주의와 경고를 주었다. 몇주 후에는 네루가 자신에게 공
개적으로 도전했다고 비난하고 그 결의안을 철회하지 않으면 단식을
개시하겠다고 으름장을 놓았다. 그러나 네루는 그러한 간디를 국민의

회에서 소외시키지 않으려고 세심한 주의를 기울였다.

두 사람은 아버지와 아들의 관계를 잃지 않고 독립운동을 이끌었다. 아들이 아버지의 대를 잇듯이 많은 이들의 반대를 물리치고 "내가 떠나면 (…) 내 언어로 말할" 네루를 총리로 적극 추천한 사람도 간디였다. 그런 까닭에 네루는 독립한 이듬해인 1948년 1월 간디가 힌두 광신도의 손에 암살되자 전국에 중계된 추도사에서 "우리 삶에서 빛이 사라졌습니다. 이제 도처에 어둠이 내렸습니다. 우리가 사랑하는 지도자 바푸(아버지)는 더이상 이 세상에 없습니다"라며 아버지를 상실한 아들의 깊은 슬픔을 표명하여 전국민을 울렸다.

 네루와 홀로서기

정치지도자 네루

1920년대 말, 네루는 간디에 이어 국민회의의 2인자 자리를 굳히고 총재를 맡았다. 네루는 미래가 있는 유일한 지도자로 여겨졌다. 그는 1931년, 독립 후 인도가 취할 정부형태를 일찍이 언급했는데, 그 내용은 언론과 표현의 자유 등 국민의 자유를 보장하는 헌법, 정의와 기회의 균등, 노인은 물론 무능력자와 실업자를 포함하는 사회보장과 한정된 노동시간, 국가가 주요 산업과 서비스를 통제하는 사회주의 정부였다. 선구적인 네루의 제안은 20년이 지난 1955년 인도 정부에 의해 공식적으로 채택되었다.

독립운동이 거세지면서 영국은 1935년 인도통치법을 통과시켜 인도인이 지방정부를 장악할 수 있는 기회를 제공함으로써 중앙정부를 영국이 장악하는 전략을 시도했다.[13] 국민회의 총재 네루는 그 법에 따라 실시된 1937년 선거에서 열성적으로 선거운동을 펼쳤다. 총 5만 마일을 오가며 1천만명의 유권자에게 유세를 벌인 네루의 국민회의는 1585개 의석 중 711석을 확보하는 개가를 올리고, 11개 주 가운데 7개 주에서 지방정부를 구성하는 데 성공했다. 네루와 국민회의 지도자들은 제2차 세계대전이 발발한 1939년까지 국가 경영에 있어 짧지만 소중한 경험을 쌓았다.

1947년 한여름 밤에 이룬 독립의 댓가는 영토의 분단이었다. 파키스탄이 분리 독립한 데 대한 책임은 거의 다 네루에게 지워졌다. 세속주의자 네루는 무슬림의 분리주의 운동을 편협한 반동주의, 즉 종교를 이용해 정권을 잡으려는 부당한 행동으로 여기고 낮게 평가했다. 그의 눈에 무슬림연맹의 주장은 인도에서 자신들의 정당성을 주장하는 영국 지배자처럼 불합리했다. 결국 네루는 무슬림과 타협할 수 있는 여러 차례의 기회를 놓쳐버렸고, 분단의 아픔을 가슴 아프게 지켜보았다.

인도에서 분리된 파키스탄이 이슬람 국가를 표방한 데 비해 네루가 이끈 인도는 세속주의를 지향했다. 수많은 종교가 존재하는 인도에서 국가의 통합성을 유지하는 유일한 방법은 세속주의라는 것이 그의 신념이었다. 신정국가를 중세적이고 반민주적이라고 간주한 합리주의자 네루는 종교의 자유를 기본권으로 헌법에 규정하고 모든 종교에 대해 중립적 입장을 천명했다. 네루의 세속주의는 그의 비판자들도 좋게 평가했다.

독립 후 네루의 존재는 인도의 모든 분야에서 느낄 수 있었다. 외교정책, 경제개발 5개년계획, 사회주의 옷을 걸친 연방제, 사회개혁 프로그램, 인구문제에 이르는 모든 부문과 정책에 그의 의견이 반영되었다. 그러나 1964년까지 17년간 통치한 네루는 기대한 만큼 성공을 거두지는 못했다. 큰 실패는 없었으나 큰 성공도 없었다. 이상과 실제 간의 차이가 컸다고 할까, 네루에게는 이상을 실천에 옮길 수 있는 강력한 리더십이 부족했다. 그래도 국민들은 네루를 차차지(아저씨)라고 부르며 존경했다.

네루의 스타일을 보여주는 전형적인 예는 인구문제였다. 네루 정부는 인구문제의 중요성을 깨닫고 세계에서 가장 먼저 인구문제를 논의했으나 별다른 정책으로 연결하지는 못했다. 인구폭발 문제를 '자본주의 국가들의 선전'이라고 응수한 네루는 인구증가보다 빠른 경제성장으로 인구를 충분히 부양할 수 있다고 주장했다. 그러나 1951년 4억명이 채 안되던 인구는 현재 11억을 돌파해 네루가 경축사에서 언급하고 약속한 '빈곤으로부터의 해방'을 저해하는 주범이 되었다.

네루의 가장 빛나는 업적은 인도에 민주주의를 정착시킨 것이다. 뒤에서 언급되는 것처럼, 그는 다양한 인종과 광대한 국가를 한데 묶을 수 있고 사회적 불평등을 줄일 수 있는 정부제도가 민주주의뿐이라고 확신했다. 네루의 민주주의에 대한 신뢰는 '보통사람에 대한 신뢰와 존경'에 바탕을 두었다. 사상과 표현의 자유를 존중한 그는 의회민주제를 확립하고 사법부의 독립을 이루었다.

 네루와 홀로서기

네루는 선거를 '풀뿌리'의 욕망과 뜻을 표출하고 대중에게 민주교육을 실시하는 수단이라고 여겼다. 영국이 식민지 인도에서 그렇게 실천하기를 꺼린 보통선거를 곧바로 실시한 것은 그래서였다. 그의 재임중 치러진 1952년, 1957년, 1962년의 총선은 그 실험의 장이었다. 네루가 심은 민주주의는 인디라 간디 총리의 긴급조치를 곧 무산시킨 1977년의 총선 결과에서 명백히 증명되었다.

민주제도를 가지고 경제발전을 시도한 국가는 인도가 처음이었다. '네루표 사회주의'는 개인의 자유를 침해하지 않고 사회정의를 제공한다는 실용적인 접근방식이었다. "배경이 다양한 나라에서 똑같은 과정이 진행된다고 믿는 것은 어리석은 일"이라고 말한 그는 인도의 현실에 맞도록 자본주의와 사회주의 원칙이 공존하는 혼합경제를 도입했다. 그는 주요산업을 국유화하면서 민간기업의 활동도 보장하는 '인도형' 경제계획과 발전모델을 추진했다. 그러나 국민을 빈곤과 무지로부터 해방시키지는 못했고, 오랫동안 '배고픈 민주주의'를 실천했다.

17년간 총리를 지낸 네루는 개발도상국의 장기집권자가 으레 그렇듯이 독재자로 변질되지는 않았다. 그러나 '네루 왕조'를 세웠다는 비난은 만만치 않았다. 독립 후 50년 동안 네루 일가는 대를 이어 무려 38년이나 통치했다. 딸 인디라 간디는 1966~77년과 1980~84년 두 차례 정권을 잡았고, 인디라 간디의 아들 라지브 간디는 1984년부터 5년간 총리를 역임했다. 민주주의를 목숨보다 신봉한다고 고백한 네루가 의도한 결과였을까?

"이 무거운 짐을 져야 한다. 때가 오면 그 짐을 받아들이고 그 속에서 기쁨을 누려라." 네루가 인디라 간디에게 보낸 편지의 내용 때문에 의혹을 받았으나 인디라 간디의 집권은 아버지 네루의 뜻은 아니었을 가능성이 높다. 물론 라지브 간디는 인디라 간디가 준비한 후계자였다.

지성인 네루, 저술가 네루

네루는 다재다능한 인물이었다. 독립운동을 하느라 감옥을 빈번히 드나들던 시절의 수감생활은 그에게 생산적인 시간이었다. 네루는 감옥에서 책을 읽고 국가에 대한 문제를 생각했으며 많은 책을 저술했다. 30년대에 이어진 일련의 투옥기간에 그는 2권의 책을 썼다. 딸 인디라에게 보내는 편지 형식의 『세계사 개관』과 『자서전』이었다. 특히 자서전은 노벨문학상을 수상한 타고르로부터 극찬을 받을 정도로 우수했다. 타고르도 "지성을 소유한 인물이 정치적 활동"을 하는 현실에 유감을 표시했다. 제2차 세계대전이 진행되는 기간에 3년 동안 수감생활을 한 네루는 5천년 인도 역사를 개관한 『인도의 발견』을 저술해 필력을 과시했다.

네루는 가장 나중에 쓴 『인도의 발견』에서 『세계사 개관』과 『자서전』을 저술한 동기를 "현재와 연결된 과거를 발견하려는 시도"라고 적었다. 그래서 3권의 저서는 모두 자전적이며 역사적인 내용을 담았다. 세계를 이해하고 그 속에서 인도의 위상을 발견하려는 노력이 『세계사 개관』이라면 독립운동 과정에서 자신을 찾는 기록이 『자서전』이었다. 『인도의 발견』은 인도가 어디에서 왔고 어디로 가는지 파악하는 작업이었다.

네루의 저작을 이해하려면 그가 사회주의 사상에 심취했다는 사실을 염두에 두지 않으면 안된다. 1920년대부터 사회주의에 깊이 몰두한 네루는 1960년대 사망할 때까지 사회주의에 대한 사랑을 접지 않았다. 당연한 일이겠으나 네루는 맑스 이론의 타당성을 인정하고 그 관점으로 역사와 사회를 파악했다. 1944년, "맑스와 레닌에 대한 연구가 역사와 현재 시국을 이해하는 데 도움을 준다"고 고백한 그의 입장은 위에 언급한 3권의 저서에도 그대로 반영되었다.

우리나라에서 『세계사 편력』이라는 제목으로 출간된 『세계사 개관』

 네루와 홀로서기

은 1930년 1월부터 1933년 8월까지 네루가 옥중에서 딸 인디라 네루에게 보낸 편지를 묶은 책이다. 사춘기 소녀가 이해할 수 있는 수준으로 세계사를 소개한 편지들은 감옥이라는 공간적 한계 때문에 관련된 자료나 도서를 이용할 수가 없었다. 네루의 독서편력과 박학다식함에 바탕을 둔 『세계사 개관』은 그렇기 때문에 역사책으로는 오류가 적지 않고, 경제적 측면에서 갈등의 역사를 파악하여 혁명과 전쟁에 관심이 치우치는 한계를 드러냈다.

1934년 6월부터 1935년 5월까지 1년여에 걸쳐 쓴 『자서전』은 수동적 젊은이에서 독립운동가로 변모하는 네루의 개인적인 기록이지만 인도 독립운동사라고 불러도 좋을 만큼 인도 근대사의 흐름, 특히 간디의 활약상이 잘 그려져 있다. 연대기적 기술이 아닌 분석적 방식으로 서술된 책에는 간디를 포함한 주변인물에 대한 비판이 가득한데, 특히 사회주의 사상을 전파하려는 목표를 가진 네루가 자유주의자들에게 지닌 편파적 태도가 드러난다. 45세의 나이에 저술하여 반생의 기록에 불과한 『자서전』은 독자로 하여금 '뭔가'를 감춘다는 인상을 지울 수 없게 만드는 약점을 갖고 있다.

1942~44년 투옥기간에 쓴 『인도의 발견』은 『자서전』에 나온 '나는 누구인가?'와 '나는 어떻게 오늘의 내가 되었는가?'에 대한 해답을 추적한 책이다. 인도의 과거에 대한 연민과 독립운동을 낙관적으로 본 『인도의 발견』은 독립운동가들인 감방 동료들의 지식과 제안이 총집합된 작품으로 아인슈타인도 격찬했다. 그러나 플라톤의 개념 '철학자-왕'을 상징하는 네루의 이 저서는 『세계사 개관』처럼 역사적 오류가 많다. 또 인도의 영광을 과거에서 찾고 인도의 정체성을 오리엔탈리즘이 구성한 '지식'에서 '발견했다'는 점도 비판받는 대목이다.

감옥을 들락거리는 네루의 결혼생활은 순탄하지 못했다. 아내 카말라 네루는 결핵에 걸려 병약했지만 1930년 불복종운동에 참여했다가 투옥되는 등 남편의 뜻과 길을 따르려고 노력했다. 그러나 병이 악화되어 치료를 받으려고 스위스로 간 그녀는 1936년에 세상을 떠났다. 네루의 나이 47세의 일이었다.

사랑 없는 결혼을 하고 정치에 입문한 네루는 주변에 따르는 여성이 많았다. 그러나 네루가 진정으로 사랑한 여인은 딸 인디라 간디와 인도에 온 마지막 영국 총독의 부인 에드위나였다. 위험하지만 감동적인 네루의 '적과의 로맨스'는 이제 전세계 지성인이면 누구나 다 아는 비밀이 되었다. 보다 자세한 사실은 관련 사료가 공개된 뒤에 알려지겠으나 네루는 총리가 된 뒤에도 영국과 인도에서 에드위나를 몰래 만나서 위안과 행복을 얻은 것으로 밝혀졌다.

단 하나뿐인 딸의 인생도 장미꽃이 널린 길을 걸은 것은 아니었다. 어머니가 죽은 뒤 영국 옥스퍼드 대학에 유학한 인디라는 그곳에서 잘생긴 페로즈 간디^{Feroz Gandhi}를 만나 사랑에 빠졌다. 네루는 파르시(인도에 정착한 조로아스터교도)인 페로즈 간디가 사윗감으로 내키지 않았으나 별다른 내색을 하지 않고 딸의 선택을 축복했다. 총리가 된 아버지의 퍼스트레이디로 활약한 인디라 간디는 남편과 별거하다가 40세에 사별했다. 불행한 결혼이 인디라 간디를 정치판에서 성공하게 이끌었는지도 모른다.

인도를 방문한 베트남 지배자 호치민의 수염을 잡아당기고 재클린 케네디의 얼굴을 양손으로 움켜잡아 당황하게 만든 네루는 평범하지 않은 인물이었다. 평생 종교적 숭배를 거부한 네루는 유서에 자신을 화장하여 갠지스 강에 뿌려달라고 적었다. 인도 문명의 요람이자 오랜 인도 역사를 지켜본 갠지스 강을 사랑했기 때문이었다. 유해는 그가 소년기를 보낸 고향집 근처 강물에 뿌려졌다. 알라하바드에서 태어나 알라하바드 강가에서 대양으로 돌아간 그의 삶은 확신을 향한 여정이었다. 그리고 그는 20세기가 낳은 훌륭한 지도자의 한사람으로 역사의 강을 흘러갔다.

 네루와 홀로서기

타타의 20세기

경제인 JRD

1993년 11월 29일, 경제인 JRD 타타^{Tata}가 사망하자 그가 주로 활동한 서부 마하라슈트라 주 정부는 3일의 애도기간을 선포했다. 1947년 영국에서 독립한 이래 오랫동안 사회주의적 성향을 견지한 국가에서, 다수 인구가 아직도 가난에 허덕이는 것이 현실인 인도 사회에서 대그룹 전 총수에 대한 국민적인 애도는 놀라운 현상이었다.

허나 그것은 JRD가 20세기 인도에 기여한 공로가 지대했다는 의미였다. 영국 통치 하에서 인도 민족주의가 막 싹을 틔고 성장하던 1904년에 태어난 그는 고통과 희망이 점철된 식민통치와 민족해방으로 변화무쌍했던 20세기의 인도를 지켜보고 함께 호흡하면서 1993년까지 살았다. 그가 떠날 무렵 인도는 사회주의 경제에서 개방경제로 선회하고 새로운 도약을 모색하는 중이었다. JRD는 세상을 떠나기 1년 전인 1992년, 인도 정부로부터 민간인에게 주는 '최고의 서훈'^{Bharat Ratna}을 수상하여 경제인으로 국가에 공헌한 사실을 생전에 인정받은 터였다.

JRD라는 애칭으로 불린 자한기르 라탄지 다다바이 타타는 프랑스에서 태어났다. 파르시인 아버지 라탄 타타와 프랑스인 어머니 사이에서 태어난 그는 프랑스에서 어머니와 함께 살았다. 어릴 때부터 자동차와 비행기에 관심이 많았던 그는 대학에 가려고 준비하던 1925년에 갑자기 아버지의 부름을 받고 귀국하여 타타 제철에서 일하게 되었다. 1년 뒤에 타타 제철^{Tata Iron & Steel}의 이사이던 아버지가 사망하고, 1938년에는 그룹을 지휘하던 나오로지 사크라트발라가 세상을 떠나자 JRD는 34세의 젊은 나이로 그룹의 회장직에 올랐다.

JRD는 영국 식민지에서 해방을 거쳐 독자적으로 경제성장을 이룬, 부침과 굴곡 많은 인도 현대사와 홀로서기를 시작한 인도 경제와 운명을 함께했다. 그의 재임기간에 타타는 13개의 기업을 가진 그룹에서 자동차와 호텔, IT산업 등 약 80개의 기업을 망라하는 인도 최대의 그룹으로 성장했다. 그가 탄생을 도운 인도 IT산업의 대표주자 타타 자문써비스는 쏘프트웨어로 오늘날 인도의 눈부신 경제발전을 견인하고 있다.

JRD와 타타 그룹의 인연은 선조의 시대로 거슬러올라간다. JRD의 아버지와 타타 그룹을 시작한 잠세트지 타타의 부친은 에르바드 잠시이드 타타의 후손이었다. 곧 JRD는 잠세트지의 고조부인 에르바드 잠시이드 타타의 7대 후손이고, 잠세트지의 아버지 누세르완지 타타는 JRD의 할아버지 다다바이의 여동생과 결혼한 사이였다.

그러나 JRD가 타타 그룹의 회장이 된 것은 그런 혈연관계에만 기초하지 않았다. 그의 말을 빌리면, "타타 제철에서의 경험과 열심히 일한 덕분"이었다. 귀국한 이래 그는 아버지의 주선으로 경영수업을 받았고,

1932년부터는 회장의 옆방에 근무하면서 그의 오른팔이 되어 회사의 업무를 배우고 익혔다. 그리고 1938년, JRD는 타타를 책임지고 키우는 막중한 자리에 올랐다.

타타 제철의 탄생과 성장

타타 그룹의 창시자는 잠세트지 타타^{Jamsetji Tata:1839~1903}였다. 그는 29세의 젊은 나이에 무역회사를 시작하여 마련한 종잣돈으로 1874년 친구들과 합작하여 방적회사를 설립하고 크게 성공했다. 잠세트지와 그를 이은 타타의 경영자들은 기존 영역에 안주하지 않고 축적한 부를 미지의 영역인 제철과 수력발전, 화학과 항공산업과 같은 국가 기간산업에 투자하여 사업을 확대했다.

잠세트지 타타는 영국 통치에 양가적인 입장을 가진 파르시였다. 2장에서 본 것처럼 1848년 가장 먼저 영국의 스포츠 크리켓을 받아들이고 영국인 팀과 시합을 벌인 파르시들은 "영국과 인도의 문화적 양식을 잇는 다리"라는 평을 받을 정도로 서구화한 친영집단이었다. 잠세트지는 "우리와 같은 작은 집단은 이 나라에서 지배자와 피지배자 간의 통역자와 중개자에 적합하다"고 여겼다.

잠세트지는 19세기 후반에 활동한 봄베이지방 엘리뜨들의 모임인 봄베이협회에 가담했고, 각 지방에 존재한 비슷한 종류의 조직이 전국적인 연대 형식을 갖게 된, 1885년 국민회의 첫 모임에 자금을 지원하고 참가했다. 그러나 그는 이후 적극적으로 정치적 활동을 하지는 않았다. 때로 식민통치에 협조했으나 길게는 인도의 미래를 염두에 두고 사업을 계획하고 추진하는 일에 몰두했다.

네루 총리는 1957년, 타타 제철 창립 50주년 기념식에 참석하여 "정부에는 경제기획원이 있습니다. 잠세트지 타타는 그 나름의 경제기획원을 가지고 보다 큰 계획을 세워서 시작했습니다"라고 창립자 잠세트지를 '1인 경제기획원'이라고 불렀다. 인도에서 영국 제국주의가 전성기를 누린 20세기 초에 방적회사로 모은 돈을 바탕으로 개인이 제철산업에 뛰어든 것은 장기적 견지에서 나온 판단이었다.

그는 철강이 중공업의 기반이 될 것이라고 전망했다. 내일 무엇을 할지 아는 그는 행복한 사람이었다. 제철산업을 준비하던 1904년, JRD가 태어날 당시 잠세트지 타타는 이미 3개의 방직공장과 호텔 등을 가진 봄베이 최고 부자이자 영향력을 가진 기업인이었다. 영국의 지배를 받는 식민지라는 불리한 조건에서 민간기업이 위험부담이 높고 엄청난 비용이 필요한 제철산업을 시작한 것은 애국적 열정이 없이는 불가능한 일이었다.

설립자 잠세트지 타타와 그 일가는 제철산업을 성공적으로 키웠을 뿐만 아니라 식민통치 하에서 그 모든 것을 인도의 자본과 기술, 노동으로 일구는 쾌거를 이루었다. 1907년, 잠세트지 타타는 제철의 설립자금을 런던시장에서 조달하는 데 실패했다. 영국 투자자들이 인도 기업가의 능력을 불신했기 때문이다. 절망하지 않고 인도로 눈을 돌린 잠세트지는 1907년 8월, 봄베이에서 3주 만에 8천명의 투자를 받아 전체 자본금을 조달했다.

스와데시 운동이 타타 제철의 탄생을 도운 것은 분명한 사실이었다. 1905년, 벵골지방을 분할한 영국에 대한 항의운동이 스와데시 운동으로 연결되면서 많은 인도인이 인도가 해방되는 길은 산업화라고 믿고 인도 기업의 탄생을 지지했다. 잠세트지는 이후 은퇴한 전직 고위관료를 영입하는 방식으로 식민정부와 유대를 가짐으로써 "유럽인을 선호"한다는 비판을 받으며 제철회사를 키웠다. 서구화한 타타의 경영 문화와 사회적 윤리는 영국과 협력하는 데 유리했다.

영국 식민정부도 타타가 제철산업을 시작하는 것을 반대하지 않았다. 식민정부가 타타를 지지해서가 아니었다. 무엇보다 타타의 제철산

    타타의 20세기

업이 영국의 상업적 이익과 상충되지 않기 때문이었다. 제철산업과 달리 영국의 산업과 이해관계가 엇갈리는 인도의 방직공업은 영국의 반대가 적지 않았다. 넓은 인도에서 아시아 최대의 마일리지를 가진 철도를 운영하는 식민정부는 그때까지 주로 벨기에산 철강제품을 구매하여 사용했다. 식민정부는 국내에서 구매할 수 있다는 편의성 이외에도 민족주의가 야기한 변화하는 정치·경제적 상황을 고려하여 타타 제철에 호의적이었다.

1912년 2월, 타타 제철이 생산한 최초의 용제강이 선을 보였다. 프레드릭 업코트 인도 철도청장은 타타 제철이 영국의 설계에 맞게 강철재를 생산할 수 있을 것인가에 의구심을 표시하며, "만약 그렇게 한다면, 내가 그들이 만든 강철재를 다 먹어버릴 것이다"라고 인도의 기술력을 비하했다. 제1차 세계대전 중 타타 제철은 연 1,500마일에 이르는 강철재를 메소포타미아에 수출하여 높은 품질의 철강제품을 경쟁가로 생산할 수 있음을 증명했다. 타타 제철의 회장 도랍 타타는 "프레드릭 업코트가 자기 말대로 했다면 약간의 소화불량에 걸렸을 것"이라고 논평했다.

그러나 타타 제철은 제1차 세계대전 후 물가상승과 노동력을 확보하는 문제, 최대고객인 일본의 수요가 관동대지진으로 급감하면서 시장의 붕괴와 가격폭락으로 어려움에 빠졌다. 타타 제철은 1924년, 심각한 재정위기에 봉착하여 파산위기에 처했으나, 도랍 타타 회장이 전재산을 담보로 은행에서 대출을 받아 가까스로 회생했다.

이후에도 타타 제철은 많은 우여곡절을 겪었지만 1931년 발표한 15개의 인도 대기업 명단 중에서 1위를 차지했다. 영국 기업에 종속적인 식민경제에서 타타의 존재는 주목할 만했다. 타타 제철의 진가는 제2차 세계대전의 발발과 함께 드러났다. 유럽 전쟁터에서 움직이는 모든 장갑차와 탱크에 부착된 강판과 리벳rivet이 타타 제철이 만든 제품이었다. 그 때문에 장갑차는 '타타 나가르(타타 마을)'라고 불렸다.

전쟁이 끝나고 미국의 카이젤 엔지니어와 합작한 회사의 생산규모는 2백만톤을 자랑했고, 오늘날에는 약 3백만톤가량으로 생산규모가 늘어났다. 양적 확대뿐 아니라 질적 확대에 나선 타타 제철은 양질의 철강과 특수강을 생산하여 민간기업 최대의 매출액을 기록했다. JRD 는 1984년까지 46년간 타타 제철의 회장을 역임하며 "높은 산맥과 큰 강처럼 인도의 지리와 풍경의 한 부분을 이루는" 타타 제철의 성장을 주도했다.

1인 경제기획원, JRD

타타가 화학분야에 진출한 것은 JRD가 회장이 된 직후였다. 1929년 인도 관세위원회는 "인도가 대규모 산업화를 이루려고 한다면, 화학산 업 건설이 아주 중요하다"고 권고한 바 있었다. 특히 알칼리산업은 화 학산업 중에서 '가장 복잡하고 까다로우며 기밀이 많은 분야'로 알려졌 고, 소다재의 제조방법은 국제적 카르텔로 엄격한 보호를 받고 있었다. 이런 상황에서 JRD는 자립으로 인도에 화학공업을 발전시키려고 1939 년 서해안 미타푸르에 타타 화학을 세웠다.

곧이어 회사 기술자들이 소다재 제조법을 개발하여 타타 화학은 인 도 산업발전의 주요한 기반이 되었다. JRD가 가장 힘든 경험이었다고 토로한 바 있고, 처음 16년 동안 배당을 한번도 실시하지 못할 정도로 타타 화학의 진로는 순조롭지 않았으나 타타 화학은 인도는 물론 세계 에서 가장 규모가 크고 일관된 생산공정을 갖춘 무기화학 단지를 자랑 하게 되었다. 산하에 씨멘트, 비료, 비누 공장 등 다양한 기업을 거느린 타타 화학은 인도 중화학공업의 기반이었다.

1932년 10월, 우편물을 실은 비행기가 카라치 비행장을 떠나 봄베이 에 도착하는 순간 인도 최초의 민간항공산업이 시작되었다. 그 비행기 에는 JRD와 비행사 두명이 탑승하고 있었다. 그 여행은 비행기를 좋아하고 인도 최초로 면허를 가진 조종사라는 기록을 보유한 JRD의 어렸을 적 꿈이 실현되는 순간이었다. 타타 그룹의 모기업인 타타 산스^{Tata Sons}의 한 부서로 출발한 타타 항공은 1946년에 보석 박힌 터번을 쓴 전통적 왕의 모습을 상징으로 하는 '에어 인디아'^{Air India}로 발전했다. 여객 수송의 시대가 올 것을 대비하기 위한 조치였다.

독립 직후인 1948년, 정부와 합작으로 설립한 '에어 인디아 인터내셔널'은 유럽 노선에 정식으로 취항하여 외국 항공사들과 경쟁을 벌였다. 1953년, 인도 정부는 타타 항공을 포함하여 난립한 항공사들을 모두 국유화하여 국내 항공사와 국제 항공사를 설립하고, JRD에게 국제 항공사의 책임을 맡겼다. 이후 25년 동안 JRD는 국제 항공사 '에어 인디아'의 회장직과 인도 항공위원회 회장을 역임하면서 인도 항공산업 발전에 기여했다.

독립 직전에 세워진 텔코^{TELCO: Tata Engineering and Locomotive Company}의 발전도 JRD를 빼놓고는 이야기할 수 없다. 독립을 앞둔 1945년, 타타 제철이 있는 잠세드푸르의 낡은 철도공장에서 타타 제철의 자회사로 시작한 텔코는 증기기관차를 제조하거나 기관차의 완제품과 그밖의 공업제품을 생산했다. 한때 연간 100대의 기관차 생산을 자랑하던 텔코는 철도산업이 사양화하자 1954년 독일 벤츠사와 합작하여 자동차 생산에 참여했다. 벤츠의 디자인을 인도의 도로사정에 맞게 수정한 디자인부서의 설립이 좋은 결과를 이끌어냈다.

1990년 12월에 자동차 생산 100만대를 기록한 텔코는 오늘날 인도 최대의 자동차 제조회사가 되었다. 서부지방 푸네 등 전국에 3개의 자동차 공장을 가진 텔코는 2000년 현재 경승용차 63퍼센트, 중·대형 승용차 66퍼센트의 내수시장을 점유하고 있다. 1998년 12월에는 인도 최초의 고유모델인 소형차 '인디카'^{Indicar}를 출시하는 개가를 올렸다.

1947년 인도가 독립했을 때 타타 그룹의 기업들은 거의 다 발전도상국 정부가 추진해야 할 기간산업 분야였다. 독립을 앞둔 1944년 '봄베이 플랜'으로 불린 인도 최초의 경제발전계획이 발표되었을 때 계획에 참여한 8명의 기업인 중 4명이 JRD를 포함하여 타타 그룹 내 기업의 회장들이었던 이유는 그래서였다. '봄베이 플랜'은 1951년 인도 정부가 시작한 경제개발 5개년계획의 모태가 되었다.

기간산업 외에도 타타의 존재감은 여러 곳에서 느낄 수 있다. 1960년대 초, 인도 정부는 외환보유고 부족으로 힘든 상황이었는데 타타는 수출을 하여 난국을 타개하는 데 기여했다. 새로 설립된 타타 수출상사는 타타 그룹과 다른 유수기업이 생산한 제품을 외국에 수출하는 일을 맡았다. 수출품목은 설비를 완성하여 인도하는 배전 및 송전 씨스템, 화학공장, 씨멘트 공장 등의 텅키 프로젝트, 경영, 철강제품과 상용차, 피혁제품에 이르기까지 다양했다.

타타 제철도 1980년대에 수출에 동참했다. 타타 제철의 주요 수출품인 철강, 공업제품, 크롬광, 철혼합물 등은 호주와 중국, 독일에 수출되었다. 텔코의 트럭도 해외로 나갔다. 타타 제철의 수출액은 1986~87년도 4크로레 루피에서 1990~91년도에는 200크로레 루피로 급격하게 신장했다.

새로운 기업문화의 창조

기간산업의 성공이 JRD를 20세기 인도의 인물로 만든 것은 아니었다. 그러한 업적은 JRD의 삶과 그가 이룬 업적의 일부에 지나지 않았다. JRD는 부를 창조하고 사업을 확대하는 것에 그치지 않고 이를 국가와 사회에 환원한 창업자 잠세트지 타타의 정신을 계승하여 새로운 경영이념과 기업문화를 창조했다. 노동자와 지역사회에 많은 관심을 기울인 그는 자선사업가라고 불릴 정도로 수많은 자선활동을 펼쳤다.

타타 제철은 세계에서 가장 먼저 노동자 복지에 신경을 쓴 기업으로

 타타의 20세기

기록해도 좋다. 1912년, 인도를 지배하는 영국을 비롯한 유럽의 여러 나라들이 1일 10~12시간 노동이 보통이던 당시에 타타 제철은 세계에서 선구적으로 1일 8시간 노동제를 도입했다. 1920년에는 유급휴가제와 후생연금제, 산재보장제도 실시했다. 노동자를 위한 연수프로그램도 이 무렵에 시작되었다.

잠세트지 타타는 이렇게 말했다. "우리가 다른 기업에 비해 덜 이기적이고 보다 관용적이며 박애주의적이라고 주장하지 않는다. 그러나 우리는 우리에게 투자한 주주들의 이익과 우리 회사가 번영할 수 있는 확고한 기반인 종업원의 건강과 복지를 고려하는 건전하고 올바른 기업 원칙을 가지고 사업을 시작했다." 그 전통을 이어받은 JRD는 1930년대에 이익배분형 보너스제를 실시했고, 1940년대에는 노무관리를 담당하는 부서를 설치했다. 1953년에는 노사가 참여하는 합동자문회의를 도입하여 노사관계, 노동조건, 작업환경, 안전과 의료시설 등 회사의 모든 문제를 노사가 합의하도록 이끌었다. 타타는 퇴직자의 삶을 위한 다양한 프로그램도 실시했다.

모든 기업은 기업이 자리하고 노동자들과 가족이 살고 있는 주변 지역의 주민들에게 특별한 책임을 가지고 있다. 도시나 농촌을 막론하고, 행정 단위의 크고 작음과 상관없이 사람들이 사는 곳에는 늘 도움과 구제가 필요하며 적절한 지도와 안내를 담당할 사람이 절실하다. 나는 기업이 할 수 있는 가장 중요한 공헌이 각 기업이 위치해 있는 지역 주민의 생활과 어려운 문제를 기업의 문제처럼 받아들여, 기업이 소유한 재원과 능력을 활용하여 그들을 돕고 봉사하는 것이라고 생각한다.

1970년, JRD는 기업의 책임이 노동자의 복지를 넘어서 사회적 책임을 포함해야 한다고 말했다. 타타 그룹의 모든 회사들은 회사 정관에 소비자, 종업원, 주주는 물론, 지역사회에 대한 회사의 사회적 의무에 관한 조항을 포함했다. 타타 화학의 예를 들면, 자선단체, 종교단체, 과학적·정치적 목적을 가진 단체와 기관, 그밖의 유용한 기관과 단체에 계속적으로 기부와 재정지원을 할 것이라고 정관에 넣었다.

타타 그룹은 세금을 포탈하는 수단이 아니라 진정한 부의 사회환원을 실행하는 신탁재단을 설립하고 그것을 통해 다양한 활동을 전개했다. 1932년 설립된 도랍지 신탁재단은 우수한 인재 양성에 큰 관심을 가지고 선구적 교육기관인 인도 이과대학을 세웠고, 1936년에는 타타 사회과학대학, 1942년에는 아시아 최초의 암 연구쎈터, 1945년에는 타타 기초과학연구소를 설립하여 미래를 만들었다. 타타 기초과학연구소는 인도의 핵개발 프로그램의 요람이 되었다.

인도에서 최초로 인구문제에 관심을 보인 사람도 JRD였다. 타타 신탁재단은 1956년 유엔과 협력하여 인구동향연구소를 설립했는데, 봄베이에 있는 국제인구학연구소가 그 후신이다. JRD는 인도 가족계획협회의 설립자금을 지원했고, 1970년에는 포드재단과 합작으로 가족계획재단을 설립했다. 이러한 공로를 인정받은 JRD는 1992년에 유엔 인구상^{United Nations Population Award}을 수상했다.

타타 그룹은 예술과 인문과학에도 지원을 아끼지 않았다. 1966년, JRD의 지지를 받은 도랍지재단은 공연예술을 위한 국립연구소를 세워서 인도의 고전음악과 민속음악을 녹음하여 보존하는 계획과 유명한 예술가의 제자를 양성하는 제도를 마련했고, 인도 최초의 국립극장을 건립했다. 1980년대에는 봄베이에 자선사업개발쎈터를 설립하고 약물중독자를 위한 '도움의 전화'를 개설하여 그 운영을 지원했다.

도랍지 신탁재단에 앞서 세워진 라탄 타타 신탁재단은 무주택자에 대한 주택 제공, 농촌지역 학교 설립, 맹인학교 건립 등에 많은 기부금을 냈고, 국립야금기술연구소에도 상당한 후원금을 댔다. 1989년에는 대규모의 사업을 계획하고 집행하기 위해 국립고등연구원^{NIAS}을 설립했다. 이외에도 타타 그룹은 메헤르바이 타타 신탁재단^{1938년}, JRD 타타재단[1944년], 잠세트지 타타 신탁재단[1974년] 등 여러 재단을 설립하여 인재 양성과 다양한 사회활동을 지원하고 있다.

60년간 타타 그룹을 이끈 JRD는 경영에 대한 그의 기여를 묻자 '다른 사람을 격려하는 것'이라고 대답했다. 텔코의 새 공장이 뿌네에 세워질 때 가장 먼저 세운 건물이 수습사원을 위한 훈련소와 기숙사였던 것은 이런 견지에서였다. 재해가 발생할 때마다 타타 제철과 텔코의 직원들이 하루치의 봉급을 의연금으로 보내는 것이나 도랍지 신탁재단이 관장하는 타타 구호위원회와 다른 회사들의 구호위원회가 해당지역의 구호를 담당하는 것은 JRD가 강조한 '주변 지역에 대한 특별한 책임'의 결과였다. 타타 제철은 스포츠재단을 설립하여 동부지방 어린이들을 위한 축구학교를 운영하는 한편, 인근 수백개의 마을을 지원하고 있다.

타타의 20세기

제철과 수력발전 등 기간산업에 종사한 타타 그룹은 주요 고객인 식민정부를 의식하여 민족주의 진영과 일정한 거리를 유지했다는 비난을 받았다. 특히 철강과 레일을 생산하는 타타 제철은 최대 구매자가 식민정부이기에 친정부의 입장을 가질 수밖에 없었다. 제1차 세계대전을 거치면서 철도뿐 아니라 군수품의 상당량을 타타로부터 구매한 식민정부는 타타와 상호의존적인 관계를 유지했다. 그러나 타타의 재정적 힘을 의식하면서도 영국 지배자들은 타타의 창시자 잠세트지에게 늘 의구심을 가졌고, 그가 죽은 뒤에야 훈장을 수여했다.

타타 제철은 특히 1920년대 초, 국민회의가 주도하는 비협력운동을 반대하는 움직임에 찬성했다. 잠세트지는 노동조합운동과 관련하여 국민회의를 불신했고, "우리 정치인이 우리나라에 필요한 경제적 이익을 보장하지 못했기 때문"에 국민회의를 대체하는 정당의 설립이 필요하다고 주장했다. 그때 타타는 전후 수요의 급감 등 여러가지 문제로 악전고투하는 중이었다.

다른 그룹인 비를라Birla가 간디와 국민회의를 후원한 것과 달리 타타는 1930년대의 비협력운동에도 참여하지 않았다. 1930년 소금행진에 이어 전국적인 비협력운동이 벌어졌을 때 타타 그룹의 회장 사크랄트발라는 영국의 한 기업가에게 보낸 편지에서 "국민회의의 활동을 끝내지 않으면 몇달 안에 봄베이지방 전체가 파산할 것"이라고 적었다. 철도 레일과 병기를 구입하는 식민정부를 의식하지 않을 수 없었던 것이다.

독립 후에는 타타에 경제력이 집중되는 것에 대한 우려가 높아져서 여러 차례 공격을 받았다. 국유화 압력에 직면한 타타 그룹은 타타 항공 등 일부를 국가에 넘겼다. 1978년, 2명의 각료가 타타 제철의 국유화를 제안했을 때 제철소와 탄광, 판매에 종사하는 모든 노동자들이 국유화를 반대했다. 타타 제철은 정부가 소유한 금융기관이 주주총회 의결권의 45퍼센트를 가진 체제였다. 결국 제철분야의 국유화는 취소되었다.

일반적인 인식과 달리 당시 타타의 경영권은 이사회에 있었고, 이사회는 정부나 정부기관이 임명한 이사와 정부를 포함한 일반주주로 구성되었다. 당시 일반주주는 8만명이었으나 1990년에는 그 수가 26만 5천명으로 늘어났다. 타타 일가가 실제로 보유한 주식의 비율은 그때나 지금이나 높지 않다. 경제력 집중의 잣대가 되는, 자본의 25퍼센트 이상을 소유한 타타의 기업은 인도 호텔과 타타 화학뿐인데, 인도 호텔의 대주주도 신탁재단으로 되어 있다.

1991년, 타타가 설립한 여러 기업의 주식을 소유한 모기업 타타 산스의 주식은 타타 일가가 3.75퍼센트의 지분을 가졌고, 공적 자선재단이 78.7퍼센트를 소유하고 있었다. 타타의 이사들과 기타 우호적인 지분을 합쳐도 타타 일가가 행사할 수 있는 주식의 지분은 4퍼센트를 넘지 않았다. 게다가 17명의 이사들 중 타타 일가는 2명에 지나지 않았다. 타타는 그 점에서 매우 독특한 그룹이라고 할 수 있다.

타타씨의 리더십 아래 타타 그룹은 두가지 중요한 방식으로 인도 기업
계에 독특한 위치를 차지했다. 그 하나는 다른 그룹이 거의 실시하지 못한
전문경영제도의 도입이었다. 이제 전문경영인은 자기의 능력을 가지고 기
업계의 스타로 등장하게 되었다. 다른 하나는 타타 그룹은 항상 국가에 우
선권을 두었고 민간투자가 시급한 분야로 과감한 진출을 했다. (…) 그의
재임기간에 타타 그룹은 자동차, 화학, 전력 분야 등 그 업종을 다양화했다.
그는 기업의 안정적인 기반을 구축하는 데 역점을 두었고 섣불리 이익을 추
구하거나 이익을 위해 정부의 정책을 이용하지도 않았다. 이러한 타타 그
룹의 문화는 미래에도 역시 큰 도움이 될 것이다.

JRD는 여러 면에서 인도 최초의 전문경영인이라고 불러도 좋다. 그
가 은퇴했을 때, 한 경제신문은 앞에 인용한 기사를 실어서 JRD의 업적
을 칭송했다. 그는 인도가 영국의 식민지를 벗어나 독립하고 홀로 서는
길고 울퉁불퉁한 과정을 지켜보았다. 아니 그 중심에 서 있었다. 기간
산업을 세워 다른 산업이 발전할 수 있는 터전을 마련했고, 전자, 컴퓨
터와 같은 하이테크놀로지 산업에도 선도적으로 참여했다. 계열사인
타타 자문써비스는 컴퓨터 쏘프트웨어로 인도 IT산업의 대표주자로 활
동하고 있다.

저명한 경제인으로서의 명성과 꼼꼼하고 정확한 업무추진에도 불구
하고 JRD는 수줍음을 타고 남들 앞에 나서는 것을 좋아하지 않는 수수
께끼 같은 인물로 평가되었다. 1981년, 자식이 없는 JRD는 20년간 타타
에 근무한 40대의 친척 라탄 타타에게 그룹을 인계했다. 1991년에는 타
타 그룹의 모기업 타타 산스의 회장직까지 물러나서 65년 만에 자연인
으로 돌아갔다. 그리고 2년 뒤 그는 영원히 자연으로 돌아갔다.

4

독립 후 정치와 경제

세계 최대의 민주주의

1999년 말, 『뉴욕타임즈』는 사설에서 3억6천만명이 투표한 인도 총선의 일부 과정을 소개하며 '세계 최대의 민주주의'라고 불렀다. 이어 "인도의 풍성한 다양성이 때로 통합에 장해가 될 것으로 보이지만, 평화롭고 민주적으로 차이를 해결한 최근의 선거는 다양성이 '힘의 원천'으로 바뀔 수 있음을 증명했다"고 성공적으로 민주주의를 실천하는 인도를 칭송했다.[14]

낙후한 제3세계로 폄하되는 인도가 해방 후 서구 강대국과 전 식민 지배자 영국에 뒤지지 않는다고 자부한 분야는 민주주의였다. 인도 정치제도는 유권자의 심판, 곧 정부에 대한 '풀뿌리'의 반응과 의견이 표명되고 정기적으로 선거가 실시되는 점에서 명백한 민주체제이다. 보통선거권, 정당제도, 중단 없이 실시되는 선거가 근간인 민주제도는 '천의 얼굴'을 가진 인도 사회가 서로 적응하고 조정하며 양보하여 하나의 국가로서의 동의를 끌어내는 데 기여해왔다.

1948년 1월, 마하트마 간디가 암살되자 세계는 막 탄생한 인도 연방이 지속되지 못할 것으로 전망했다. 1984년, 인디라 간디 총리가 경호원에게 암살되고 한동안 수도 델리가 폭력으로 얼룩질 때도 의구심이 지배적이었다. 세 차례 파키스탄과의 전쟁, 중국과의 국경분쟁, 주변부에 자리한 펀자브, 아삼, 카슈미르 주의 유혈적인 분리주의운동도 연방의 존속여부를 주목케 만든 중대한 사건이었다. 그러나 인도는 생존했다. 그것도 아주 잘 살아남았다.

1948년 8월 15일 독립경축사에서 "오늘 우리는 자유와 주권을 가진 국민이 되었고, 스스로 과거의 족쇄를 제거했습니다. 이제 분명한 우정의 눈으로 세상을 보고 신뢰와 자신감을 가지고 미래를 내다봅시다"라고 선언한 네루 총리는 광대한 영토에 복잡다단한 인종과 언어, 수많은 종교와 벌집 같은 여러 사회와 문화로 구성된 인도를 하나의 국가로 묶고, 오랜 이방의 통치와 카스트와 같은 사회적 불평등을 줄일 수 있는 제도를 민주주의라고 믿었다.

'보통사람'을 신뢰하고 존경하는 데 근거한 민주주의를 신뢰한 네루는 선거가 보통사람에게 민주교육을 실시할 수 있는 수단이라고 여기고, 식민지배자 영국이 오랫동안 주저한 보통선거를 실시했다. 1951년에 실시된 역사적인 첫 총선에는 2억의 유권자가 자유롭게 한표를 행사했다. 세계 역사상 최초의 대규모 선거였다. 이후 인도는 20세기말까지 중단 없는 선거를 통해 사회 최하층에게도 존엄성을 심었다.[15] 1996년의 총선거는 5억이 넘는 유권자가 2천여 정당이 낸 후보 중에서 550여명의 하원의원을 선출하여 '세계 최대'를 만방에 실증했다.

보통선거와 더불어 인도 민주주의를 실증하는 또다른 제도는 다양한 정당의 존재이다. 1980년대 후반까지는 국민회의가 독주하는 체제였다. 마하트마 간디는 국민회의가 조직된 목표인 독립을 이루었으니 해체되는 것이 수순이라고 생각했으나 네루는 국민회의를 중심으로 총선을 치렀다. 첫 선거에서 국민회의는 489석 중 364석을 차지하여 존재의미를 증명했다. 세기 말까지 국민회의는 1977~80년, 1989~91년, 1996년 이후 몇년간을 포함해, 10여년을 제외한 전기간을 집권했다.

1989년, 인도 정치는 연방의회와 대부분의 주 의회를 석권하던 국민회의의 일당지배가 끝나고 여러 정당의 연합정권이 들어서는 새로운 시기로 들어섰다. 이는 다양한 지역, 언어, 문화를 배경으로 1960년대부터 등장한 지역정당들의 중앙진출과 자기욕망을 실현해주는 정당에게 투표하는 유권자의 등장을 의미했다. 현재 상당수의 주 정부는 해당지역의 문화와 이익을 대변하며 지역에 근거를 둔 정당이 집권하고 있다.

타밀나두의 DMK, AIDMK, 마하라슈트라의 시브 세나, 펀자브의 아칼리 달과 같은 지역정당은 지역주의, 카스트, 종교집단의 정서를 혼합하여 유권자를 동원했다.[16] 특히 타밀나두의 정당들은 힌디어를 부과하려는 중앙의 제국주의로부터 타밀문화의 보호와 드라비다인의 영광을 회복한다는 명목으로 유권자의 지지를 받았다. 인구의 다수인 비브라만에게 호소하는 영화를 이용한 반브라만 운동도 주요한 수단이었다. 시크의 고향인 펀자브의 정당 아칼리 달은 종교적인 근거로 유권자를 동원했다.

흥미로운 것은 정치적으로 양립할 수 없는 민주주의와 세습제가 공존했다는 점이다. 1947년 독립한 뒤 인도 정치는 네루 집안이 대를 이어 총리직을 역임했다. 그리하여 네루가가 집권한 기간이 38년에 달했다. 네루는 1964년까지 16년 9개월간 집권했고, 그의 딸 인디라 간디는 1966~77년과 1980~84년에 실권을 누렸다. 인디라 간디가 암살된 뒤 인디라 간디의 맏아들 라지브 간디가 총리에 올라 약 5년간 총리직을

 독립 후 정치와 경제

맡았다. 이러한 세습은 국민회의에서 정당의 대표로 선거를 통해 이루
어졌다.

네루 왕조를 열었다는 비판에도 불구하고 독재정치로 흐르지 않은
네루는 집안에서 다양한 인종, 종교, 언어, 세계관, 생활방식을 포용하
는 민주주의를 실천했다. 많지 않은 그의 가족은 힌두교, 가톨릭, 시크
교, 조로아스터교를 믿었고, 힌디어, 영어, 이탈리아어, 우르두어, 펀자
브어를 썼다. '인도를 통치한 마지막 영국인'으로 불리는 네루와 인디
라 간디, 인디라 간디의 두 아들은 모두 영국에서 교육을 받았으나 인
도의 생활방식을 버리지 않았다. 네루는 카슈미르 브라만인데 사위는
파르시였고, 인디라 간디의 며느리 쏘냐는 이탈리아인이었다.

네루 일가처럼 인도가 소지한 다양한 정체성과 이질적인 것이 공존
하는 문화적 특성은 연방제로 구체화되었다. 인도 연방은 중앙과 주 지
방으로 구성되고, 주 지방은 연방의회처럼 선거를 통해 주 의회를 구성
한다. 주를 대표하는 주지사는 대통령이 임명하지만, 주 행정의 실권은
지방선거에서 다수를 차지한 정당의 주 수상에게 있다. 주 정부는 경
찰, 교육, 농업, 산업을 독점적으로 담당하고, 일부 업무는 연방정부와
공유한다.[17]

텔루구어를 쓰는 안드라프라데시, 타밀어가 모어인 타밀나두, 펀자
브어를 쓰는 펀자브, 구자라트어를 쓰는 구자라트, 마라티어가 공용어
인 마하라슈트라와 같이 각 주는 언어를 근거로 구성되었다. 그 개념은
1920년대에서 빌렸다. 당시 국민회의 조직을 언어를 근거로 구성한 마
하트마 간디는 그런 방식이 다양한 인도인의 요구에 부응하고 접근할
수 있다고 여겼다. 오늘날 인도 지폐에는 언어에 근거한 주 지방을 반
영하듯 14개의 공용어가 씌어 있다.

수도 델리에 있는 연방정부는 중앙의 하원에서 다수를 차지한 정당
의 대표가 총리로서 실권을 맡고, 연방의회의 상하원과 주 의회가 선출
하는 대통령은 영국 여왕처럼 명목상의 국가수반일 뿐이다. 대통령은

주 지방의 명목상 수반인 주지사를 해고하고 문제가 있어 통치가 어려워진 주 지방에 '대통령의 통치'를 선포하는 권한이 있으나 모든 권력은 중앙에서 정권을 잡은 연방총리에게 있다.

상원은 각 주와 연방직할주의 의회에서 선출되는 의원으로 구성되는데, 유권자가 직접 선출하는 하원의원의 임기가 5년인 데 비해 6년의 임기를 가지며 매 2년마다 3분의 1씩 재선되는 형태로 예산관계 법안의 심의를 제외한 모든 점에서 하원과 동일한 권리를 갖는다. 간접선거로 선출되는 상원의원은 주 의회 정당의 세력에 따라 선출되기 때문에 진정하게 민의를 반영한다고 보기 어렵다.

민주국가의 여러 얼굴

인도 민주주의의 성공을 가늠하는 또다른 잣대는 독립 이후 군사통치가 한번도 없었다는 사실이다. 해방 후 의회민주주의를 성공적으로 지속한 인도는 군사쿠데타를 빈번하게 경험한 아프리카, 아시아의 전 식민지나 다른 개발도상국과 달리 강한 군부가 정치에 개입하지 않았다. 일부 학자들은 인도의 민주주의를 영국의 유산이라고 강조하지만, 인도에서 분리, 독립한 파키스탄과 방글라데시가 겪은 수많은 군사쿠데타와 독재정치와의 차별성을 흡족하게 설명하지 못한다.

인도의 민주주의는 영국이 도입했으나 인도 전통에서 그 뿌리의 일단을 찾을 수 있다. 중국의 황제제도나 이슬람, 기독교처럼 조직화된 종교가 없는 인도 사회는 다른 집단이나 전통과 기능적인 연계를 맺었다.[18] 다양한 종교와 집단의 존재를 인정하는 토양에 영국의 민주제가 더해져 발전한 민주주의는 도시와 지방, 상류층과 하층, 식자와 문맹자 간의 차이는 있어도 개인적 자유에 대한 존중, 대화와 타협을 통한 문제해결, 다수결에 대한 승복 등 민주적 사고방식을 바탕으로 잘 유지되

　　독립 후 정치와 경제

고 있다.

　강한 중심이 없는 까닭에 인도는 대륙의 통일을 이루지 못하고 10세기 이래 800년 무슬림 통치와 200년 영국 통치를 받는 아픔을 겪었다. 이는 약점이라기보다, 정치보다 사회를 중심으로 조직되는 무정치적 성향의 특성을 가진 인도 사회의 산물이었다. 인도는 전통적으로 국가^{state}보다 사회^{society}가 강한 곳으로 중앙의 정치적 변화가 말단지방의 전통적 생활에 극적인 변화를 주지 않았다. 보통의 인도인은 오늘날에도 중앙정부보다 지방정부의 움직임에 민감하다.

　1975~77년 긴급조치시대를 민의로 신속하게 마감한 것도 인도 민주주의의 성숙도를 증명한 중요한 사건이었다. '빈곤 퇴치'를 내건 인디라 간디의 내각에서 그의 둘째아들 산자이가 무소불위의 권력을 행사하자 사람들의 불평과 불만이 팽배했다. 이에 대한 인디라 간디의 대응은 긴급조치의 선포라는 강수였다. 1975년부터 약 21개월 동안 야당지도자 700여명이 체포되었고 재판 없이 구금된 사람이 10만명을 넘어섰다. 신문과 방송도 사전검열을 받는 독재체제가 되었다.

　느림보로 악명이 높던 열차들이 제 시각을 지키고 만성적 파업과 태업이 줄었으며 하룻밤에 슬럼이 제거될 정도로 상황은 무서웠다. 1976~77년 1년간 불임시술을 받은 사람이 750만명으로 목표를 초과달성했다. 그때 경찰이 주도한 강제시술은 미혼의 불가촉천민과 소수 종교집단인 무슬림에게 집중되어 큰 원망을 사기도 했다. 서슬이 퍼렇던 당시에 등장한 최고의 아부는 '인디아는 인디라, 인디라는 인디아!'였다. 각계각층에서 독재정치에 대한 비난이 가중되자 인디라 간디는 선거를 치러 정권의 신임을 물었고, 유권자의 65퍼센트가 반대표를 행사하여 독재정권을 단명으로 끝냈다.

　일찍이 1870년대부터 경험해온 지방자치제와 인디라 간디의 독재정권에 대해 반대 입장을 분명하게 견지한 '사법부의 독립'이 인도 민주주의의 요람이다. 연방대법원과 최고법원, 지방법원의 3심제로 구성된 사법제도는 연방대법원이 인도 헌법과 법률에 대한 궁극적인 해석의 권한을 가지며 대법원의 판결은 모든 법원에 구속력을 가진다. 세계적 수준의 자유를 누리는 언론도 인도 민주주의의 한축을 단단하게 바치고 있다. 자유언론의 보장은 광대한 인도에서 여론정치 구현에 크게 기여하고 있다.

그러나 민주주의의 장점은 곧 약점으로 연결된다. 인도의 민주정치는 다원사회의 상이한 이해를 반영하여 혼란과 분파적 양상을 드러내는 것이 특징이다. 한때 펀자브, 아삼 등지에서는 정치적 분리를 요구하는 무장투쟁이 벌어져 많은 희생자를 냈다. 특히 부유한 농민이 많은 펀자브의 시크들은 강력한 분리주의 운동을 벌여 긴장을 조성했다. 1984년, 인디라 간디 총리는 분리주의자의 아지트인 시크 성지를 탱크와 박격포로 진압했고, 4개월 뒤 간디는 관저에서 시크 경호원에게 암살되었다. 그 여파로 성난 힌두들이 델리에서만 2천여명의 시크를 살해했다.

지금도 카슈미르와 일부 지방에서는 정치적 소요와 불안이 계속되고, 인종, 카스트, 종교 등 여러 집단과 계층의 이해가 첨예하게 대립한다. 고르지 못한 사회·경제적 발전에 대한 주변부의 불만과 이해관계가 더해져 형성된 새로운 정치적 정체성과 대중의 참여는 인도 정치를 더욱 복잡하게 만들었다. 1990년대에 두드러진 현상인 낮은 카스트와 다양한 지역을 대표하는 정당의 부상과 경쟁은 인도 정치학자 콜리^{Atul Kohli} 교수의 표현대로 '시끄러운 민주주의'로 만들었다. 조사에 따르면, 하층민일수록 민주주의를 더 신뢰하는 것으로 드러났다.

인도에서 정치는 특히 카스트와 깊이 연계되어 복잡한 구도를 가진다. 인구의 상당수를 차지하는 달리트와 하층카스트 들은 민주사회에서 다수결의 유효성을 인지하고 정치적 이익집단으로 변모했다.[19] 정권 장악이 목표인 정당은 다수의 '표밭'이 가진 유용성에 눈독을 들여 거기에 영합하는 정책을 공약하고 실천한다. 중앙정부와 주 지방도 기회균

 독립 후 정치와 경제

등의 원칙을 거스르며 유권자의 다수인 하층카스트의 교육과 고용에 특별대우를 집중하여 새로운 차별을 만들고 사회적 갈등을 야기하고 있다.

이러한 복잡한 정치회로는 부정부패에 직결된다. 인도의 거대한 암시장은 정치인과 관리의 부정부패를 반영하는 불투명거울이다. 라지브 간디와 나라시마 라오 등 전 총리를 비롯한 수많은 정치인들이 부패 의혹을 받고 처벌되었다. 정치인뿐 아니라 막강한 권력의 연결고리인 고위직 공무원과 관료제 중하층의 상당수도 부패의 범주에서 자유롭지 못하다. 극심한 정경유착의 폐해는 정치와 경제 분야의 비효율성을 부추겨 또다른 문제를 가져온다.

1990년대 인도 정치의 최대 현안은 힌두국가주의의 대두였다. 독립 직후부터 네루 총리는 파키스탄의 분단을 기억하고 세속주의를 실천하여 국가를 종교로부터 분리하려고 시도했다. 다수 인구가 힌두임에도 네루는 항상 국민회의를 세속적인 조직이라고 여겼다. 간디가 힌두 광신자에게 암살되자 세속주의에 반대하는 의견이 없어지고, 이후 세속주의는 정부의 기조가 되었다. 아소카시대 불교유물인 사자석상을 국가의 상징으로 삼은 것도 그런 의지의 표명이었다.

그러나 '강한 힌두 국가'를 표방하며 정권을 잡은 BJP(인도인민당)는 '힌두교의 정체성'을 앞세우는 보수적인 극우정당으로, 최대의 소수 종교집단 무슬림과 심한 마찰을 빚고 반목했다. 핵무기 개발경쟁, 카슈미르 교전 등 이슬람 국가 파키스탄과의 긴장관계를 이용하여 정치적 이익을 추구하려는 힌두국가주의는 안팎으로 비판과 지지를 동시에 받았다. 반면에 무슬림은 소수집단으로서의 소외감, 경제적 후진성, 일부 이슬람근본주의자들의 사주를 바탕으로 호전적인 일부 힌두 집단과 무력충돌을 벌이며 대립적 입장을 견지하고 있다.

경제적 민주주의의 실험

이별할 때까지 사랑의 깊이를 잴 수 없듯이 독립할 때까지 인도가 받은 식민통치의 폐해는 잘 드러나지 않았다. 독립 후 인도는 오랫동안 제3세계 빈곤국의 대명사였으나 그것은 인도인이 무능해서가 아니었다. 고난과 희생의 민족운동이 펼쳐진 20세기 전반, 영국의 식민통치는 1900~47년의 인도를 국민소득 증가율 연 1퍼센트도 안되는 나라로 인도했다.[20] 독립한 인도의 첫 센서스는 2세기에 걸친 '문명화'에도 불구하고 인도인의 문자해득률이 17퍼센트라는 사실도 알려주었다.

독립은 좋은 것이었다. 뒤틀린 것을 바르게 펴는 점에서도 좋고 민주주의를 실천하고 자기존중심을 회복하며 생활수준과 경제를 증진하는 점에서도 좋았다. 절망의 바닥에서 출발한 1947~75년 인도는 국민소득 증가율 3퍼센트에 못 미치는 실적을 기록했으나 이는 20세기 전반 영국 통치 때보다는 몇배 나았다. 1976~91년 연 5퍼센트의 증가율을 기록하며 홀로 선 인도는 개방경제로 선회한 1992~2001년에는 연 6.5퍼센트의 수치를 자랑하며 세계의 주목을 받았다.

1947년 독립한 인도는 정치적으로 독립성을 유지하고 민주주의를 통해 강대국으로 부상하는 한편, 경제적으로도 밖으로부터의 독립성을 유지하며 부와 소득의 평등을 통해 경제적 민주주의를 달성하려는 원대한 희망을 가지고 출발했다. 그러나 경제는 독립 초기의 기대와 열망과는 다른 방향으로 흘러갔다. 민주주의를 성공적으로 실천한 정치와 달리 경제적 독립성이나 경제적 민주주의는 금세 이루지 못했다. '배고픈 민주주의'라는 비판도 제기되었다.

1950~90년, 인도 경제의 가장 큰 특징은 계획경제였다. 식민통치의 이용과 착취에서 해방된 인도는 경제적 민주주의, 곧 사회적 불평등을 해소하고 경제력의 집중을 막는 방법으로 사회주의형 경제발전을 추진했다. 1920년대부터 사회주의에 심취한 네루는 이미 1930년대에 인도

　독립 후 정치와 경제

의 문제를 해결할 유일한 열쇠가 사회주의라고 여겼다. 인도 정부는 1951~56년 농업에 집중된 제1차 5개년계획을 시작한 이래 20세기 말까지 8차의 경제계획을 시행했다.

‘밖으로부터의 독립’이란 목표에 사로잡힌 인도 정부가 추진한 수입대체산업은 공업화정책의 기본이자 공업화를 위한 전략이었다. 경제적으로 자급자족하고 주요한 공업국으로 부상한다는 목표를 가진 정부는 높은 관세장벽을 쌓아 외국상품의 수입을 억제하고 국내 제조업을 보호했다. 민간기업들은 정부의 과보호를 받으며 국내에서 팔리는 거의 모든 제품을 생산했다.

그러나 정부의 관세보호와 외국기업과의 경쟁이 없는 무풍지대에서 생산된 인도산 공업제품은 질이 낮고 가격은 높았다. 세계 자본주의 체제에서 고립을 초래한 이 정책으로 인도의 제조품 수출이 세계무역에서 차지하는 비율은 1950년 2퍼센트에서 1990년 0.45퍼센트로 오히려 감소했다. 동인도회사와의 교역에서 비롯된 영국 통치의 아픈 기억이 낳은 결과였다.

사회주의형 경제를 채택한 정부가 독점적으로 관장하는 거대한 공공분야의 기업들은 고비용, 저효율의 대명사가 되었다. 중공업분야에 치중되어 군수산업, 철강, 선박, 중공업, 에너지, 텔레콤, 방송, 철도, 항공업 등을 망라한 공공분야는 1970년대 인디라 간디의 국유화정책으로 보험과 은행 분야까지 포함하면서 거대한 공룡이 되었다. 주 정부가 관장하는 공공분야의 기업들은 지방정치와 깊은 유착관계를 맺고 각종 특혜와 부정부패의 온상이 되었다.

1990년까지 경제의 중심은 다수 인구가 종사하는 농업이었다. 공기업이 장악한 공업과 달리 농업분야는 개인들의 손에 있었다. ‘빈곤 척결’을 구호로 내건 인디라 간디는 네루가 추진한 공공부문에 대한 투자를 포기하고 농업생산력 증대에 중점을 두었고, 1970년대를 거치면서 녹색혁명을 통해 인도의 경제적 독립, 곧 식량의 자급화를 이룩하는 성

과를 올렸다.[21]

사회주의형 정부는 효율성이나 성과를 지향하는 것이 아니라 각종 규제와 인허가의 나라로 만들었다. 그 결과 산업체의 경쟁체제가 허약해져, 국민소득 증가율은 앞에서 본 대로 아주 느렸다. 연 2.3퍼센트의 급속한 인구증가와 식민통치가 남긴 유산, 식민 본국에 원자재를 수출하고 그들이 생산한 제품의 수출시장으로서 기능했던 경제의 유산이 경제성장의 발목을 잡았다. 1980년까지 50퍼센트를 넘나들던 빈곤선 이하의 높은 인구비율도 저성장의 한 원인으로 작동했다.

오랫동안 정부의 엄격한 통제를 받으며 저성장을 상징하던 공업분야는 1984년 후반, 젊고 역동적인 라지브 간디가 정권을 잡은 뒤 정부의 개입과 간섭이 크게 감소하면서 괄목할 성장을 기록했다. 그는 인허가정권의 오명을 벗으려고 애쓰는 한편, 내구소비재와 컴퓨터와 같은 하이테크놀로지 제품의 수입을 허용하여 변화의 바람을 일으켰다. 1950년대 4.1%, 1960년대 3.8%, 1970년대에 3.3%를 보인 GDP 증가율은 1980년대 처음으로 연 5%를 넘어서며 희망을 불어넣었다.

경제 자유화와 경제발전

인도는 1990년대 들어 경제적 독립과 경제적 민주주의 달성이라는 독립 초기의 목표를 향해 재출발했다. 1991년, 외환위기로 5억 달러에 달하는 IMF의 구제금융을 받은 인도는 40년의 과거를 접고 개방경제로 궤도를 수정했다. 1991년, 나라시마 라오 총리는 '경제 자유화'의 슬로건을 내걸고 보다 적극적으로 경제분야 개혁에 나섰다. 가장 현저한 변화는 보호정책과 정부규제의 축소였다.

국내 업계를 보호하기 위한 수입관세율은 1990~91년 87퍼센트에서 1995~96년 27퍼센트로 크게 내렸다. 그 덕분에 외국으로부터의 수

  독립 후 정치와 경제

인도의 생활 속 깊숙이 들어온 다국적 기업들

입이 늘어나고 외국기업과의 경쟁을 통해 인도 기업의 경쟁력이 증가하기 시작했다. 이전에는 거의 없던 외국인의 대 인도 투자가 시작되었고, 특히 '비거주 인도인'[NRI]의 투자도 허용되었다. 1990~91년, 겨우 1억 달러에 머물던 외국인 투자는 해마다 두배로 증가하여 1997~98년에는 32억 달러로 비약적인 증가를 했다.

공공분야도 민간기업에 개방되었다. 개혁과 개방으로 재정환경이 양호해지자 1990년대 중반부터 다국적기업의 진출도 활발해졌다. 일찍이 1960년대 다국적기업의 간판 코카콜라가 울고 간 인도의 거리에는 '피자헛' '캘빈클라인' 등 외국 유명브랜드의 간판이 들어섰고, 1995년에는 코카콜라도 귀환했다. 경제자유화는 글로벌문화에도 빗장을 열었다. 위성TV, 상업광고, 인터넷을 통해 새로운 소비문화와 소비지

향적인 생활방식이 인도 사회에 뿌리를 내렸다.

논란의 여지는 있으나 경제자유화는 성과가 있다는 평가가 지배적이다. 연평균 6퍼센트를 상회하는 국민소득 증가율은 동시대 소수의 국가만 이룬 좋은 기록이었다. 1998~99년 6.4퍼센트, 1999~2000년 6.2퍼센트의 증가율을 기록하여 높은 성장세를 보인 인도는 특히 IT산업이 경제의 근간을 이루고 붐을 조성했다. 불안한 외환수지나 대외수출도 안정추세를 나타냈다. 1991년 52퍼센트를 기록한 문자해득률은 독립의 효과를 증명하면서 많은 사람들에게 미래에 대한 희망을 생성했다.

특히 컴퓨터 쏘프트웨어와 IT산업은 가장 중요한 산업이 되었다. 세계 제2위 쏘프트웨어 수출국 인도에는 세계 유수의 쏘프트웨어 회사들이 개발쎈터를 설립했다. 세계 쏘프트웨어 시장의 상당부분을 차지하는 정보통신 강국 인도는 이 분야의 세계적 슈퍼파워를 지향하고 있으며, 인도 정부도 "IT산업을 잠깐 반짝이는 불꽃이 아닌 21세기 인도의 미래가 달린 과업"으로 인식하고 후원하고 있다.

그 여파로 농업과 공업 분야를 제치고 각종 써비스분야가 선두로 나서며 괄목할 성장을 이룩했다. 농업분야가 GDP에서 차지하는 비율은 1950년대에 50퍼센트가 넘었으나 1990년대에는 30퍼센트대로 줄었고, 제2차 산업이 GDP에서 점유하는 비율도 동기간에 16.6퍼센트에서 26.3퍼센트로 증가했다. 따라서 독립 초반에 공업생산의 대부분을 차지하던 소비재의 비율이 감소하고 자본재와 중간재의 비율은 높아졌다. 식민지시대 이래 오랫동안 계속된 원자재 수출도 현저하게 감소했다.

1991년 이후 괄목할 변화가 있었으나 세기말 인도 경제는 여전히 정부가 보호하는 시장경제의 양상을 보였다. 변화에 적응한 일부 기업을 제외하고 관료화한 공공분야의 많은 기업들은 비효율적이고 낙후한 기술과 장비로 질 낮은 제품을 생산했다. 주 정부 산하 공공분야의 많은

　　　　독립 후 정치와 경제

기업과 중산층 인구의 중개인으로 활약하는 정치인의 '비경제적인 활동'도 폐해가 여전했다. 훌륭한 법률체제는 운용이 느려서 많은 시간과 비용을 낭비하는 문제를 초래했다.

경제발전으로 많은 중산층이 생기고 구매력이 높아졌으나 인플레이션으로 오히려 빈곤층의 생활수준이 더 나빠지고 소득의 불평등이 심화되었다는 비판도 나왔다. 1인당 GNP는 아직 낮으며 급속한 인구증가로 빈곤선 이하에 해당하는 인구의 비율도 여전히 30퍼센트에 가깝다. 경제개혁이 실시된 1990년대에 극우정당이 등장하고 낮은 계층의 정치참여가 확대되면서 KFC와 같은 다국적기업과 미스월드대회를 거부하는 운동이 벌어지며 세계화와 새로운 삶의 방식에 반대하는 여론과 운동도 선명해졌다.

그러나 경제학자들은 경제자유화와 개혁으로 얻는 잇점이 비용을 초과한다고 평가했다. 인허가보다 관세를 통해 대외무역을 통제하는 정책을 추진하는 정부는 앞으로 소비재수입에 대한 관세장벽을 낮추는 정책으로 세계시장, 즉 밖에 대한 경계심을 줄이고, 과감한 개혁으로 전력과 도로, 항만과 교통, 텔레컴 등 경제 인프라를 강화하며, 21세기에는 장기적으로 건강과 교육 등 인간의 발전과 삶의 질을 높이는 분야에 투자할 것이다. 진정으로 독립한 인도를 위한 미래가 기다리고 있다.

IT와 IIT

1년을 계획한다면 옥수수를 심고, 30년을
계획한다면 나무를 심어라. 그러나 만약
100년을 계획한다면 사람을 키워라.
　　　　　　　　　　　　　　　—중국 속담

IIT와 인도 IT산업

오늘날 인도는 지식기반사업이 활황을 이루고 있다. 2005년, 인도 IT와 IT관련사업의 매출액은 282억 달러였고, 그 수출액은 103억 달러를 기록, 빠르게 성장하는 인도에서 가장 빠르게 성장하고 있다. 인도 IT산업의 대표주자 타타 자문써비스는 같은 해 29억7천만 달러의 매출을 올렸고, 2~3위인 인포시스Infosys와 위프로Wipro도 20억 달러가 넘는 매출을 올리며 총 매출액 172억 달러를 기록했다.

두뇌산업인 IT와 쏘프트웨어산업을 바탕으로 2005년 8.1%의 경제성장률을 기록한 인도는 써비스분야에서 9%가 넘는 높은 성장을 달성,

인도 경제성장을 주도했다. IT와 SW를 비롯하여 생명공학과 에너지산업 등 노동집약적이 아닌 지식관련분야를 통한 경제성장으로 브릭스의 일원으로 인정받고 있다. 인도 3대 쏘프트웨어회사는 지난해 6만천명의 신입사원을 채용했고, 현재 IT분야의 종사자만 70여만명이다. 인도는 새로운 기술과 R&D의 메카로도 주목받고 있다.

2003년, 「브릭스와 함께 꿈을」 Dreaming with BRICs라는 보고서를 펴낸 골드만삭스는 인도가 앞으로 30~50년간 가장 빠르게 성장할 잠재력을 가졌다고 전망했다. 브릭스의 일원이자 인도의 경쟁국인 중국이 거대한 제조업자인 것과 달리 인도의 경쟁력은 '21세기의 석유'라고 불리는 테크놀로지와 엔지니어링, 곧 높은 수준의 과학기술교육에서 나오는 정보기술과 지식기반산업이 주축이다. 2001년 25~34세 인구의 8%가 고등교육을 받은 인도는 해마다 이 분야의 졸업자를 2백30만명이나 배출하여 중국을 앞질렀다.

오늘날 인도는 정보기술업계의 선두주자이자 세계 쏘프트웨어 시장의 강자인데, 이런 과학기술 발전의 가장 강력한 진원지가 IIT(Indian Institute of Technology)이다. IIT제도는 인도의 미래를 장밋빛으로 물들이며 타지마할에 이어 인도가 배출한 최고의 브랜드로 여겨진다. IIT는 인도가 세계에 자랑하는 고등교육제도로 질적으로 우수한 기술교육과 최신식의 연구 환경을 제공하여 학부수준 과학기술교육의 세계 최고로 평가받는다.[22] IIT는 미국의 MIT나 스탠포드 대학과 같은 자타가 인정하는 우수한 교육기관에 결코 뒤지지 않는다.

IIT의 설립과 발전

1951년 동부지방의 가락푸르에서 미국의 MIT를 모델로 첫 IIT로 태동한 IIT 씨스템은 뭄바이, 델리, 칸푸르, 첸나이, 구와하티 등 6개 대도

시에 세워진 동명의 IIT와 2001년에 새로 합류한 루르키 IIT 등 7개 대학으로 구성된다.[23] IIT는 1946년, 독립 후 인도 산업발전의 청사진을 만든 사르카르 위원회The Sarkar Commission가 미국 MIT와 같은 고등교육기술대학을 동부, 서부, 남부, 북부 지방의 요지에 각 1개씩 4개교를 세우도록 추천한 데서 비롯되었다.

IIT는 인도 과학기술교육의 '독립', 인적자원의 자급자족을 알리는 서막이었다. '댐과 발전소가 인도의 사원'이고 '과학기술이 근대화의 열쇠'라고 믿은, 과학과 산업화를 신봉한 네루는 과학기술을 강조하고 장려하는 구조와 제도적 환경을 만들고 '높은 수준의 과학자와 기술자의 온실'이 될 IIT 설립을 적극적으로 추진했다. 그 결과 1951년에 벵골의 가락푸르에 첫번째 IIT가 10개학과 224명의 학생과 42명의 교수를 구성원으로 문을 열었다. 그곳은 영국 통치시대에 정치범을 수감하던 장소로 상징적인 의미를 가졌다.

정부는 1956년 9월에 IIT 법령을 통과시켜 가락푸르 IIT를 '국가적으로 중요한 기관'이며 자율대학교로 선언하여 아카데미 밖, 즉 정치권의 압력으로부터 대학을 보호했다. 독립기관인 가락푸르 IIT는 출발부터 다른 기술대학과 공과대학에 비해 좋은 인프라를 가졌다. 1961년에 나온 기술대학령과 1963년의 수정안은 IIT에 대한 자금지원과 행정·학문 발전의 골격을 세워 기관의 독립성을 확보했다.

남부지방 첸나이에서 120명의 학생으로 1959년에 개교한 첸나이 IIT는 1961년에 '국가적으로 중요한 기관'으로 선포되었고, 이보다 한 해 먼저 설립된 서부지방의 뭄바이 IIT, 북부지방의 칸푸르 IIT, 수도 델리의 델리 IIT, 1990년대에 세워진 극동지방 중심지의 구와하티 IIT도 모두 가락푸르 IIT와 같은 지위를 인정받았다. 2001년, 1850년대에 세워진 인도 최초의 공대 루르키 공대가 IIT의 위상을 획득하여 현재 총 7개 IIT가 연간 약 2천여명의 신입생을 받아들이며 교육과 연구기관의 선두를 지키고 있다.

이들 IIT는 학부과정$^{B.Tech}$과 대학원과정$^{M.Tech\& Ph.d}$을 운영하는데, 그 비율은 반반이다. 이는 국제적 수준의 뛰어난 학부 졸업생을 배출하는 동시에, 기술자와 기술교사를 양성하라는 사르카르 위원회의 권고사항을 충실하게 지키는 것이다. 예를 들면, 13개 학과에 11개 쎈터, 1개 학교가 설치된 델리 IIT의 졸업자는 2002년까지 학부 8,708명, 석사, 8,999명, 박사 2,421명으로 대학원과정의 이수자가 학부 졸업생보다 월등히 많다. 이는 IIT에서 수준 높은 강의와 연구가 병행됨을 증명한다. 거의 모든 IIT에 산업화의 근간인 화학, 토목, 컴퓨터, 전기, 전자, 기계, 산업, 섬유, 항공 공학이 개설되어 있다.

이들은 세계에서 가장 통과하기 어렵다고 알려진 입학시험(학부는 JEE: Joint Entrance Exam, 대학원은 GATE: Graduate Aptitude Test Exam)을 공동으로 주관하여 우수한 학생을 선발한다. 교육의 내용도 특정한 지식보다 기본 원리의 이해를 강조하는 과학, 인문, 기술, 공학으로 짜인 핵심 프로그램으로 구성되며 연구와 학제 간 접근을 장려하고 융통성과 자율성이라는 공통의 정신을 소유한다. 국가가 예산의 70퍼센트 이상을 지원하는 적절한 재정지원, 우수한 교수진, 자유로운 연구 분위기, 의사결정의 분권적인 성향도 IIT의 장점이다.

먼저 개교하여 산업부로부터 많은 지원을 받은 가락푸르 IIT를 제외하고 다른 IIT들은 한동안 서구 선진국과 협력하여 인적·물적 지원을 받으며 교육과 연구의 질을 높였다. 1956년 네루 총리가 독일을 방문하여 체결한 '공과대학설립원조'로 세워진 첸나이 IIT는 독일, 뭄바이 IIT는 쏘련, 칸푸르는 미국, 델리 IIT는 영국으로부터 현대적 연구시설과 훈련장비, 교수와 기술자들을 제공받았다. 이들 IIT는 커리큘럼 개발, 시험제도 개혁, 교수방법 증진, 행정과 조직 운용과 같은 다양한 인프라를 지원받아 짧은 기간에 인도 '대학의 바다'에서 최고의 명성을 쌓았다.

국제적 수준의 교육기관을 만들도록 조언한 사르카르 위원회의 기대에 어긋나지 않게, 반세기가 지난 오늘날 이들 IIT는 세계 최고 수준의 기술교육과 교수들의 연구를 자랑한다. 지식과 부의 창조를 실천한 IIT 졸업자들은 오늘날 국내외 기업(마이크로소프트, 인텔, IBM, 컴팩, 선 마이크로시스템스 등)과 여러 대학에서 중요한 위치를 차지하고 있다. 예를 들면, IIT는 창업자가 동문인 세계 최대의 자문회사 맥킨지가 채용하는 직원을 가장 많이 배출하는 세계 3대 대학 중의 하나이다.

2003년 1월 17일, 미국 씰리콘밸리에서 열린 IIT 설립 50주년 기념식에는 2천명의 동문이 참석했다. 평가기관에 따라 차이가 있지만 현재 미국에 있는 IIT 졸업자의 집합적 자산은 약 400억 달러로 추정한다. 프린스턴 대학 총장과 주인도 미국대사 등과 함께 IIT 개교 50주년 기념식에 하객으로 참석하여 축사한 마이크로소프트사의 빌 게이츠는 "컴퓨터 산업이 인도의 IIT 전통에서 아주 큰 혜택을 받았다"고 발언하여 미국 씰리콘밸리가 IIT제도의 수혜자임을 인정했다.

약 2세기에 가까운 인도 대학의 역사를 고려할 때 IIT는 극히 최근의 현상에 지나지 않지만, 식민지시대 이래 계속되어온 기존의 대학제도와 과학기술교육의 모순과 한계를 극복하고 국내는 물론 해외에서도 높은 수준의 교육과 훌륭한 졸업자를 과시하며 '인도 대학의 바다에 뜬 수월성의 섬'으로 평가받고 있다. 산업화의 원동력임을 자각한 정부 주도로 급성장한 IIT들이 현재 인도 IT산업의 눈부신 발전과 인도 경제 전반에 파급효과를 가져왔음을 과소평가할 수는 없다.

2003년, 미국 CBS 시사프로그램 「60분」^{60minutes}은 'IIT=Harvard+MIT+Princeton' 등식을 소개했다. 이 등식의 타당성 여부와 상관없이 IIT는 국제적 수준의 과학기술교육기관이라는 좋은 평판을 받고 있음을 알 수 있다. IIT가 국제적으로 수월성을 인정받는 이유는 인도 대학의 모순과 부정적인 문제점을 극복하려는 정부의 의지를 반영했기 때문이다. 곧 전통적 인도 대학제도의 실패가 바로 IIT의 성공요인이었다.

아시아 최초로 근대 대학을 도입한 인도는 아직도 식민통치의 유산에서 자유롭지 못하다. 1857년, 캘커타, 봄베이, 마드라스 3곳에 대학교^{university}를 설립하고 기존하는 모든 대학^{college}을 대학교 산하에 둔 제도가 150년이 지난 지금도 잔존하기 때문이다. 그 기본은 정부의 지휘를 받는 중앙의 대학교가 커리큘럼, 학사일정, 시험제도, 학위수여를 맡고 산하의 여러 대학들이 학생들에게 수업을 담당하는 패턴이다.[24]

문제는 중앙의 대학교가 시험을 주관하고 학위를 수여하는 시험제도로 생기는 교육의 표준화이다. 시험에 따라 커리큘럼, 교육의 성격, 방향이 결정되므로 산하의 대학들과 학생들의 교육을 담당하는 교수들은 신축성과 자율성을 저당하고 충실하게 시험에 통과할 교육만 담당하게 되었다. 이런 체제에서 학생의 수요나 시대와 지역사회의 요구사항이 커리큘럼에 반영될 가능성은 희박하며 교수의 자발성과 창의성도 발휘될 여지가 없다.

또다른 문제는 중앙집권화로 교육 일선과 떨어져 대도시에 위치한 중앙의 대학교에서 시험부터 학위수여까지 모든 사항을 결정하기 때문에 의사결정이 중앙으로 집중되고 관료화하여 대학교육에 필요한 신축성과 다양화에 역기능적이며 변화와 개혁이 어려워졌다. 교육 일선에 있는 산하 대학들이 자율적으로 교육 프로그램을 짤 장치가 없는 현 씨스템에서 수십개에서 수백개의 대학을 거느린 관료화한 대학교는 교육의 질이 떨어진다고 주장하며 대학에 자율성을 주는 개혁에 반대하고 있다.

이런 상황에서 대학은 정치적 영향으로부터도 자유롭지 않다. 정부에 모든 재정을 의존하는 산하 대학들과 이들을 통제하는 대학교도 정부의 간섭과 영향에 깊이 노출되었다. 중앙정부와 지방정부는 대학교 총장과 대학위원회의 임명권을 가질 뿐 아니라 대학교 발전계획과 학사일정, 교직원 임용과 학생의 입학과 졸업, 커리큘럼과 교과서 채택과 같은 모든 분야에서 '실력'을 행사한다. 자율성이 없는 대학이 다채롭고 폭 넓은 교육을 제공하기 어려우니 교육의 질적 저하가 수반된다.

IIT의 성공요인

IIT는 연방정부의 의지로 인도 대학이 가진 문제를 넘어섰다. IIT가 길지 않은 시간에 국제적으로 수월성을 인정받은 첫번째 요인은 객관적이고 공정하며 엄격한 시험을 통해 우수한 학생을 선발한다는 점에 있다. 부와 권력의 압력으로부터 자유로운 IIT의 공동입학시험JEE은 지원자의 약 2%만 통과할 만큼 어렵다. 여기에서 탈락한 학생들이 미국의 유수한 공과대학에 진학한다는 사실은 IIT의 자랑이다. 2002년, 169,563명의 응시자 중 3,878명, 즉 2.3퍼센트가 입학시험을 통과하여 IIT와 다른 기술교육기관에 입학했다.[25]

입학시험을 통과하면 많은 학습량이 이들을 기다린다. 우수한 학생들만 모인 IIT에서 학생들은 먼저 겸손함을 깨닫는다. 모든 학생이 자신보다 우수하다는 사실을 알기 때문이다. 이들은 다양한 퀴즈와 시험, 숙제와 프로젝트, 각종 실험 등 미국 대학생 학습량의 1.5배를 수행하고 실력을 통한 선의의 경쟁을 벌이면서 자신감 넘치는 IIT인이 된다. 동문회와 밀접한 관계를 유지하며 공부하는 학생들의 자질은 효율적이고 강력한 네트워크를 형성하는 데 도움을 준다.

두번째 요인은 커리큘럼과 강의요강, 강의과목과 실험실습을 학교와 교수가 시대의 요구와 변화에 신축적으로 적응하여 개발하고 적용할 수 있는 자율적인 분위기이다. 과학과 기술에 관한 커리큘럼은 지속적으로 갱신된다. "기술을 아는 사람을 키우지만 동시에 어떻게 사회에 기여하는지도 함께 가르친다"는 IIT 정신은 학제를 넘나드는 접근을 통해 문제해결능력, 독립적 사고, 인간과 사회에 대한 민감성을 가진 기술자를 배양하여 프로젝트 수행능력에 연결, 글로벌시장에서 살아남을 경쟁력을 키운다.

예를 들면, 델리 IIT는 인문사회학부에 경제, 문학, 언어, 철학, 심리학, 사회학 등 6개 학과를 두어서 학제를 넘나드는 사고를 훈련시킨다. 필수과정으로 과외활동에 강조를 두는 것도 불확실성에 대처하고 자신감과 모험정신을 길러서 세계적 인물로 키우는 한편, 또래에 대한 존중과 경쟁심을 유발하려는 IIT의 의도이다. 칸푸르 IIT는 엘리뜨 의식을 희석하고 겸손을 가르치려고 목공소와 철공소에서 실습하는 과정을 포함했다.

세번째는 세계 유명 대학과 연구기관에서 강의와 연구의 경험을 쌓은 높은 수준의 교수진이다. 소수정예의 학생들을 가르칠 실력을 갖춘 교수들 가운데 상당수는 IIT 졸업자가 아니라 외부에서 초빙되었다. 교수와 학생의 비율은 1:8로 아주 낮다. 모든 것을 '위'에서 결정하는 대로 따라야 하는 여타 인도 대학 교수들과 달리 IIT의 교수들은 최고를 이끄는 능동적 주인공이다. "학부학생의 강의만 하는 대학은 정체되기 쉽다"고 여기는 IIT의 교수들은 강의와 연구의 부담이 비슷하다.

IIT 교수들은 새로운 지식을 공부하여 학생들에게 전수하라는 뜻에서 학기 당 평균 1.5과목만 가르친다. 능력과 기술을 갱신하고 교육의 질을 증진하는 프로그램QIP도 운영된다. 교수진은 이 프로그램을 통해 교육적 자질을 개발하고 강의실에서 교수법을 증진하며 선택된 기관에서 단기과정을 마칠 수 있다. 그들은 학생에게 개방적이고 민주적 교육으로 집단적 책임을 지는 한편, 각종 프로젝트를 수행하고 자문써비스와 실험써비스를 담당하는 등 다양한 연구활동을 펼친다.

자문써비스는 새로운 사상과 문제점, 세계의 새로운 경향을 제공하며 실험써비스는 확인증명을 제공하는 것이다. 과학기술쎈터에서는 연구자문, 사회적 인식프로그램과 평생프로그램 등의 장·단기 과정을 제공한다. 예를 들면, 가락푸르 IIT는 2000년도에 230개의 프로젝트를 수행하고 127개의 특허를 신청했는데, 다른 IIT도 이와 비슷한 수준을 유지한다. 국제프로젝트, 유엔개발프로그램, 국제과학재단, 정부의 각종 프로젝트를 수행하는 곳도 이들 IIT의 교수진이다.

네번째, 자율대학교인 IIT는 정치권의 영향으로부터 자유롭다. IIT는 과목, 커리큘럼, 강의요강을 스스로 결정하고 학생의 입학, 교수충원, 시험의 주관, 학위수여 등 모든 분야의 결정권과 그에 대한 책임을 갖는다. 다른 대학과 달리 대학위원회에 정치가나 관료의 참여가 허용되지 않는 IIT에는 정치브로커나 정부의 불필요한 간섭과 통제가 없다. 정치의 장이 된 다른 캠퍼스와 달리 IIT에서는 여러 정당이 주도하는 정치활동을 보기 어렵다.

중앙정부가 재정지원을 제공하기에 주 지방의 정치인이 학교에 개입할 여지가 없고, 그만큼 부패하지 않았다는 것도 IIT의 자랑이다. 초기에 IIT를 세운 사람들조차 수준과 수월성을 갖는 기관에 개입하지 않으려고 의식적으로 노력했다. 그 전통은 지금도 지속되어 그 누구도

IIT에서 양보와 특별대우를 바라지 않는다. 정실情實이 개입될 여지는 전혀 없다. 대학의 결정권이 분산되고 권력이 이양되는 경향을 보이는 것도 전통적 대학과 다른 IIT만의 특징이다.

IIT의 성공은 첸나이 IIT의 학장 인디레산이 간파한 대로 "교육기관의 세가지 기본적 자유, 곧 '누가 누구에게 무엇을 가르칠 것인가에 대한 자유'를 누린 사실에 있다. IIT 씨스템은 대학의 건전한 발전과 수월성의 필수조건이 자율성이라는 것을 증명했다. 정부가 재정을 지원하되 개입하지 않는 IIT의 방식은 좋은 선례를 남겼다. 현재 인도에서는 정부로부터 특별지원을 받는 IIM^{Indian Institute of Management}을 비롯한 100개 미만의 대학만 자율성을 누리고 있다.

마지막으로, IIT의 건전한 재정상태가 성공의 열쇠이다. 학생 1인당 연간 3천 달러 내외로, 선진국에 비해 저렴한 비용으로 우수한 기술자를 배출하는 IIT는 총 재정의 75%를 정부가 부담한다.[26] 1993년 이전에는 정부가 모든 비용을 부담했다. 현재 학생 1인당 교육비는 수업료와 숙식비를 포함하여 약 7만 루피(약 1,500달러)로 국제 수준으로는 여전히 낮은 편이다. 그러나 1인당 국민소득을 생각하면, IIT 학생의 교육비가 MIT보다 높다는 일부의 주장도 있다.

IIT는 적절한 재정지원으로 우수한 시설과 장비는 물론, 실험실과 연구소, 도서관, 우체국, 스포츠쎈터, 쇼핑쎈터 등을 두루 갖춘 작은 도시에 가깝다. 도시의 번잡함으로부터 멀리 떨어져 숲이 우거진 넓고 이상적인 환경에 자리한 대학 캠퍼스는 그 규모가 첸나이 770만평, 가락푸르 260만평, 칸푸르 130만평, 델리 40만평 등으로 방대하여 중앙정부가 지식의 생산과 인적자원개발의 수단으로서 IIT에 기울이는 관심과 기대를 반영한다.

각 IIT는 정부가 1990년대 중반에 경제자유화 정책을 취하면서 정부의 재정지원이 줄어들자 연구와 자문써비스, 장·단기 코스의 평생교육 프로그램 등을 개발하여 경제적 자급자족을 꾀하며 변화하는 정부 정책에 적응하고 있다. 민간기업에 눈을 돌려서 마이크로소프트사와 IBM 등 국내외 대기업과 산학협동연구에도 적극적으로 참여하고 있다. 2001년, 첸나이 IIT는 2백만 달러의 산학협동연구를 수행했고, 델리 IIT 는 IBM으로부터 연구쎈터를 짓도록 2천5백만 달러를 지원받았다.

동문과 대학이 긴밀한 관계를 유지하는 것도 IIT의 자랑인데, 최근 에는 성공한 동문의 기부금으로 대학발전 재정을 충당하는 경향이 뚜 렷하다. 2003년 초, 선마이크로시스템스의 비노드 코슬라가 5백만 달 러를 델리 IIT에 기부했고, 뉴욕에 있는 골드만삭스의 아비 나쉬는 뭄 바이 IIT에 100만 달러를 기부했다. 인포유에스에이^{InfoUSA} 회장 비노드 굽타는 가락푸르 IIT의 최대 기부자이고, 씰리콘밸리의 거목 칸왈 레키 도 뭄바이에 IT학부를 설립하는 데 거금을 쾌척했다.

IIT의 문제점

IIT에 대한 비판도 적지 않다. 가장 큰 비판은 중앙정부의 각종 지원 을 받는 시설 좋은 학교에서 공부한 능력 있는 기술자들이 외국으로 나 가는 두뇌유출 문제이다. 현재 미국에서는 씰리콘밸리를 중심으로 IIT 졸업자의 약 20퍼센트인 2만5천명이 활동하는 것으로 추정된다.[27] 한 보고서에 따르면 1973~77년 뭄바이 IIT 졸업자의 30.8퍼센트가 해외 로 나갔다.[28] 1989년 연구에 따르면, 첸나이 IIT의 졸업자^{1964~87}도 약 26 퍼센트가 해외에 진출했다. 다른 IIT 졸업자도 유사한 비율을 보일 것 으로 추정된다.

유엔의 2001년 인간발전보고서에 따르면, IIT 출신이 다수인 쏘프트 웨어 인력이 외국으로 이주하여 인도가 보는 손실이 연간 20억 달러에 이른다.[29] 교육받은 자의 이주가 국가적으로 더 큰 손실임은 자명하다. 그들이 나라 밖에서 인도의 명성을 고양하는 긍정적 측면을 고려하자는 주장도 있으나, IIT를 사립대학으로 바꾸거나 지원금 일부를 대여금 형태로 전환하자는 요구도 있다. 곧 해외로 나가는 졸업자로부터 학자금을 회수하자는 것이다.

매년 2천여명만 받아들이는 IIT의 정원이 지나치게 적다는 지적도 많다. 신입생을 10%만 더 뽑아도 유능한 기술 인력을 그만큼 더 양성할 수 있기 때문이다.[30] 그러나 양적 증가가 질적 저하로 이어질 것이라는 반론이 만만치 않다. 여학생, 낮은 계층과 하층카스트 출신의 학생이 적은 현실도 해결해야 할 문제이다. 곧 입학시험을 제대로 준비할 수 없는 그들에게 시험제도가 구조적으로 불리하므로 더 많은 할당비율을 제공하자는 주장인데, 실효성에 대한 논란이 끊이지 않는다.

국민의 부담으로 IIT를 운영한다는 비판도 적지 않다. 식민지시대부터 협력자 계층을 양성할 목적으로 고등교육에 큰 비중을 둔 인도 대학의 전통은 초등교육비의 배정이 상대적으로 적은 현실에서 그대로 드러나는데, 전체 교육비에서 초등교육비가 차지하는 비율은 고등교육, 특히 특별교육기관인 IIT에 배당되는 과도한 정부의 재정지원과 비교할 때 적절하지 않다고 비판하는 것이다.

예를 들면, 2002~3년 중앙정부의 IIT에 대한 예산은 564크로레 루피crore rupees로서 초등교육비 3,577크로레 루피의 20퍼센트에 가까웠다.[31] 각 주 정부가 초등교육비의 상당액을 부담하는 씨스템을 감안해도 이러한 배정은 불균형해 보인다. 그러나 정부의 충분한 재정지원이 없었다면, 가난한 농촌 출신 학생들이 IIT에서 높은 수준의 기술교육을 받고 사회적 상승이동을 할 기회는 없었을 것이다. 학생들에게 지급되는 보조금 덕분에 전국에서 유능한 학생을 끌어모을 수 있었던 것이다.

오늘날 인도는 매년 10만명이 넘는 IT인력을 미국에 수출하는 정보통신업계의 선두주자가 되었다. 세계 쏘프트웨어 시장의 약 20%를 차지하는 컴퓨터 쏘프트웨어 분야의 발전도 눈부시다. 이런 변화와 발전의 강력한 진원지가 IIT라는 사실은 누구도 부인하지 않는다. 2003년,

인도에서 발간되는 『파이낸셜타임즈』^{Financial Times}는 IIT에서 항공, 화학, 토목, 전자 공학을 공부한 기술자들이 쏘프트웨어 분야에 진출한다고 적었다.

네루 총리는 1956년 제1회 가락푸르 IIT의 졸업식에 참석하여 "이곳은 진행중인 인도의 미래와 추동력을 대표하는 훌륭한 기념물입니다. 제겐 이 모습이 다가올 인도의 변화를 상징하는 것으로 보입니다"라고 축하의 인사를 했다. 국가지도자로서 여러가지 시행착오를 경험한 네루 총리의 가장 성공적인 '작품'으로 평가되는 IIT를 지칭한 그의 표현, '인도의 미래와 추동력을 대표하는 훌륭한 기념물'이라는 말은 오늘날을 보건대 더없이 적절한 표현이었다.

제1장 정복의 층과 켜

1 Hannah Arendt, "The Imperialist Character," *Review of Politics*, (Dec. 1950) 306면.

2 라마쎄이 뮈르는 동인도회사 직원들이 영토 팽창을 피하려 했다고 주장했다. 동인도
회사 직원들은 영토의 확대가 개인 수입을 위한 여러 불법 상업행위를 제한할 것을 우
려했다. Ramasay Muir, *The Making of British India 1756～1858*, Manchester:
University Press 1915.

3 예를 들면, 최근에 나온 연구는 영국 통치 이전의 시대가 전제적이고 헤게모니적이며
백성들을 억압하고 수동적으로 만들었다는 믿음에 의문을 제기하였다. Nandita
Prasad Sahai, *Politics of patronage and protest : the state, society, and artisans in early
modern Rajasthan*, New Delhi: OUP 2006.

4 P. J. Marshall, *East Indian Fortunes: The British in Bengal in the Eighteenth Century*,
Oxford: Clarendon Press 1976, 33면.

5 재정적으로는 이때가 동인도회사의 전성기였다. John Keay, *The Honourable
Company: History of the English East India Company*, London: Harper Collins 1991,
150면.

6 33세의 젊은 나이에 영국의 손꼽히는 부자가 된 그는 무죄를 주장하였으나 이후 인도
통치에 '나쁜 선례'를 남겼다. 동인도회사는 더 많은 이익을 얻으려고 8년간 4명의 나
와브를 교체했다.

7 Angus Maddison, *The World Economy: A Millennial Perspective*, New Delhi:
Overseas Press 2003.

8 1700년부터 시작된 영국의 중국산 차 수입은 1784년, 수입관세가 인하하자 급격하게
증가했다. 19세기 초, 영국 정부 재정수입의 약 10퍼센트가 차 수입에서 나왔다.

9 인도는 다른 나라들과의 교역에서 흑자를 보았으나 영국과의 무역에서만 많은 적자
를 기록하였다. 영국은 이 삼각무역으로 대외무역의 적자를 메웠다. 인도의 수입품은

주로 완제품이었고 수출품은 원료를 비롯한 농산물이었다. 다음 표는 1913~14년 인
도의 무역현황이다.

(단위: crore rupees)

	수입	수출	무역수지
대(對)영국	117	58	−59
·	·	·	·
무역총계	183	249	+66

10 임칙서가 불태운 2만 체스트의 아편 중 7천 체스트가 동인도회사 소유였다. 동인도
회사는 자유무역자들의 주장에 밀려 1834년 중국과의 무역독점권을 상실했다. 아편
전쟁에서 승리한 영국은 막대한 배상금을 받았다.

11 Nick Robins, *The Corporation That Changed the World*, Hyderabad: Orient
Longman 2006, 178면에서 인용.

12 영국의 첫 정복지 벵골은 20세기 후반에 나온 영화 「씨티 오브 조이」(City of Joy)와
마더 데레사의 활동무대가 될 정도로 가난한 사람들이 많이 살았다.

13 영국은 1857년의 반란을 축소하여 주로 하극상, 군사폭동의 의미가 담긴 mutiny라는
용어로 설명한다. 이 사건이 이른바 '세포이의 난'이라고 알려진 것은 그 때문이다. 영
어권에서 종종 쓰이는 revolt, rebellion은 군사반란과 민중의 봉기가 결합되었다는 의
미를 가진다. 1907년 영국의 편파적 서술에 처음으로 도전한 Vinayak Damodar
Sarvarkar의 *The Indian War of Independence, 1857* 이래 일부 인도인은 이 반란을 '최
초의 독립전쟁'이라고도 부르지만 대다수 학자들은 이 용어에 동의하지 않는다.

14 이들은 영어의 마담(madam)과 나리라는 뜻의 인도어 사히브(sahib)가 결합된 '멤사
히브'로 불렸다. 이에 대해서는 이 책의 1부에 있는 「여성과 제국」을 참조.

15 Margaret Macmillan, *Women of the Raj*, London: Thames & Hudson 1998, 98면.

16 G. O. Trevelyan, *Cawnpore*, 1865; reprinted, New Delhi: Indus/Harper Collins,
1992, n.p.

17 Christopher Hibbert, *The Great Mutiny India 1857*, New Delhi: Penguin Books 1978,
209면.

18 *The Pioneer*, 10 Nov. 1888; P. J. O. Taylor, "What Happened to Miss Wheeler", *The
Statesman*, 6 Jan. 1990.

19 반란이 진압되고 여러 해가 지난 뒤 한 가톨릭 사제가 칸푸르 시장에서 만난 나이든
여성이 자신이 미스 휠러라고 말했다고 전한다. W. J. Sheperd, *A Personal Narrative
of the Outbreak and massacre at Cawnpore during the Sepoy Revolt of 1857*, Delhi:
Academic Books Cooperation 1980, 87면.

20 *The Times*, 25 Aug. 1857; Jenny Sharpe, *Allegories of Empire: The Figure of
Women in the Colonial Text*, Minneapolis: University of Minnesota Press 1993, 66면

에서 인용.

21 *The Punch*, 13 Feb. 1858.

22 니콜슨 장군은 델리를 공격하다가 사망했다. 당시 공격에 참가한 영국 군대의 4분의 1이 사망할 정도로 전투는 치열했다. Philip Mason, *The Men Who Ruled India*, Great Britain: Panbooks 1985, 184면.

23 *Gazetteer of Delhi 1884*, 30.

24 1853~1871년의 인구조사는 학살이 있은 지역의 인구가 급격히 감소했음을 보여준다. C. A. Bayly, *Indian Society and the Making of the British Empire*, New Delhi: Orient Longman 1990, 194면.

25 1858년 캐닝 총독은 영국 여성의 강간에 대한 소문을 조사했으나 모두 근거 없는 것으로 밝혀졌다. 조사위원회의 결과는 Rudranshu Mukerjee, "'Satan Let Loose': The Kanpur Massacres in India in the Revolt of 1857", *Past and Present* 128 (August 1990)에 언급되었다.

26 이 시기에 출간된 1857년의 반란을 다룬 영문소설의 목록은 S. D. Singh, *Novels on the Indian Mutiny*, New Delhi: Arnold-Heinemann 1973에 나와 있다.

27 그들의 관계를 배열한다면 아마도 영국 남성 〉 영국 여성 〉 인도 남성 〉 인도 여성의 순일 것이다.

28 프랑스 영토보다 큰 하이데라바드와 1921년의 인구가 184명에 불과한 카티아와르처럼 왕국의 규모와 수준은 천차만별이었다. 그럼에도 1858~1947년에는 단 1개의 왕국도 영국에 병합되지 않았다.

29 Barbara N. Ramusack, *The Indian Princes and their States*, Cambridge: Cambridge University Press 2004, 7~71면.

30 역사가 Pannikkar는 인도 왕국에 미성년자 왕이 등극했을 때 왕국 행정에 강제로 개입하는 관행을 세운 총독은 Lord Mayo라고 주장했다. K. M. Pannikkar, *Indian States and the Government of India*, London, 1930, 56면.

31 Martin Gilbert, *Servant of India*, London: Longmans 1966, 86면.

32 Nicholas B. Dirks, *The Hollow Crown~Ethnohistory of an Indian Kingdom*, Cambridge University Press 1987, 391면.

33 Charles Hardinge, *My Indian Years 1910~1916; the reminiscences of Lord Hardinge of Penshurst*, 103면.

34 마이소르 왕국에 관한 연구를 보면, 국민회의는 1938년에야 왕국에서 개별적 활동을 허용하였다. James Manor, *Political Change in an Indian State: Mysore 1917~1955*, New Delhi: Manohar 1977, 6~7장.

35 일부 학자들은 국민회의의 대정부 요구안에 왕국의 정치적·경제적 현실을 반영하지 않았다고 비판했으나 간디는 앞에 언급한 여러 상황을 고려하여 입장을 정했다. S. K.

Patil, *The Congress Party and Princely States*, Bombay 1981, 15면.

36 Ian Copland, *The Princes of India in the Endgame of Empire, 1917~1947*, Cambridge University Press 1997, 185면.

37 *India Today International,* 3 Feb. 2003, 36면.

38 영국은 군사 정복을 합리화하려고 벵골의 나와브인 시라즈를 나쁘게 그렸다. 20세기 초 영국 교과서에 등장한 시라즈는 유럽인을 죽이고 '영국을 증오한 잔인한 젊은이'로, 합리적이지 못한 지도자의 전형으로 묘사되었다. Kathryn Castle, "The Imperial Indian," ed. J. A. Mangan, *The Imperial Curriculum*, London: Routledge 1993, 29~32면.

39 19세기 말부터 1940년까지 인도 정부의 총 세출에서 군사비는 늘 30퍼센트 이상을 차지하였다.

40 영국이 식민지시대에 정의하고 모병에 적용한 '상무적 부족'(martial tribes)이라는 생각은 이론이라기보다 구호에 가까웠다. 인도인도 이 용어를 받아들였다. Saint Nihal Singh, *India's Fighters: Their Mettle, History and Services to Britain*, London: Samson, Low, Mariston & Co. 1914.

41 Charles Allen, *Plain Tales from the Raj*, New Delhi: Rupa Co. 1993, 222~3면.

42 "The Head of the District", *The Stories from the Raj— From Kipling to Independence*, ed. by Saros Cowasjee, London: The Bodley Head 1982, 27~52면.

43 "The Hindoo," *Patriot*, 16 Aug. 1887.

44 V. G. Kiernan, *The Lords of Human Kind: European Attitudes Toward the Outside World in the Imperial Age*, London: Weidenfeld & Nicolson 1969, 35면.

45 인도인을 장교로 임용한 첫 사례는 1901년 왕실장교단이었으나 그 수는 극히 적었고, 독립할 때까지 잘 추진되지 않았다.

46 영국 측의 기록은 포로가 된 인도 군인 6만명 중 2만명이 인도국민군에 합류했다고 적었다. Winston S. Churchill, *The Hinge of Fate, the fourth volume of The Second World War*, Boston: Houghton Mifflin 1950, 100면.

47 명예와 권위의 상징인 인도의 고등문관은 오랫동안 영국인의 독점 영역으로 인도인은 1887년까지 1천여명 중 10여명에 불과하여 대표성이 없었다. 민족주의 성장과 함께 인도인 문관은 1909년 60명, 1929년 367명, 1939년 625명으로 점차 증가하여 탈식민화를 상징하였다.

48 Frantz Fanon, "Medicine and Colonialism," in *The Cultural Crisis of Modern Medicine*, ed. John Ehrenreich, New York: Monthly Review Press 1978, 229~51면.

49 Anil Kumar, *Medicine and the Raj: British Medical Policy in India,1835~1911*, Oxford: OUP 1997, 22면에서 인용.

50 Edward Said, *Orientalism*, New Delhi: Penguin Books India 2001, 2~3면.

51 19세기 인도의 위생 씬드롬이나 위생정책을 다룬 본격 연구서는 아직 없고, 대개 의료제도와 질병을 다룬 연구에서 단편적으로 언급된다. 대표적 연구는 Mridula Ramanna가 *Western Medicines and Public Health in Colonial Bombay*, Orient Longman, Hyderabad 2002에서 봄베이 주의 위생 정책을 분석한 3장이다.

52 Frances Hodgson Burnett, *The Secret Garden*, 제1장, 1909, www.139.pair.com.

53 Fanny Parkes, Fanny Parkes Parlby, William Dalrymple, *Begums, Thugs, and White Mughals: The Journals of Fanny Parkes*, New Delhi: Penguin 2003, 146면.

54 *The Calcutta Review*, 1859, 368면.

55 Purabi Panwar, *India in the Works of Kipling, Forster and Naipaul*, Delhi: Pencraft International 2000, 30~31면.

56 Alan Johnson, "Sanitary Duties and Registered Women: A Reading of *on the face of the Waters*," *The Yale Journal of Criticism* 11. 2, 1998, 509면에서 인용.

57 *Administration Report of Municipal Commissioner*, 1866, 31면.

58 *Secretary of State's Report* Par.9. Lal Bazar(홍등가)는 영국인 군인의 욕구를 충족시키는 존재였다. 1835년, 영국 군인의 30% 가량이 성병에 감염되었고 이러한 추세는 한동안 계속되었다. Kenneth Ballatchet, *Race, Sex and Class under the Raj: Imperial Attitudes and Policies and their Critics, 1793~1905*, London: Weidenfeld & Nicolson 1980, 1장.

59 *Report on the Cholera Epidemic of 1867 in Northern India*, 1868.

60 Robert Bickers, *Missionary Encounters: Sources and Issues* (London: Curzon Press, 1996) 185면 Antoinette Burton, "Contesting the Zenana: The Mission to Make 'Lady Doctors for India,' 1874~1885," *Journal of British Studies 35*, July 1996, 368~97면.

61 Mridula Ramamnna, 앞의 책. 110면.

62 19세기 말 인도에 있던 영국 군인과 가족은 약 7~8만명이었다. 1909년의 기록에도 군인은 71,556명, 그 가족인 여성은 3,913, 아이들은 6,201명에 지나지 않았다. Sumit Guha, *Health and Population in South Asia*, Permanent Black, New Delhi 2001, 112면에서 인용. 위생정책은 인도인이 아니라 영국인들이 주 대상이었다.

63 Zaheer Baber, *The Science of Empire* (Delhi: OUP 1988) 228면.

64 Veena Ordenberg, *The Making of Colonial Lucknow* (Princeton: Princeton University Press 1984) 4장.

65 수도 캘커타에서 나온 영자지 *The Calcutta Review*는 영국 지배자의 관점을 반영하였다. *The Calcutta Review* 1869, 54면.

66 멤사히브들은 언어의 장벽과 편견에 사로잡혀 집안에서 유모(ayah)와 하인들만 상대함으로써 인도인의 삶에 무지했다. Nupur Chaudhuri, "Memsahibs and Their Servants in Nineteenth Century India," *Women's History Review* 3:4, 1994, 557면.

67 19세기 인도인은 인종차별적 표현인 '검둥이'로 불렸다. Francis Hutchins, *The Illusion of Permanence: British Imperialism In India*, Princeton: Princeton University Press 1967, 109면.

68 그 논리는 "여성이 격리되어 살아가는 나라에서 다른 국가나 도시, 산을 배우는 것은 가치가 없다. 먼저 윤리교육을 시켜야 한다"였다.

69 영국 여성들은 제국의 경영에 참여하지 않았으나 식민주의와 제국을 지지했다. Margaret Macmillanm, *Women of the Raj*, London: Thames & Hudson 1998, 220~21면.

70 선교사를 집에 들이는 인도 남성은 근대성을 가진 배우자를 기대할 뿐 개종에는 관심이 없었다. H. K. Kaul, *Travellers' India*, New Delhi: OUP 1998, 6면.

71 그는 인도 여성을 남성 지배자와 영국 여성의 아래에 둠으로써 인도 여성에 대한 이중의 억압을 정당화했다. Antoinette Burton, "Contesting the Zenana: The Mission to Make 'Lady Doctors for India,' 1874~1885," *Journal of British Studies 35*, July 1996, 383면.

72 메어리 카펜터는 브라마 사마지를 세운 람 모훈 로이의 영향을 받은 독실한 기독교도로 기독교의 눈으로 인도를 바라보았다. Mary Carpenter, *Six Months In India*, London: Longman Geen 1886.

73 아넷은 인도인 판사가 영국인을 재판하도록 규정한 일버트 법안(Illbert Bill)에 반대하면서 "인도 남성이 인도 여성을 해방하기 전까지 문명국 여성을 재판하는 것은 적합하지 않다"고 선언하여 정치적 색채를 드러냈다.

74 Barbara Ramusack, "Cultural Missionaries, Maternal Imperialists, Feminist Allies: British Women Activists in India 1865~1945," *Women's Studies International Forum* 13: 4, 1990, 309~21면.

75 그들은 "영국과 인도가 분리된 실체이며 양측간의 친밀성이 바람직하지 않거나 때로 불가능"하다고 여겼다. Benita Parry, *Delusions and Discoveries: Studies on India in the British Imagination*, Berkeley: University of California Press 1972, 103면.

제2장 전복의 씨앗

1 문명화한 식민지인은 필연적으로 종속과 지배가 근간인 식민주의에 도전하기 때문에 식민주의와 문명화는 배리(背理)의 관계, '이루어질 수 없는 꿈'이었다. 그럼에도 제국주의자는 강제로 다른 나라를 정복한 죄의식을 씻고 통치를 정당화하려고 식민주의를 문명화로 위장하였다.

2 인도 심리학자 아시스 난디는 탐욕스럽게 영토 확장에 몰두한 식민주의를 '도적 王'으로, 자유주의와 진보를 신봉하며 식민지인을 지배국 문화에 동화시키는 식민주의를

'철학자 王'으로 구분했다. Ashis Nandy, *The Intimate Enemy~Loss and Recovery of Self Under Colonialism*, Delhi: OUP 1991, 1장.

3 Gauri Viswanathan, *Masks of Conquest: Literary Study and British Rule in India*, New Delhi: OUP 1989, 117면.

4 1854년의 교육정책을 기초한 찰스 우드는 정부가 고등교육의 재정을 지원하는 것을 반대했다. 그는 "고등교육은 그것을 열망하는 사람들이 주요한 재정적 후원자가 되어야 한다"는 입장이었다.

5 1938년, 영어로 가르치는 문과대학의 56.6%, 고등학교의 58.6%가 캘커타, 봄베이, 마드라스 등 3개 도시에 집중되었다. *Education In India 1937*, 7면.

6 B. T. McCully는 민족주의의 성장은 영어를 매개로 서구사상을 공부한 인도 엘리뜨가 주도했다고 주장했으나 식민정부의 '순수하지 않은 의도'에 대해서는 언급하지 않았다. *English Education and the Origins of Indian Nationalism*, New York: Columbia University Press 1940, 187~89면.

7 Sir, T. Raleigh, *Lord Curzon~Selection of Speeches*, London: Elibron Classics 1906, 315~16면. 초기부터 식민정부가 통제하지 못한 영어교육은 민족주의의 성장과 인도인의 정치적 참여가 확대되면서 더욱 증가했다.

8 벵골의 지식인 L. M. Ghose의 발언을 Judith Brown, *Modern India*, New Delhi: OUP 1984, 150면에서 인용.

9 Meenakshi Mukherjee, *The Perishable Empire*, New Delhi: OUP 2002, 30~50면.

10 1920년대 간디의 민족운동을 다룬 R. K. 나라얀의 영문소설 "Waiting for Mahatma"에도 식민주의가 부과한 삶이 아닌 자기 방식의 삶을 사는, 영어를 모르는 민중들이 등장한다. R. K. Narayan, *Malgudi Landscapes*, New Delhi: Penguin 1992.

11 인용문은 Duncan Derrett의 표현이다. 그의 글, "Tradition and Law in India," Moore, R. J., ed., *Tradition and Politics in South Asia*, New Delhi: Vikas Publishing House 1979 참조.

12 알리가르에 있는 이슬람대학 앵글로~오리엔탈 대학의 학장을 역임한 테오도르 모리슨은 모든 인도 종교가 순종을 종교적 의무로 가르친다고 파악하고 "인도인에게 영국에 대한 순종이 종교적 의무라는 것을 믿게 해야 한다"고 주장했다.

13 Suresh Chandra Ghosh, *The History of Education in Modern India 1757~1986*, New Delhi: Orient Longman 1995, 65~69면.

14 J. S. Bagal, *Women's Education in Eastern India: The First Phase*, Calcutta: The World Press Private 1995, 110면.

15 Indira Ghose, *Women Travellers in Colonial India—The Power of the Female Gaze*, Delhi: OUP 1988, 117면.

16 *Progress of Education 1897~1902*, 306면.

17 영국의 한 학생은 다음과 같이 적었다. "남자들은 여성적인 과목을 무시하고 프랑스어, 음악, 예술을 강조하는 당시 교육을 두려워했다. 여성이 수학과 라틴어를 배우게 되면 사정은 더욱 나빠질 것이다. 전통적인 여성적 과목들을 재활성하는 것이 필요하다." Burstyn 1980, 37면.

18 Ghose, 앞의 책 116~17면.

19 과학과 수학이 여성을 '중성화'한다고 여긴 영국의 견해는 나중에 케셥 찬드라 센을 비롯한 인도 지식인들도 그대로 수용했다.

20 Merdith Borthwick, *The Changing Role of Women In Bengal 1849~1905*, Princeton: Princeton University Press 1984, 170면.

21 Kenneth Jones, "Socio~Religious Movements and Changing Gender Relationship Among Hindus of British India," James Warner Bjorkman, J. W., ed., *Fundamentalism, Revivalists and Violence in South Asia*, Mayland: The River-dale Company 1988, 47면.

22 1870년 공교육위원회의 보고에 따르면 베튠 여학교 재학생의 부모는 (식민정부의 기준으로) 76명 가운데 51명이 '소지주, 전문직'으로 분류되었다. 여타 학교에 다니는 학생들은 약 절반 정도(3,331명 가운데 1,741명)가 중산층의 딸이었다.

23 Partha Chatterjee, *The Nation and Its Fragments*, Delhi: OUP 1995.

24 Scheta Mazumdar, "Moving Away from a Secular Vision? Women, Nation and the Construction of Hindu India," Moghadam, Valentine, ed., *Identity Politics and Women*, Oxford: OUP 1994, 59~60면.

25 Dagamar Engels, *Beyond Purdah: Women in Bengal 1890~1930*, Delhi: OUP 1999.

26 Uma Chacravarty, "Whatever Happened to the Vedic Dasi? Orientalism, Nationalism and a Script for the Past," Sangari, Kumkum and Vaid, Sudesh, eds., *Recasting Women*, New Delhi: Kali for women 1989, 27~87면.

27 Dipesh Chakrabarty, "The Difference~Deferral of a Colonial Modernity," *Subaltern Studies VIII*, Delhi: OUP 1994, 77면.

28 Sumanta Banerjee, "Marginalization of Woman's Popular Culture in Nineteenth Century Bengal", Sangari, Kumkum and Vaid, Sudesh, eds., 같은 책 127~79면.

29 여성잡지인 *Bamabodhini Patrika*는 여학생의 교과가 남학생과 달라야 한다고 주장하면서 여학생에게 가르치는 영문학은 좀더 쉽게, 역사는 영어가 아닌 벵골어로, 수학은 낮은 수준이어야 하며 미술, 산파술, 가사가 포함되어야 한다고 주장했다.

30 그러나 이 시기보다 한참 늦은 1921~22년에도 문과대학에 재학하는 여대생의 70퍼센트가 선교단체가 운영하는 대학에 재학했다. 따라서 힌두 여성다운 교육은 구호와 달리 실제와는 거리가 있었다. 학년이 낮을수록 그 비율이 떨어져서 중등학교의 37퍼센트, 초등학생의 약 7퍼센트만 선교단체가 지원하는 학교에 재학했다. *The Progress of Education in India 1917~22*, 129면.

31 Borthwick, 앞의 책 87면.

32 Madhu Kishwar, "The Daughters of Aryavarta," ed., *Women in Colonial India*, ed. J. Krishnamurity, Delhi: OUP 1999, 81면.

33 '제2의 식민화'는 아시스 난디의 표현으로 영토 정복에 이은 정신의 식민화를 지칭한다. Ashis Nandy, *The Intimate Enemy—Loss and Recovery of Self Under Colonialism*, Delhi: OUP 1990, 1장.

34 Anis Alam, "Imperialism and Science," *Social Scientist, 65*, Dec. 1977, 5면.

35 인도인 하급기사는 비용을 의식하는 식민정부에게 유용했다. 1840년대 공공사업부에 소속된 유럽인 엔지니어의 월급은 250루피에서 1,000루피인 반면에 인도인 측량사나 감독은 25루피에서 145루피로 약 10퍼센트에 지나지 않았다.

36 *Account of the Present State of the College of Civil Engineering at Roorkee and Scheme for it's Enlargement, 1854*, 4면.

37 *Quinquennial Review on the Progress of Education in India 1897~1902* vol.1, Calcutta 1904, 248~49면.

38 백인의 비율은 인도 인구의 0.1퍼센트도 되지 않았다. *Report of the Royal Commission on Public Services in India, 1917* vol. 1, 24면.

39 R. E. Fife, *The Civil Engineering Professions in India*, London 1879, 8~9면.

40 Report of Mayo School of Art 1884~85, *Papers Relating to Technical Education in India, 1886~1904*, Calcutta 1906, 45면.

41 D. R. Headrick, *The Tools of Empire*, New York: Oxford 1981, 309면.

42 이는 인도 내셔널리즘이 태동하고 국민회의가 창설된 뒤에 총독을 지낸 랜스도운(1888~1894)의 말이다. 그는 민족주의를 고등교육의 부정적 소산으로 파악했다.

43 Government of India Resolution no. 199, 18, June 1888, paras 22~25면.

44 Atkinson-Dawson Committee Report, *Proceedings of the Committee Appointed to Advise on the Creation of a Technical Institute at Calcutta*, 1912.

45 "Education", *A Proceedings, November 1905*, Nos. 44~56면.

46 *The Progress of Education in India 1932~37*, 196면. 절대적인 수도 적었지만 10년간 거의 변화가 없는 (1927년에도 9개 공대에 약 2천여명의 학생이 재학) 낮은 성장률도 문제였다.

47 Gyan Prakash도 "서구교육을 받은 엘리뜨들의 담론에서 과학적 추론은 유기적인 메타포가 되었다. 서구의 과학과 산업 발전에 고무되고 자극받은 엘리뜨들은 그저 합리성이 아닌 과학적 추론의 견지에서 토착(인도)사회의 종교와 사회를 조사하게 되었다"고 적었다. "Science Between the Lines," Gyandra Pandey et. al., eds., *Subaltern Studies IX*, Delhi 1996, 60면.

48 제1차 세계대전에 참전한 인도군은 120여만명에 달했다. 그 가운데 35만5천명이 편

자브 출신으로 군인과 성인남자의 비율이 1 : 44인 군(郡)도 있었다. 영국의 악법에 반
대하는 운동이 펀자브에서 가장 활발했던 것은 이러한 상황과 무관하지 않았다.

49 봄베이지역의 홈룰 운동에는 약 3만2천명이, 마드라스지역에는 2만7천여명이 가담
했다. 그들은 대개 비브라만, 상인, 학생 또는 농업 종사자였다. 이후 신드와 구자라트
와 같은 새로운 지역으로 운동이 확대되었다.

50 Jawaharlal Nehru, *An Autobiography*, New Delhi: OUP 1982, 253~54면.

51 간디는 '국민회의가 한 회기(會期)에서 다음 회기까지 사실상 기능이 정지 상태인
것'을 심각한 문제로 여겼다. M. K. Gandhi, *An Autobiography*, Ahmedabad 1929,
597면.

52 가장 성공을 거둔 펀자브 주의 라호르는 투표율이 5%에 불과했다. 도시지역과 달리
농촌지역은 힌두 38%, 무슬림 44%, 시크 26%의 투표율을 기록했다. 동부의 아삼은 도
시지역이 50%, 농촌지역이 24.7%였다. UP는 평균 33%의 투표율을 기록했으나 무슬
림의 투표율이 상대적으로 저조했다. Judith Brown, *Gandhi's Rise to Power~Indian
Politics 1915~1922*, Cambridge: Cambridge University Press 1972, 184~88면.

53 *Times of India*, 18 Nov. 1921.

54 흉년이 든 군투르지방의 납세거부운동으로 과세액 14.75억 루피 가운데 3.5억 루피
만 납부되었다. 정부의 노력에도 불구하고 1922년 2월 23일까지 징수액은 58.75억 루
피 중 32.5억 루피에 불과했다.

55 Jawaharlal Nehru, 앞의 책 51면.

56 *Home Political Deposit*, Feb. 1921, no. 13.

57 Lefebvre는 *The Great Fear: Rural Panic in Revolutionary France*, tr. Joan White,
New York: Pantheon, 1973에서 프랑스혁명(1789)에서 소문이 지닌 위력을 연구하였
다. 농민운동과 소문에 관해서는 Ranajit Guha, *Elementary Aspects of Peasant
Insurgency in Colonial India*, Delhi: OUP 1983, 220~277면.

58 *Collected Works of Mahatma Gandhi* XIX, 352면.

59 Panikkar는 모플라 농민운동이 민족운동과 연계되어 결속감과 효율적 조직을 가지
게 되었다고 파악했다. K. N. Panikkar, *Against Lord and State~Religion and Peasant
Uprising in Malabar 1836~1921*, Delhi: OUP 1992 참조.

60 Shahid Amin, "Gandhi as Mahatma: Gorakhpur District, Eastern UP, 1921~1922,"
Subaltern Studies III, Delhi: OUP 1984, 288~348면.

61 간디는 어렸을 때 고향인 구자라트의 학교에서 배운 "만약 누가 물 한잔을 주었을 때
물 한잔을 되돌려주는 것은 아무것도 아니다. 진짜 아름다움은 악에 대해 선을 행하는
것이다"라는 시가 자신에게 큰 영향을 주었고, 그것을 실천하기로 마음먹었다고 비폭
력운동의 기원을 설명했다. 고향 구자라트는 불살생을 실천하는 자이나교의 전통이
강했다.

62 Payne, R., *Life and Death of Mahatma Gandhi*, London: Bodley Head 1969, 335면.

63 이러한 위계관계는 이옥순 『여성적인 동양이 남성적인 서양을 만났을 때—19세기 인도의 재발견』, 푸른역사 1999 참조.

64 M. K. Gandhi, *Young India*, 11 Aug. 1920.

65 1925년 인도의 군대는 19만7천명이었다. Philip Mason, *A matter of Honour*, London 1974, 456면. 1930년대 초 경찰력은 20만명에 달했다. 온건하다는 일부의 인상과 달리 간디를 11년간 투옥한 영국의 식민정부는 1942년 'quit India'운동을 진압할 때 50개 대대를 동원하였다.

66 Ron Roberts and Dicky Rutnagur의 기록을 보면, 크리켓은 1721년에 인도에 상륙했다.

67 G. M. Trevelyan, *English Social History*, London: Longmans 1945, 405면.

68 Cecil Headlam, *Cricket in India*, ed. Andrew Lang, London: Counties Press Association 1912, 339~57면.

69 Geoffrey Moorhouse, *Lord's*, London: Hodder Stoughton 1983, 43면.

70 Scyld Berry, *Cricket Wallah: with England in India, 1981~82*, London: Hodder Stoughton 1983, 38면.

71 Geoffrey Gorer, "The British National Character in the twentieth Century," *The Annals of the American Academy of Political and Social Science*, 1967, 370, 74~81면.

72 Homi Bhabha, "The Other Question: Difference, Discrimination and the Discourses of Colonialism in Literature," Prancis Barker et. al., eds., *The Politics of Theory*, Colchester: University of Essex Press 1983, 148~72면.

73 *Tribune*, 23 Feb. 1906.

74 Suhrid Sankar Chattopadhyay, "A cup to celebrate," *Frontline* 17, 16~29 Aug. 2003.

75 *Times of India*, 18 Nov. 1921.

76 그의 간단한 연대기는 Ashis Nandy, *The Tao of Cricket: On Games of Destiny and the Destiny of Games*, New Delhi: OUP 2000, 2장 참조.

77 같은 책 1면.

제3장 '우리들'의 (재)발견

1 James Mill, *The History of British India* vol. 6 (3rd edition) (London: Baldwin, Cradock, and Joy, 1826) 특히 2:47.

2 Thomas Babington Macaulay, "Minute on Indian Education", Macaulay, *Selected Writings*, ed. John Clive, Chicago: Chicago University Press 1980, 243면.

3 Peter Hardy, *Historians of Medieval India: Studies in Indo-Muslim Historical Writing*, reprinted, Delhi: Munshiram 1997, 18면.

4 Edward C. Sachau, tr., *Alberuni's India*, reprinted, Delhi: Chand & Co. 1964, 1:22.

5 고대 인도인의 시간개념은 Romila Thapar, *Time as a Metaphor of History Early India*, New Delhi: Asiatic Books, 2002 참고.

6 벵골 지식인 L. M. Ghose의 발언을 Judith Brown, *Modern India*, New Delhi: OUP 1984, 150면에서 인용.

7 Ranajit Guha, *An Indian Historiography of India*, Calcutta: KP Bagchi & Company 1988, 57면.

8 Sarla Devi Ghosal, "The Heritage of The Bengalee," *Bengalee*, 5 June 1903, 3면.

9 Richard Zaehmer, *The Bhagavad Gita*, O.U.P. 1969, 54면.

10 *Collected Works of Mahatma Gandhi*, Vol. ⅩⅩⅤ, 128면.

11 1920년대 간디의 민족운동을 다룬 R. K. 나라얀의 영문소설 "Waiting for Mahatma"에는 식민주의가 부과한 삶이 아닌 자기 방식의 삶을 사는, 영어와 역사를 모르는 민중들이 등장했다. 여주인공 바라티(인도의 딸)가 청년 스리람에게 간디를 만나면 "평소의 당신처럼 행동하세요. 말하고 싶은 대로 말하시고요. 그분은 개의치 않으니까요"라고 한 충고는 간디의 의식을 반영한 것이다. R. K. Narayan, *Malgudi Landscapes*, New Delhi: Penguin 1992.

12 Ashis Nandy, *At the Edge of Psychology*, Delhi: OUP 1993, 91면.

13 Sudhir Chandra, *The Oppressive Present─ Literature and Social Consciousness in Colonial India*, Delhi: OUP 1994, 125~26면.

14 Kenneth Jones, *Socio Religious Reform Movement in British India*, Cambridge 1994, 31면.

15 단체의 '십계' 제1조는 기독교인이 성경을 읽듯 "베다를 읽으라"였다. 아리아 사마지는 기독교의 선교활동과 유사한 대규모의 개종운동을 실시하여 공격적인 성향을 드러냈다.

16 Swami Vivekananda, *Lectures from Colombo to Almora*, Calcutta 1983, 17~39면, 337~93면.

17 람 모훈 로이는 과부가 참회하면서 금욕적이고 운둔적인 생활을 하는 것이 불속에 뛰어드는 것보다 절개있고 용기있는 행동이라며 사티를 반대했다. 사티제도와 관련된 람 모훈 로이의 이중적인 행태는 Ashis Nandy, "Sati: A Nineteenth Century Tale of Women, Violence and Protest," *At the Edge of Psychology─ Essay in Politics and Culture*, Delhi: OUP 1980, 1~31면에 나타나 있다.

18 Stephen Hay, *Sources of Indian Tradition* vol. 2, New Delhi 1991, 138~39면.

19 Sumit Sarkar, *The Swadeshi Movement in Bengal 1903~1908*, Delhi 1973, 290면.

20 Partha Chatterjee, *The Nation and Its Fragments: Colonial and Postcolonial Histories*, Princeton University Press 1993, 93면.

21 해방 후에도 논쟁은 지속되었고, 1992년 결국 모스크는 일단의 힌두들에게 파괴되었다. BJP는 이러한 갈등을 이용해서 지지기반을 확대하여 1990년대 정권을 잡았다.

22 E. M. Forster, *A Passage to India*, 1924.

23 Tanika Sarkar, "Imagining Hindurashtra," David Ludden, ed., *Making India Hindu, Religion, Community, and the Politics of Democracy in India*, Delhi 1996, 177면에서 인용.

24 이는 L. M. Ghose의 발언이었다. Judith Brown, *Modern India*, New Delhi: OUP 1984, 150면에서 인용.

25 강상중 『오리엔탈리즘을 넘어서』, 이산 1997, 141~42면.

26 Pratapnarayan Misra, 1892, Sudhir Chandra, 앞의 책 141면에서 인용.

27 Jawaharlal Nehru, *The Discovery of India*, New Delhi: OUP 1982, 38~39면.

28 Rudyard Kipling, *Kim*, New York: Dell 1959, 113면.

29 브라만의 독점은 지금도 계속된다. 1990년 *The Sunday*를 보면, 관보에 기재된 관직의 70퍼센트가 브라만이었다. 부차관급 이상의 고위직 500명 중 310명, 대법관 16명 중 9명, 주 수상 26명 중 19명, 주지사 27명 중 13명, 외국에 나가 있는 대사 140명 중 58명, 대학 총장 98명 중 50명이 브라만이었다. 관직이 낮을수록 그 비율은 높았다. 군수 438명 중 250명, 행정관 3,300명 중 2,376명이 브라만이고 국회 하원의원 530명 중 190명, 사원 244명 중 89명이 브라만이었다.

30 센서스를 바탕으로 1891~1941년 오리사지방의 인구변화를 조사한 최근의 연구에 따르면, 부족민의 수는 급격히 줄고 크샤트리아 위상인 칸다야트가 급증했다. Biswamoy Pati, *Identity, Hegemony, Resistance: Towards a Social History of Conversions in Orissa, 1800~2000*, Delhi: Manohar 1999, 10면.

31 하층카스트가 브라만을 모방하는 경향을 브라만화(Bramanization)라고 부른 스리니바스는 하층민이 상층의 가치와 윤리를 따라가는 보다 넓은 현상을 산스크리트화하고 불렀다. 관련서로는 M. N. Srinivas, *Modern India*, Berkeley and Los Angeles: University of California Press 1966; M. N. Srinivas, *Caste in Modern India: And Other Essays*, Bombay: Asia Publishing House 1962, 특히 2장 참조.

32 시바지 본슬레(1627~80)는 10만 대군을 이끈 술탄국 비자푸르의 장군을 살해하고 독립적인 세력을 구축하였고 1674년, 1만1천명의 브라만들이 장엄하게 베다를 암송하는 가운데 왕위에 올랐다.

33 *Selections, Collected Works of Mahatma Phule*, Vol. 2, translated by Prof. P. G. Patil, Bombay: Government of Maharashtra 1991.

34 암베드카르는 1999년까지 인도 교과서에도 이름이 오르지 못했다. 그의 공적생활은 Christophe Jaffrelot, *Dr Ambedkar and Untouchability: Analysing and Fighting Caste*, Delhi: Permanent Black 2005를 참고했다.

35 간디가 명명한 '신의 자식'이라는 뜻의 하리잔은 간디의 고향 구자라트에 살았던 17세기의 성자 나르싱 메타의 완곡한 표현을 빌린 것이다. 암베드카르와 최근의 불가촉천민은 하리잔을 거부했다.

36 Judith M. Brown, *Gandhi: Prisoner of Hope*, Delhi: OUP 1990, 207면.

37 Eleanor Zelliot, Dr. Ambedkar, *Dr. Babasaheb Ambedkar and the Untouchable Movement*, New Delhi: Manohar Publications 1992, 249면.

38 K. C. Yadav, *From Periphery to Centre Stage: Ambedkar, Ambedkarism and Dalit Future*, New Delhi Manohar 2000, 132면.

39 F. H. Skrine, *Life of Sir William Wilson Hunter*, London 1901.

40 Kathrya Castle, "The Imperial Indian," J. A. Mangan, ed., *The Imperial Curriculum: Racial Images and Education in the British Colonial Experience*, London: Routledge 1993, 29~32면, 25~26면.

41 Percival Spear, *The Nabobs—A Study of the Social Life of the English in Eighteenth Century India*, Delhi: OUP 1998, Appendix E, 201~202면.

42 M. A. Laird, *Bishop Heber in Northern India*, Cambridge: Cambridge University Press 1971.

43 P. Hardy. *The Muslims of British India*, Cambridge: Cambridge University Press 1972, 104면.

44 F. C. R. Robinson, "The Politics of U.P. Muslims, 1906~1922," unpublished Cambridge Ph.D. thesis, 1970, 74면.

45 John R. Mclane, "The Early Congress, Hindu Populism and the Wider Society," Richard Sission and Stanley Wolport, eds., *Congress and Indian Nationalism*, Delhi: OUP 1988, 56~57면.

46 1931년 인구센서스에 따르면, 무슬림 인구는 총인구의 22.0%였다. 오늘날 파키스탄으로 편입된 펀자브의 인구는 56.6%가 무슬림이었고, 방글라데시가 된 동벵골은 3분의 2가 무슬림이었다. *Census of India*, Vol. 1931, pt. 1, Report, Subsidiary Table 3.

47 Panikkar의 연구는 모플라 농민이 민족운동과 연계되면서 결속감과 효율적 조직을 가지게 되었다고 파악했다. K. N. Panikkar, *Against Lord and State—Religion and Peasant Uprising in Malabar 1836~1921*, Delhi: OUP 1992 참조.

48 P. Hardy, 앞의 책 239면.

49 V. P. Menon, *The Transfer of Power in India*, Princeton: Princeton University Press 1957, 132면.

1 이는 국민회의의 민족주의자 고클레의 발언이었다. Ranjana Harish, *The Female Footprints*, New Delhi: Sterling Publishers 1996, 3~22면.

2 *Report of the Progress of Education 1922~27*, Calcutta: Goverment of India, 162면.

3 과학과 수학이 여성을 '중성화'한다고 여겨서 오랫동안 영국과 인도에서 배제되었다. Karlekar, *Voices from Within*, Delhi: OUP 1993, 92면.

4 1872년 벵골지방의 명문인 타고르 가문에서 태어난 샤를라 데비는 남부지방에서 교사로 복무했을 정도로 진취적이었다. 그는 귀향길에서 벵골 남성이 마라타인과 라지푸트 남성보다 신체적으로 왜소하고 연약해 보인다고 느끼고 그들의 남성성을 고취하는 일에 나섰다.

5 M. K. Gandhi, *Young India*, 10 Apr. 1930.

6 Dennis Dalton, 앞의 책, 118면.

7 Raja Rao, "Kanthapura," *The Best of Raja Rao*, New Delhi: Katha 1998.

8 여성이 주체가 되어 사회악 제거에 공헌한 1929년의 '샤르다 법'은 여성운동의 한 이정표였다. 샤르다 법은 1930년부터 시행되었다. 최저결혼연령을 10세에서 12세로 올리는 첫 법안은 1891년에 나왔으나 이는 남성들이 주도하였다.

9 사로지니 나이두의 시와 정치활동에 관한 내용은 식민지 조선의 신문과 잡지에서 빈번히 소개되었다. 이옥순『식민지 조선의 희망과 절망, 인도』, 푸른역사 2006.

10 *Census of India* 1951, 1991.

11 식민정부는 1929년 사티를 불법화했으나 여성들의 자발적 사티를 미화하여 사티를 지속하게 만들었다. 1987년 인도 정부는 사티금지법을 통과시키고 사티를 미화하는 것도 불법으로 규정했다.

12 Vandana Shiva, *Staying Alive: Women, Ecology and Survival in India*, London: Zed Books, 1988.

13 법안이 통과되자 무슬림들은 이슬람법에 대한 간섭이자 소수집단에 대한 도전이라고 강하게 반발했고, 힌두와의 갈등이 심화된 일부 지역에서는 양측간에 폭동이 발생했다.

14 *The New York Times*, 8 Oct. 1999.

15 가장 낙후한 지역으로 여겨지는 비하르 주에서는 1989년 사회 최하층인 불가촉천민 여성이 상층카스트의 위협을 무릅쓰고 투표하면서 봉건질서의 쇠퇴를 가져왔다. 이에 대해서는 Indu Bharti, "Dalit Women Gain New IZZAT(dignity)," *Economic and Political Weekly* (25), Bombay 1990, 981면.

16 노동자의 비율이 많은 케랄라와 서벵골의 공산당계열 지역정당도 선거를 통해 정권을 잡았다. 부족 인구가 많은 트리푸라도 집단과 부족민의 충성심을 동원하여 정권을 잡았다. 특히 서벵골의 공산당은 1969년부터 지금까지 정권을 장악하고 있다.

17 일부 학자는 지방정부가 추진하는 프로젝트의 절반을 연방정부가 부담하는 점을 들어서 수직적 연방주의라고 부른다. K. Santhanam, *Centre~State Relations in India*, Bombay: Asia Publishing House 1964, 54면.

18 비슷한 관점은 Sumit Sarkar, "Indian Democracy: Historical Inheritance," ed. Atul Kohli, *The Success of India's Democracy*, Cambridge: Cambridge University Press 2001, 23~46면에서도 볼 수 있다.

19 평생 카스트의 변화를 연구한 스리니바스는 "카스트는 아주 암암리에, 아주 완전히 모든 이들에게 받아들여졌다"고 말했다. M. N. Srinivas, *Caste in Modern India and other Essays*, Bombay: Asia Publishing House 1962, 41면.

20 Sivasubramoniam, "India," *Economic and Political Weekly* (34), Bombay 1990, 113 ~69면.

21 1965~75년, 토지 없는 농민은 3천1백만명에서 4천6백만명으로 늘었고, 1969년 내무부의 발표를 보면, 8백만 가구가 토지 없는 농업노동자인 농촌의 상황은 폭발 직전이었다.

22 2000년 *Asiaweek*는 인도 5개 IIT(뭄바이, 델리, 첸나이, 칸푸르, 가락푸르)를 아시아 상위 8개 공과대학 명단에 올렸다. http://pathfinder.com/asiaweek.

23 최근 이름을 바꾸기 전까지 인도의 대도시 첸나이와 뭄바이는 식민지시대 이래 오랫동안 마드라스와 봄베이로 불렸다. 도시의 이름이 바뀌면서 대학의 이름도 바뀌었다.

24 이옥순 「인도의 대학교육: 하나와 여럿의 변주」, 『중앙대 인문학연구』 31집, 2001. 2, 27~52면.

25 이는 미국 유수 대학의 입학비율보다 아주 낮은 것이다. 같은 해 하버드는 응시자의 10.5%, MIT는 16.2%의 학생이 입학했다. 2002년, 인도 IIT 총 응시자 169,563명 중 1차 시험을 통과하여 본고사에 응시한 학생은 28,265명으로 응시자의 16.7%였다.

26 IIT의 교육비를 다르게 보도한 신문도 있다. 1999. 8. 30일자 Indian Express는 IIT 뭄바이의 교육비가 1인당 연 125,000루피로 4년간 약 50만 루피가 든다고 보도했다. 수업료는 연 38,500루피라고 보도되었다.

27 *The Economist*, 26. Sept. 2002의 보도에 따르면 미국에서 공부하는 인도 학생의 80%가 공부를 마치고 미국에 머무를 계획이라고 대답했다.

28 S. P. Sulkhatme, *The Real Brain Drain*, Bombay: Orient Longman, 1994.

29 "The 2001 Human Development Report(HDR)," UN Development Programme, 2001.

30 M. A. Pai, "Thinking Beyond IITs," www.siliconindia.com.

31 1crore rupee는 10만 루피이고, 현재 1달러는 약 48 루피이다.

ㅂ

바로다(Baroda) 46, 49
바하두르 샤(Ba hadur Shah) 26, 40
뱅킴 찬드라 → 차테르지
불가촉천민(不可觸賤民) 204~206,
    208~210
불복종운동 51, 233, 234, 236
브라마 사마지(Brahmo Samaj) 120, 185, 188
브로델(Fernand Braudel) 16
비베카난다(Swami Vivekananda) 162,
    186, 187
비협력운동 25, 140, 143~153, 232, 235,
    266, 267
빅토리아(Victoria) 여왕 33, 38, 39, 44,
    45, 107, 135, 138

ㅅ

사이드 아메드 칸(Syed Ahmed Khan)
    218, 219
사티아그라하(Satyagraha) 143, 152
사히브(Nana Sahib) 29, 31, 36
세포이(Sepoy) 26~34, 36, 38, 39, 55, 60,
    61, 67, 75
세포이의 난 26~28
스와데시(Swadeshi) 25, 48, 109, 144,
    147, 190, 232, 259
스와라지(Swaraji) 26, 121, 143, 145, 146,
    149, 192, 235
스틸(Flora Annie Steel) 94~96
시라즈(Shiraz) 20, 56
시바지(Shivaji) 16
싸이드(Edward Said) 71, 135, 180

ㅇ

아리아 사마지(Arya Samaj) 125, 185,
186, 188, 195
아우랑제브(Aurangzeb) 황제 12, 191,
    217
아크로이드(Annette Ackroyd) 119
알리 진나(Ali Jinnah) 223~25
암베드카르(Bhimrao Ramji Ambedkar)
    206~210
오로빈도 고시(Aurobindo Ghosh) 14,
    110, 182
오리엔탈리즘(Orientalism) 180
『오리엔탈리즘』 135
인도공과대학(IIT) 139
인도국민회의 137, 140
인도제국 41
인디라 간디(Indira Gandhi) 241, 242,
    252, 255, 270, 271, 274

ㅈ

잠세트지 타타(Jamsetji Tata) 257, 259,
    266
전인도여성회의 234
제국봉사군 47
지정 부족(Scheduled Tribe: ST) 211
지정 카스트(Scheduled Castes: SC) 211

ㅊ

차테르지(Bankim Chandra Chatterjee)
    110, 123, 171, 177, 178, 181, 191, 192,
    215, 217
칩코(Chipko)운동 239

ㅋ

카디(Khadi)운동 25, 144
카슈미르(Kashmir) 46, 54, 166, 223,
    226, 245, 270, 275

이옥순 교수와 함께 읽는 인도현대사
동인도회사에서 IT까지

초판 1쇄 발행 • 2007년 9월 30일
초판 3쇄 발행 • 2017년 11월 10일

지은이 • 이옥순
펴낸이 • 강일우
책임편집 • 강영규
펴낸곳 • (주)창비
등록 • 1986년 8월 5일 제85호
주소 • 10881 경기도 파주시 회동길 184
전화 • 031-955-3333
팩시밀리 • 영업 031-955-3399 편집 031-955-3400
홈페이지 • www.changbi.com
전자우편 • nonfic@changbi.com

ⓒ 이옥순 2007
ISBN 978-89-364-8235-0 03910

* 이 책 내용의 전부 또는 일부를 재사용하려면
  반드시 저작권자와 창비 양측의 동의를 받아야 합니다.
* 책값은 뒤표지에 표시되어 있습니다.